Dietmar Grieser

# Die böhmische Großmutter

Reisen in ein fernes nahes Land

*Mit 50 Abbildungen*

Amalthea

Bildnachweis:

*AKG-Images*, Berlin 125; *Ethnographisches Museum*, Brünn 227; *IMAGNO/ Austrian Archives*, Wien 255; *Manfred Karasek*, München 59; *Keystone*, Hamburg 89; *Mährisch-Schlesisches Heimatmuseum*, Klosterneuburg 210, 211, 214; *Österreichische Nationalbibliothek*, Wien 47, 151, 263; *Privatarchiv des Autors* 19, 23, 27, 29, 36, 41, 52, 65, 71, 83, 93, 102, 111, 117, 121, 179, 195, 207, 210, 211, 214, 227, 230-31, 235, 253, 261, 267; *Privatarchiv Juliane Buff*, Lippstadt 127, 130, 138, 159, 161, 171, 186, 197, 219, 246; *Privatarchiv Brigitte Mendel*, Tulbing 30; *Sigmund Freud Copyrights*, London 191; *VBK*, Wien 133

Besuchen Sie uns im Internet unter:
http://www.amalthea-verlag.de

1. Auflage Juni 2005
2., durchgesehene Auflage Juli 2005
3., durchgesehene Auflage September 2005

© 2005 by Amalthea Signum Verlag, Wien
Alle Rechte vorbehalten
Umschlaggestaltung: Wolfgang Heinzel
Umschlagmotiv: »Krumauer Häuserbogen« von Egon Schiele, 1915
Herstellung und Satz: VerlagsService Dr. Helmut Neuberger
& Karl Schaumann GmbH, Heimstetten
Gesetzt aus der 11/14 Punkt New Caledonia
Druck und Bindung: Ueberreuter Buchproduktion, Korneuburg
Printed in Austria
ISBN 3-85002-536-5

Dietmar Grieser

# Die böhmische Großmutter

*Für Dascha*

# Inhalt

Vorwort  *11*

---

*Südböhmen*
Hinaus mit dem Schuft!  *16*
Stifter allerwege  *25*

---

*Mittelböhmen*
»Wie glänzt mir deine Pracht!«  *34*
Die sanften Riesen  *46*

---

*Prag*
»Dein Lachen endet vor der Morgenröte …«  *58*
Freudenhaus, Trauerhaus  *70*
Eine makabre Adresse  *81*
Engel in Wort und Bild  *92*

*Inhalt*

## Nordböhmen

Die Hochzeit von Reichstadt    *100*

Nichts wie Ärger    *110*

»Keine Liebschaft war es nicht …«    *119*

Die andere Seite    *126*

---

## Ostböhmen

Im »Tal der Großmutter«    *136*

---

## Nordmähren

»Es ist gern geschehn …«    *146*

Der Ölberg von Hohenseibersdorf    *157*

Der Ahnfrau dunkle Klause    *167*

Kein Gärtchen wie jedes andere    *175*

Das »glückliche Freiberger Kind«    *184*

Der Weltstar aus der Getreidemühle    *193*

---

## Schlesien

Kaltes Wasser, altes Brot    *204*

Lokalaugenschein in Hotzenplotz    *212*

*Inhalt*

## Südmähren

Der pflügende Kaiser    224

Franz heißt die Kanaille    234

Taßwitzer Brotfest oder:
Der Schutzpatron von Wien    242

Wie aus Matej Šindelář Matthias Sindelar wurde    249

»Aufhören, das ist ja furchtbar!«    257

———

Konkordanz der Ortsnamen    269

# Vorwort

Eigentlich ist sie ja eine mährische oder noch genauer eine schlesische Großmutter. Anna Ondrusch, die mich zwischen meinem dritten und elften Lebensjahr aufgezogen hat, stammt aus dem sogenannten Hultschiner Ländchen, jener rund 11 000 Einwohner zählenden deutschen Sprachinsel im Kreis Ratibor, die im Zuge der Neuordnung der Staatengemeinschaft nach dem Ersten Weltkrieg an die frischgegründete Tschechoslowakei abgetreten worden ist.

Großmutter Anna nahm sich meiner an, weil wir *drei* Buben waren und meine Mutter, auch durch das schwere Nervenleiden des Vaters übermäßig in Anspruch genommen, über jede noch so geringe Entlastung froh war. Auch war im Haushalt der Großmutter, die kurz zuvor Witwe geworden war, reichlich Platz für einen Kostgänger, und da ihre Speisekammer bis in die Kriegstage hinein mit nahrhaften Vorräten gefüllt war, ging es mir, dem Jüngsten von uns dreien, um vieles besser als meinen Brüdern, die mir denn auch meinen Sonderstatus unverhohlen neideten und mich als »Nanna-Kindl« verspotteten. Sie taten dies umso mehr, als Großmutter Anna sich im Umgang mit uns Buben einer Art Zweiklassenjustiz befleißigte: Die anderen zwei, zugegebenermaßen »schlimmer« als ich, waren in ihren Augen die Bösen, ich, von Natur unterwürfiger, der Gute.

Ich kann also über die gewiß überstrenge, in ihrer Gottesfürchtigkeit auch vor Bigotterie nicht gefeite Frau kaum etwas Schlechtes sagen; außerdem verbarg sich hinter ihrer stattlichen Erscheinung mit dem stets adretten Outfit ein im Grunde gutmütiges Naturell, das freilich nur demjenigen zugute kam, der Bereitschaft zeigte, sich ihr widerspruchslos unterzuordnen. Ihr trauriges Ende tat ein übriges, eventuelle Vorbehalte gegen Großmutter Anna zum Verstummen zu bringen: Auf einem der Aussiedlertransporte im Herbst 1945 starb die Zweiundsiebzigjährige auf einem Acker vor den Toren der sächsischen Kreisstadt Löbau (wo der Vertriebenenzug angehalten hatte, um den ausgemergelten Greisen eine letzte Möglichkeit zu geben, ein paar Feldfrüchte aufzulesen) am Hungertod.

Es war also die eigene Familiengeschichte, die mich auf einer meiner Reisen durch Nordostmähren auf die Idee brachte, mich für einige Zeit im Land unserer neuen EU-Nachbarn umzusehen, wenn auch weniger auf den Spuren der »böhmischen Großmutter«, sondern um jene nicht minder schicksalsträchtigen »Verwandtschaften« aufzuhellen, die das heutige Österreich nach wie vor mit dem »heimlichen böhmischen Reich« verbinden (wie der Publizist Willy Lorenz – in nostalgischer Anspielung auf das »Heilige Römische Reich« – die Heimat seiner Ahnen apostrophiert hat).

Ich hielt mich dabei an die auch von Lorenz übernommene Sprachregelung, entgegen aller Geographie das gesamte heutige Tschechien unter dem Begriff »Böhmen« zu subsumieren, also dem eigentlichen Kernland dieses Namens auch die Landesteile Mähren und Österreichisch-Schlesien zuzuschlagen. Es macht die Sache nicht nur einfacher und vollständiger, sondern ist auch durch historische Verwurzelung begründet: Erst Friedrich der Große hat die »Länder der böhmischen Krone« zerrissen – mit der Lostrennung Schlesiens im Siebenjährigen Krieg.

Ich wollte das Land kennenlernen, aus dem Franz Schuberts Vater und Egon Schieles Mutter stammen, in dem Gustav Mahler, Karl Kraus und Sigmund Freud geboren sind, das Adalbert Stifter, Marie von Ebner-Eschenbach und Carl Postl alias Charles Sealsfield, Franz Werfel, Franz Kafka und Egon Erwin Kisch,

*Vorwort*

Alfred Kubin und Adolf Loos, Leo Slezak und Maria Jeritza, den Starfußballer Matthias Sindelar und die »Wunderärzte« Johann Schroth und Vinzenz Prießnitz hervorgebracht hat, das Land, in dem sich Mozart wohlgefühlt, Casanova seinen Lebensabend verbracht, Kanzler Metternich seine Güter bewirtschaftet und Kaiser Franz Joseph den Thron bestiegen hat, wo Goethe seiner letzten Liebe, Ulrike von Levetzow, und Grillparzer seiner »Ahnfrau« begegnet ist. Hier sind Rainer Maria Rilke und Robert Musil zur Schule gegangen, hier hat der Augustinermönch Gregor Mendel die folgenreichen Experimente für seine Vererbungslehre durchgeführt, hier hat Albert Einstein seine ersten Überlegungen zur Relativitätstheorie angestellt, hier liegt der legendenumwobene Pandurengeneral Freiherr von der Trenck begraben.

Ein besonders markantes Beispiel für deutsch-böhmische Wurzeln bietet der frühere österreichische Bundeskanzler Bruno Kreisky. Großvater Benedikt, Oberlehrer in dem kleinen zwischen Tabor und Budweis gelegenen südböhmischen Dorf Kaladei und später Vizedirektor der Lehrerbildungsanstalt Budweis, erhielt noch lange nach seiner Pensionierung und Übersiedlung nach Wien alljährlich Besuch von der Bauernschaft seiner Heimatgemeinde, die ihn zum Geburtstag mit Schinken, Würsten und selbstgebackenem Brot erfreuten. Und Moritz Felix, der Großvater mütterlicherseits, hat als Konservenfabrikant halb Europa mit seinen Znaimer Gurken versorgt. Im Stammhaus in Trebitsch hat der junge Bruno Kreisky so manchen Sommer die Ferien zugebracht.

Böhmen und Wien: eine endlose Geschichte. Nicht einmal Clemens Maria Hofbauer, der Schutzpatron der Reichshaupt- und Residenzstadt, und Anton Pilgram, der Dombaumeister von St. Stephan, sind gebürtige Wiener, sondern stammen aus der Gegend um Znaim bzw. Brünn – ganz zu schweigen von den tausenden und abertausenden Pospischils, Swobodas und Vlks, die

13

das heutige Wien bevölkern, und selbst der Räuber Hotzenplotz, den der Kinderbuchautor Otfried Preußler in den Sechzigerjahren des vorigen Jahrhunderts zur Berühmtheit gemacht hat, hat mährische Wurzeln, denen der Literaturtourist in der kleinen Ortschaft Osoblaha nachgehen kann …

Umgekehrt ist die von den Tschechen wie ein Nationaldenkmal verehrte Dichterin Božena Němcová, deren autobiographischer Roman »Babička« nach wie vor in keinem Bücherschrank zwischen Pilsen und Brünn fehlt, nicht in dem nach ihr benannten »Tal der Großmutter« am Fuß des Riesengebirges zur Welt gekommen, wo ihre »Bilder aus dem Landleben« angesiedelt sind, sondern – in Wien. Das Thema hat also viele, sehr viele Seiten, und einige dieser Seiten sollen in dem Buch, das ich hiermit vorlege, aufgeschlagen werden.

Zum Schluß noch ein Wort mehr technischer Natur. Welche Schreibweise, so war die Frage, sollte ich für die in den einzelnen Kapiteln vorkommenden Ortsnamen wählen: die heutige tschechische oder die frühere deutsche bzw. eingedeutschte? Bei Städten wie Olmütz, Brünn oder Prag war die Sache klar: Kein Autor eines deutschsprachigen Buches wird sie Olomouc, Brno oder Praha nennen. Aber was ist mit den anderen, den weniger geläufigen – mit Litoměřice, Šumperk, Příbor? Die Entscheidung fiel mir nicht leicht. Ich habe sie schließlich – ohne den geringsten Gedanken an Deutschtümelei – rein sachlich getroffen: Als Sigmund Freud zur Welt kam, hieß das heutige Příbor mehrheitlich Freiberg, und ebenso verhält es sich mit Leo Slezaks Mährisch Schönberg und mit Alfred Kubins Leitmeritz. Bleiben wir also bei den früheren Ortsnamen. Wer ihre heutige Schreibweise klären und sich auf den heutigen Landkarten zurechtfinden will, bediene sich der Konkordanz im Schlußteil des Buches.

# Südböhmen

# Hinaus mit dem Schuft!

In ein paar Wochen wird er zwanzig, schon im Vorjahr hat er sein Studium an der Akademie abgeschlossen, auch die ersten Ausstellungen liegen hinter ihm. Woran es Egon Schiele mangelt, ist das liebe Geld: Oft reicht es nicht einmal, um das Nötigste an Malutensilien zu kaufen. Ob er da auf Dauer das Atelier in der Alserbachstraße 39 wird »halten« können, das er vor kurzem bezogen hat? Das Leben in der Großstadt ist verdammt teuer; auch die Rivalität und der Neid mancher Kollegen verleiden ihm Wien.

Im Mai 1910 steht sein Entschluß fest: Er will versuchen, in Krumau ein neues Leben zu beginnen. Die kleine Stadt an der Moldau ist ihm schon seit Kindertagen vertraut: Es ist der Geburtsort seiner Mutter; mehrmals war man bei den drei Tanten, die nach wie vor in Krumau leben, zu Besuch, und schon mit sechzehn hat er Budweiser Tor und Schloßturm mit Farbkreide festgehalten – es ist das früheste seiner Landschaftsbilder, von denen man weiß.

Krumau – das hieße zwei Fliegen mit einer Klappe schlagen: Einerseits steht er durch seine Mutter – Marie Soukup ist die älteste Tochter eines durch die großen Eisenbahnbauten vor der Jahrhundertwende zu Wohlstand gelangten Baumeisters – ohnedies mit einem Fuß in der wunderschönen südböhmischen Kreisstadt, andererseits bedeutet der Weggang aus Wien Befreiung von ebendieser Mutter, mit der er sich nur schlecht verträgt. Und das vielleicht Allerwichtigste: Krumau mit seinen herrlichen alten Häusern und verwinkelten Gassen, den phantastischen

*Hinaus mit dem Schuft!*

Ausblicken auf Fluß und Schloß bietet dem Maler in seinem un-
bändigen Schaffensdrang wie kein zweiter Ort eine Überfülle
reizvollster Motive.

Noch im Sommer 1910 trifft Schiele am Zielort ein. In seiner
Begleitung befindet sich der Malerkollege Erwin Osen – ein
besonders origineller Altersgenosse, der auch als Gelegenheits-
schauspieler Furore macht. Freund Anton Peschka (der später
Schieles Lieblingsschwester Gerti heiraten wird) folgt kurz darauf nach. In der Fleischgasse 133 beziehen sie möblierte
Zimmer; im Café Fink (der heutigen Pizzeria Latrán) können sie,
wenn ihnen das Geld ausgeht, »anschreiben« lassen.

Schon dort fallen die drei durch ihr extravagantes Verhalten auf
– etwa, wenn sie unbekümmert ihre Füße auf die Sessel und
Tische des Lokals legen, und beim frühabendlichen Korso auf
dem Ringplatz nimmt so mancher ältere Passant Anstoß am
ungewohnt-unbürgerlichen »Outfit« der Wiener, die mit knall-
weißem Anzug, schwarzer Melone und Spazierstock die biedere
Provinzstadt unsicher machen. Besonders Freund Osen, der bei
jeder Gelegenheit mit seinen Englischkenntnissen prahlt und
sich vor den Statuen des Schloßgartens als Pantomime produ-
ziert, erregt heftiges Kopfschütteln, und als Schiele dann auch
noch bei einem spektakulären Experiment mit einem eilends
konstruierten Flugapparat mittut, der vom Kreuzberg aus in
Richtung Stadt segeln und auf einem der nahen Wiesengründe
niedergehen soll, schlägt die anfängliche Neugier der Krumauer
in unverhohlene Schadenfreude um: Das Abenteuer ist kläglich
gescheitert.

Umso ansehnlicher ist der künstlerische Ertrag von Schieles Kru-
mau-Aufenthalt: In einer Vielzahl von Bleistift-, Kreide- und
Kohlezeichnungen, Aquarellen und Ölbildern hält der Zwanzigjährige die pittoreske Stadtlandschaft fest; Zug um Zug entstehen
Meisterwerke wie »Häuser an der Moldau« und »Stadt am blau-
en Fluß«, »Dämmernde Stadt«, »Gewitterberg«, »Krumau bei

Nacht«. Allerdings ist nicht daran zu denken, in einer Kleinstadt, die mit Schieles expressionistischer Kunstauffassung wenig anzufangen weiß, Käufer zu finden: Um seinen Lebensunterhalt zu finanzieren, ist Schiele auf Vorschüsse aus Wien angewiesen, wo sein Förderer Arthur Roessler und eine Reihe weiterer Kunstfreunde für Abnehmer sorgen. Damit beim Transport der fertigen Bilder keine zu hohen Frachtkosten anfallen, wird ihm geraten,»handliche« Formate zu wählen – es sind vorwiegend Holzbretter von 30 mal 40 Zentimeter Größe.

Unter den wenigen Einheimischen, die an Schieles Arbeit interessiert Anteil nehmen, ja ihm selbstlos zur Hand gehen, nimmt ein Gymnasiast namens Willi Lidl eine besondere Stellung ein: Der zwei Jahre Jüngere, der dem von ihm angehimmelten Künstler vor allem bei der Suche nach einem Krumauer Dauerquartier behilflich ist, vernachlässigt über seiner Schiele-Schwärmerei so sehr den eigenen Unterricht, daß er deswegen von der Schule fliegt. »Ich lebe nur für Dich«, schreibt er in einem seiner verzweifelten Briefe, und er fährt fort: »Hast Du mich lieb? Gib mir Gewißheit, sonst geschieht ein Unglück.«

Das Unglück tritt tatsächlich ein: Egon Schiele, seit kurzem mit dem ehemaligen Klimt-Modell Wally Neuzil liiert, kann auf die eindeutig homoerotischen Signale seines jugendlichen Verehrers nicht eingehen, die Beziehung zwischen den beiden kommt ins Stocken, Willi Lidl scheitert auf allen Linien, wird schwer krank, stirbt mit neunundzwanzig.

Was *mich* an der Schiele-Stadt Krumau vorrangig interessiert, ist jenes Schicksalsjahr 1911, in dem der Einundzwanzigjährige, vorübergehend nach Wien heimgekehrt, aufs neue und nunmehr endgültig in der Geburtsstadt der Mutter Fuß zu fassen versucht. Ich statte also dem in den Räumen der ehemaligen Stadtbrauerei in der Breitegasse installierten Schiele-Zentrum den obligaten Besuch ab, decke mich in dessen reich bestücktem Shop mit

*Hinaus mit dem Schuft!*

Mutter Schieles
Geburtsort Krumau
um 1910: kein Pflaster
für den Wiener Bürger-
schreck ...

Reproduktionen der »Toten Stadt« und all der anderen örtlichen Schiele-Motive ein und suche in dem ebenfalls dazugehörigen Bistro-Café Stärkung (verwundert registrierend, daß Speise- wie Getränkekarte noch immer an der aus den Tagen der kommunistischen Planwirtschaft erinnerlichen Übung festhalten, bei jedem Posten die betreffende Materialmenge anzuführen, also im Fall meines »Türkischen« dessen 7 Gramm Kaffee).
Nun also fit für den auf Schieles »Adressen« und Bildmotive abgestimmten Rundgang, lasse ich die Schönheit der »Krummen Au« auf mich wirken – die vielerlei Krümmungen der die Stadt umschlingenden Moldau haben dem Ort einst seinen Namen gegeben. In den engen und eng verschachtelten Gassen der geschlossensten Renaissancestadt nördlich der Alpen drängen sich zu jeder Jahreszeit die Touristenmassen, und gar bei der Besteigung des Schloßturms, der eine der größten Burganlagen Euro-

*Südböhmen*

pas krönt, geht's so gut wie nie ohne Stau ab. Hier hat auch Schiele oft und oft Posten bezogen, um auf die Stadtlandschaft zu blicken und das Geschaute in Skizzen, Zeichnungen und Bilder umzusetzen; Franz Wischins opulentes Standardwerk »Egon Schiele und Krumau« ist mit einer genauen Konkordanz der tschechischen und deutschen Straßennamen ausgestattet, die es dem Schiele-Spurensucher leichtmachen, sich zurechtzufinden. Nur die Hausnummern bereiten Schwierigkeiten, haben sich im Lauf der Zeit geändert. Fischergasse Nr. 40, laut Marie Soukups Geburtsschein das Elternhaus von Schieles Mutter, ist nicht mit der heutigen Rybarska Nr. 40 identisch – hier wäre also eine Nachfrage auf dem Katasteramt vonnöten. Kein Problem bildet der »Goldene Engel«: Das Hotel auf dem Ringplatz, in dem Schiele in späteren Jahren abgestiegen ist, spielt nach wie vor seine traditionelle Rolle als Luxusherberge. Und auch die Schiele-Adresse Nr. 1, das ominöse Gartenhaus nahe der ehemaligen Schießstätte, aus dem der einundzwanzigjährige Bürgerschreck im Sommer 1911 verjagt worden ist, steht unversehrt an seinem alten Platz.

Als Schiele im April 1911, vorerst noch allein, aus Wien anreist, um das kleine Terrassengrundstück an der Südschleife der Moldau in Augenschein zu nehmen, tut er dies in der festen Absicht, sich in Krumau auf Dauer niederzulassen. Faktotum Willi Lidl, dem es zum Lebensinhalt geworden zu sein scheint, seinem Idol jeglichen Wunsch von den Augen abzulesen, hat das leerstehende Tuskulum ausfindig gemacht, mit dessen Besitzer, dem Textilhändler Max Tschunko, die Konditionen ausgehandelt und auch die nötigen Ausbesserungsarbeiten in die Wege geleitet. Einen Monat später kehrt Schiele wieder, um »das herrliche Sommerhäuschen mit dem dichten Blumengarten«, wie er es in einem Brief an einen seiner Gönner, den Wiener Kunsthändler Oskar Reichel, enthusiastisch schildert, zu beziehen. An seiner

Seite ist seine derzeitige Geliebte Wally Neuzil. Das Leben zu zweit in dem zehn Gehminuten vom Stadtzentrum entfernten Idyll läßt sich gut an: Schiele zeichnet und malt wie ein Besessener, Wally kümmert sich um den kleinen Haushalt, und dank Hausbesitzer Tschunkos Generosität, seinen Mietern den Zins zu erlassen, kommt man auch halbwegs mit dem nach wie vor wenigen Geld aus, das man zur Verfügung hat.

Gefahr droht lediglich von seiten mißgünstiger Kleinbürger, die Schieles exaltierten Lebensstil schon im Vorjahr mit Argwohn beobachtet haben. Wie heißt es so schön in Schillers »Wilhelm Tell«? »Es kann der Frömmste nicht in Frieden leben, wenn es dem bösen Nachbarn nicht gefällt.« Was mag dann erst sein, wenn der »Frömmste« in den Augen der »bösen Nachbarn« alles andere als fromm ist? Schon, daß ein Mann mit einer Frau in wilder Ehe unter einem Dach zusammenlebt, erregt bei den Krumauer Sittenwächtern Anstoß. Und als sich dann auch noch herumspricht, daß bei Schiele junge Mädchen ein und aus gehen, die dem Künstler in leichtbekleidetem Zustand Modell stehen, ja schließlich sogar der »Skandal« auffliegt, eines von ihnen habe splitternackt vor einem Rosenstrauch in dem von drei Seiten einsehbaren Gärtchen posiert, kocht die Seele der aufgebrachten Moralapostel über, und Hausbesitzer Tschunko, obwohl selbst allem Künstlerischen zugetan und voller Nachsicht gegenüber seinem flotten Mieter, muß dem allgemeinen Drängen nachgeben und Schiele vor die Tür setzen. Acht Tage Frist räumt er ihm ein, dann muß das Gartenhaus geräumt sein.

Am 31. Juni schreibt Schiele an Arthur Roessler nach Wien: »*Sie wissen, wie gern ich in Krumau bin, und jetzt wird es mir unmöglich gemacht. Die Leute boykottieren uns einfach, weil wir rot sind. Ich muß bis 6. August ausgezogen sein, will aber schon am 4. fortfahren und zwar nach Neulengbach. Ich bitte Sie, senden Sie mir irgendeinen Betrag; ich muß außerdem einige Kisten transportieren.*«

»Weil wir rot sind« – über diese Formulierung werden die Schiele-Biographen in späteren Jahren die unterschiedlichsten Überlegungen anstellen. Christian Nebehay sieht es so:
*»Als ›rot‹ wurde vor 1914 jeder bezeichnet, der nicht regelmäßig in die Kirche ging. Nach allem, was uns bekannt ist, war Schiele kein politisch Gebundener. Wir glauben vielmehr, sein ›Rot‹ als Gegensatz zu ›Schwarz-gelb‹ deuten zu sollen, den Farben der Monarchie.«* Und Franz Wischin ergänzt: *»Der Vorwurf, ein ›Roter‹ zu sein, beinhaltete in der Monarchie noch nicht die Gleichsetzung mit einem parteipolitischen Bekenntnis, sondern galt im Volksmund als Synonym für antiautoritär, fortschrittlich, freizügig und unkonventionell.«*
Wie auch immer – die Kündigung ist ausgesprochen, und die Behörde legt noch ein Schäuferl nach, indem sie zwei Polizeibeamte losschickt, die dem Verfemten auch den offiziellen Ausweisungsbescheid aushändigen.
Schieles Schlußwort, am Tag nach seiner Ankunft in Wien in einem Brief an Arthur Roessler zu Papier gebracht:
*»Ich will nicht an Krumau denken, so lieb habe ich die Stadt. Aber die Leute wissen nicht, was sie tun.«*

Ganz und für alle Zeiten von der »Stadt am blauen Fluß« zu lassen, fällt ihm dennoch schwer: Zumindest zu kurzen Aufenthalten kehrt er 1913 und 1914 wieder, und seinen letzten Besuch in Krumau, ein Jahr vor seinem frühen Tod, nützt er sogar dazu, Wally Neuzils Nachfolgerin Edith Harms, die er 1915 geheiratet hat, die böhmische Heimat seiner Mutter nahezubringen. Ob er ihr bei dieser Gelegenheit auch die Stätte seines höchsten Glücks und zugleich seiner tiefsten Schmach gezeigt oder aber um das »herrliche Sommerhäuschen«, aus dem er verjagt worden ist, einen großen Bogen gemacht hat, wissen wir nicht. Es war in der Zwischenzeit umgebaut und vergrößert worden, hatte einen zweiten Zugang erhalten, war aber weiterhin – da ohne Wasser,

*Hinaus mit dem Schuft!*

*Vertreibung aus dem Paradies: Egon Schieles Gartenhaus in Krumau*

Strom und Kanalisation – nur eingeschränkt bewohnbar. Während des Zweiten Weltkrieges als Flüchtlingsquartier genutzt, wird es nach der Vertreibung seiner neuen Besitzer im Sommer 1945 ein Verfallsobjekt und erst gegen Ende der achtziger Jahre zu neuem Leben erweckt.

Einer der heutigen Grundstücksnachbarn, eine ehemalige Kunsterzieherin aus Deutschland, die sich wie Schiele in Krumau verliebt und am südlichen Moldauufer angesiedelt hat, zeigt mir den Weg, den ich ohne fremde Hilfe niemals finden würde: An der Brücke, die früher von der Linzerstraße zur alten Schießstätte führte, klettern wir die paar Stufen zu dem Wiesengrund hinab, der hier den Flußlauf säumt, und bekommen nach Durchqueren eines Übungsgeländes für radfahrende Kinder das gesuchte Objekt ins Visier: ein brüchiges Mäuerchen, ein paar

*Südböhmen*

hochaufragende Bäume und dahinter, strahlend hell getüncht und mit frischem rotem Mansardendach gekrönt, Schieles Gartenhaus. Um seinen weiteren Erhalt zu sichern, ist es unter staatlichen Denkmalschutz gestellt. Würde Schiele heute hier Einzug halten, fände er im Gegensatz zu den primitiven Wohnverhältnissen von damals jeglichen Komfort vor.

Apropos Komfort: Als Schiele nach seiner Ausweisung noch drei Mal zu Kurzbesuchen nach Krumau wiederkehrt, nimmt er, inzwischen von zahlungskräftigen Abnehmern seiner Bilder bestürmt und also besser bei Kasse als im Sommer 1911, im vornehmen Hotel Zum goldenen Engel Quartier. Zu den Krumauer Verwandten seiner Mutter, die bei seiner Verächtlichmachung und Verfolgung anno 1911 kräftig mitgemischt haben, hat er jeglichen Kontakt abgebrochen. Das wird sich übrigens, was seine Mutter betrifft, auch in Wien fortsetzen: Die beiden, ohnedies in gespannter Beziehung zueinander stehend, haben einander immer weniger zu sagen. In einem Brief an Arthur Roessler schüttet Schiele sein Herz aus und beklagt voller Bitternis, »daß sie für mich nicht das geringste Verständnis besitzt und leider auch nicht viel Liebe«.

# Stifter allerwege

Im Sommer 1857 hat der knapp zweiundfünfzigjährige Adalbert Stifter ein Erlebnis, das ihn zutiefst aufwühlt: Er sieht zum ersten Mal das Meer. Begleitet von Frau und Ziehtochter, hat er eine Reise in den Süden angetreten – zuerst zu den Verwandten in Klagenfurt, dann weiter nach Triest. Der Anblick des fremden Elements löst in dem vielfach unglücklichen Mann, der sein Leben zu fünf Sechsteln hinter sich hat, gewaltige Erschütterungen aus:

*»Ich wußte nicht, wie mir geschah. Ich hatte eine so tiefe Empfindung, wie ich sie nie in meinem Leben gegenüber von Naturdingen gehabt hatte. Jetzt, da ich es gesehen, glaube ich, ich könnte gar nicht mehr leben, wenn ich es nicht gesehen hätte.«*

Heute hätte er es vor der Haustür. Zwar nicht das Meer, doch immerhin ein Gewässer von 44 Kilometer Länge und bis zu 12 Kilometer Breite: Es ist der 1959 fertiggestellte Moldau-Stausee, der das Land östlich des Böhmerwaldes mit Strom versorgt. Und mit Touristen.

Der Literaturfreund, Stifters Doktrin vom »sanften Gesetz« im Sinn, braucht sich dennoch nicht zu schrecken: Nur Paddelboote und Ausflugsschiffe sind zugelassen, lautlose Autofähren ersetzen lärmreiche Brücken, und an den Ufern gehen Angler ihrem stillen Tagwerk nach oder ziehen Radfahrer vorüber. Sogar die örtlichen Fremdenverkehrsstrategen, obwohl festen Willens, die nur zweimonatige Sommersaison in Hinkunft zu verlängern, scheinen von »ihrem« Dichter gelernt zu haben und propagieren einen »sanften Tourismus«.

Sobald man die österreichisch-tschechische Grenze bei Wullo-
witz und die ersten paar Straßenkilometer mit den offenbar unvermeidlichen Animierlokalen à la »Paradiso« und »Kamasutra«
hinter sich hat, regieren nur noch Wasser und Wald: Baumriesen
lassen ihre Fichten- und Lärchenzweige hoch über den Asphalt
hängen, fliegende Händler bieten frisch gebrockte Heidelbeeren
an, postmoderne Ferienbungalows wetteifern mit den schäbigen
Datschas aus der kommunistischen Zeit. Dazwischen Wegkreu-
ze, hinterm Ufergebüsch versteckte Campingplätze, einfache
Proviantbuden – es könnte alles viel schlimmer sein. Den Besuch
bei meiner tschechischen Übersetzerin hebe ich mir für den
Rückreisetag auf; Jana Dušková lebt mit ihrer Familie in
Loučovice, der letzten Ortschaft vor der Talsperre. Unbedingt
noch vor Einbruch der Dunkelheit will ich Oberplan erreichen,
mein vorrangiges Ziel. Hier ist am 23. Oktober 1805 der Leinen-
webersohn Adalbert Stifter zur Welt gekommen, hier hat er seine
Kindheit verbracht, und hierher ist er auch als erwachsener
Mann wieder und wieder zurückgekehrt.
Schon meine ersten Kontakte mit den Einheimischen belehren
mich, ich könne getrost »Oberplan« sagen: Horní Planá, wie der
Name der 2000-Seelen-Gemeinde heute offiziell lautet, lebt von
den deutschsprachigen Touristen, und die Leute aus dem Ort,
die nach 1945 die vormals zu 95 Prozent deutschen Siedler ver-
drängt haben, haben sich klugerweise darauf eingestellt.
Auch mit ihrem »Lokalmatador« wissen sie umzugehen: Gleich
am Ortseingang erblicke ich eine Tafel mit stilisiertem Stifter-
Porträt, »Rostbraten Adalbert« lese ich auf der Speisekarte der
Gastwirtschaft, die dem Stifter-Geburtshaus gegenüberliegt,
und dortselbst wartet auf den Besucher eine vorzügliche Doku-
mentation zu Leben und Werk des Verehrten.
Nach dem Brand von 1934 originalgetreu wiedererrichtet, birgt
der behäbige zweigeschossige Bau Memorabilien wie Stifters
Reisezylinder und Reisepaß, eine Staffelei erinnert an seinen

*Ob »Oberplan« oder »Horní Planá«: In Stifters Geburtsort weiß man, was man an seinem Dichter hat.*

Zweitberuf als Maler, und das lateinische Lehrbuch in einer der Vitrinen lenkt den Blick auf den verehrten Landschulmeister Josef Jenne, der seinem Lieblingsschüler »Bertl« nicht nur Lesen und Schreiben, Zeichnen und Singen beigebracht, sondern dem vielfach Begabten, nach elterlichem Wunsch für einen geistlichen Beruf Bestimmten den Weg zur höheren Schule gewiesen hat.

Bei der Wiedereröffnung des Stifter-Hauses hat man übrigens auch an den berühmten Feldstein gedacht, der sich neben dem Eingang befand; hier hat der Bub, allein oder an der Seite des Großvaters, seine ersten Eindrücke von der ihn umgebenden Welt eingefangen:

*»Ich saß gerne im ersten Frühlinge dort, wenn die milder werdenden Sonnenstrahlen die erste Wärme an der Wand des Hauses erzeugten. Ich sah auf die geackerten, aber noch nicht bebauten Felder hinaus, ich sah einen Geier darüberfliegen, oder ich*

*sah auf den fernen blaulichen Wald, der so hoch ist, daß ich mein-
te, wenn man auf den höchsten Baum hinaufstiege, müßte man
den Himmel angreifen können.«*
In der Schausammlung des Stifter-Hauses fehlt es auch nicht an
Zeichen der Endlichkeit: Der Sargschlüssel erinnert daran, daß
dem Dichter nur eine Lebenszeit von 62 Jahren vergönnt gewesen ist, und die Fotos von den durch den Moldau-Stausee
ausgelöschten Dörfern erklären, wieso manche der dem Stifter-
Leser vertrauten Ortsnamen heute von der Landkarte verschwunden sind.
Im Obergeschoß des Stifter-Hauses erwartet den Besucher
eine eigene Überraschung: Die stimmungsvollen Böhmerwald-
Fotos, die hier zu einer separaten Ausstellung vereinigt sind,
stammen von Adalbert Stifters Hand – es ist ein 1950 geborener
Nachkomme, dessen Eltern der Versuchung nachgegeben haben, ihren Sohn auf den berühmten Vornamen zu taufen. Der
heute Fünfundfünfzigjährige übt einen Doppelberuf aus, ist
in der Verwaltung der Erzdiözese Salzburg tätig und zugleich
als Theaterfotograf bei den Salzburger Festspielen akkredi-
tiert.
An einer der Außenmauern der Pfarrkirche von Oberplan die
Grabplatte von Stifters Mutter Magdalena – die des Vaters wäre
auf dem Friedhof der oberösterreichischen Gemeinde Gunskir-
chen zu suchen, wo Johann Stifter, als sein Erstgeborener zwölf
Jahre alt war, unter einem umgestürzten Leiterwagen zu Tode
kam. Der 1906 auf dem Gelände des nahen Gutwasserberges angelegte Stifter-Park mit dem secessionistischen Dichterdenkmal,
nach dem Zweiten Weltkrieg als Fußballplatz, Freilichtkino und
Kleingartenkolonie genutzt, wird von einer nach der »sanften
Revolution« von 1989 gegründeten Vereinigung gutwilliger Idea-
listen und freiwilliger Helfer Zug um Zug wiederhergestellt, und
daß man sich dieser gewaltigen Aufgabe erklärtermaßen »zu
Ehren unseres Landsmannes Adalbert Stifter« unterzieht, ist ein

*Stifter allerwege*

*Seiner Heimat auch als Maler eng verbunden: Adalbert Stifter (hier sein Ölbild von der Burgruine Wittinghausen)*

erfreulicher Beweis dafür, daß sich zumindest in Oberplan das vielpropagierte Werk der Aussöhnung zwischen Tschechen und Deutschen auf gutem Weg befindet.

Gleiches gilt für die Ruine der Burg Wittinghausen, die mein nächstes Ziel bildet. Es ist jenes auf der gegenüberliegenden Seite des Moldau-Stausees tief im Wald von St. Thomas versteckte Relikt, das für den jungen Adalbert Stifter von überragender Bedeutung gewesen ist. Mit 34 hält er die »zerfallene Ritterburg« in einem seiner schönsten Ölbilder fest; drei Jahre später, in seiner berühmten Erzählung »Der Hochwald«, schildert er, wie sie »von dem Tale aus wie ein luftblauer Würfel anzusehen« sei, »der am obersten Rande eines breiten Waldbandes schwebet«.

*Südböhmen*

Während des 13. Jahrhunderts von einem Ritter Wittigo aus dem nahen Krumau als Festung errichtet, fällt die nur aus Wehrmauern und Turm bestehende Anlage in späterer Zeit an das Geschlecht der Rosenberger, die den Burgfried zu einem der größten von ganz Böhmen ausbauen. Hier schmachtet König Wenzel IV., als er im Zuge eines Feudalherrenaufstandes in den Kerker geworfen wird. Immer wieder wechselt Burg Wittinghausen ihre Besitzer, ist schließlich ganz dem Verfall preisgegeben, und erst 1871, als Kronprinz Rudolf den Originalschauplatz von Stifters Roman »Witiko« in Augenschein nehmen will, werden, dem hohen Besuch zu Ehren, die allernötigsten Ausbesserungs- und Konservierungsarbeiten vorgenommen.

Nach dem Zweiten Weltkrieg wird das Gelände – der nahen Grenze zu Österreich und Bayern wegen – Sperrgebiet, der für militärische Zwecke unbrauchbaren Burgruine ein stählerner Turm zur Luftraumüberwachung an die Seite gestellt. Daß sich 1998 erstmals Kräfte zu regen beginnen, die die Revitalisierung der Anlage und die Umwandlung des Burgfrieds in einen Dreiländereck-Aussichtsturm zum Ziel haben, ist niemand anderem als Adalbert Stifter zu verdanken: Die eilends gegründete Bürgervereinigung Wittinghausen/Vítkuv Hrádek mag nicht mit leeren Händen dastehen, wenn es am 23. Oktober 2005 den 200. Geburtstag des Böhmerwalddichters zu feiern gilt. Das ist übrigens alles andere als eine Selbstverständlichkeit: Auch unter den erklärten Büchernarren Tschechiens bilden die Stifter-Leser heute wie ehemals eine verschwindende Minderheit.

Šumava heißt der Böhmerwald auf tschechisch, also »die Rauschende« – das ist schon vom Lautmalerischen her anheimelnd, anziehend. Auch wimmelt es in der 1999/2000 zur »Landschaft des Jahres« erklärten Region, die auf der deutschen Seite in den Nationalpark Bayerischer Wald übergeht, von Stifter-Motiven.

*Stifter allerwege*

Plöckenstein lautet eines der Ziele; wer sich von Oberplan aus, immer in Westrichtung fahrend, der wildromantischen Mixtur aus Heidewiesen und Hochmoor, aus Berggipfel und Bergsee nähern will, muß aufpassen, daß er beim Studium der Landkarte keine Straße erwischt, die sich als bloßer Wanderweg entpuppt. Die Bäume werden von Mal zu Mal höher, die Felsbrocken größer, die Fahrbahn enger. Bei dem Weiler Jeleni Vrchy ist das Auto abzustellen; eine Jausenstation bietet Stärkung für den Zwei-Stunden-Marsch, den der fränkische Schriftsteller Klaus Gasseleder, ein begnadeter Literaturpilger von für seine Generation ungewöhnlicher Ausdauer, so eindrucksvoll beschrieben hat.

Mich reizt vor allem ein Kuriosum, dem Gasseleder beim Aufstieg auf den Plöckenstein nachspürt. Es ist jenes unausgeführt gebliebene Projekt des seinerzeitigen Böhmerwaldvereins, das oberhalb des Plöckensteinsees eine monströse Stifter-Huldigung vorsah: In zwei Meter hohen Buchstaben sollten Kurzzitate aus dem Werk des verehrten Dichters in die Seewand gemeißelt werden, vom Geburtsort Oberplan aus mit dem Fernglas lesbar. Doch Fürst Schwarzenberg, der Grundbesitzer, versagte dem in der Tat irrwitzigen Plan seine Zustimmung, und so blieb es bei der 1875 realisierten Miniaturversion eines steinernen Obelisken von 15 Meter Höhe, dessen Inschrift heute selbst aus nächster Nähe nur mit Mühe zu entziffern ist: »Auf diesem Anger, an diesem Wasser ist der Herzschlag des Waldes.« Kein Geringerer als der berühmte Ringstraßenarchitekt Heinrich von Ferstel, der Erbauer der Votivkirche und der Wiener Universität, hat die Entwürfe gezeichnet.

Was mir bei meinen Streifzügen durch Adalbert Stifters Böhmerland noch fehlt, sind die Spuren, die der in seinen jungen Jahren so glücklose Liebhaber hinterlassen hat. »Ich bitte Dich, weiche mir nicht aus, sag es mir geradezu – ich kann und will nicht länger in diesem Zwitterverhältnis zwischen Freundschaft und Liebe schweben!« beschwört der Fünfundzwanzigjährige die drei Jahre jüngere Friedberger Kaufmannstochter Fanny Greipl, die er, nach der Gymnasialzeit in Kremsmünster nunmehr Student in Wien, während der Sommerferien in der alten Heimat kennengelernt hat.

Das stolze Mädchen, im Elternhaus streng gehalten und auch von so manchem ansehnlicheren Jüngling, als es der pockennarbige, schlecht gekleidete und im Umgang ungeschickte Adalbert Stifter ist, heftig umworben, verhält sich abweisend. Zwar stickt sie ihm – als Gegengeschenk für das Aquarell, das Stifter von Fannys Geburtsort Friedberg gemalt hat – einen Tabaksbeutel, doch seine schwärmerischen Briefe läßt sie unbeantwortet, und greift sie ausnahmsweise doch zur Feder, so nur, um ihm mitzuteilen, daß ihre Mutter einen armen Schlucker wie ihn nie und nimmer als Schwiegersohn akzeptieren würde. Das Haus des reichen Leinenhändlers Greipl auf dem Marktplatz von Friedberg darf Stifter lediglich als Motiv in sein Aquarell einfügen; als Ort des ersehnten Beisammenseins mit der »herzinnigst geliebten Freundin« bleibt es ihm verschlossen.

Verschlossen bleibt es auch mir. Zwar finde ich Friedberg/Frymburk in groben Zügen noch genau so vor, wie es mir von Stifters Bild her vertraut ist, erkenne den langgezogenen Hauptplatz mit dem baumbestandenen Grünstreifen, dem schmalen Rinnsal und dem alten Brunnen, und wenn ich mir die Veränderungen wegdenke, die die nach wie vor anmutigen Bürgerhäuser in den 175 Jahren erfahren haben, die in der Zwischenzeit verstrichen sind, ersteht noch immer ein erstaunlich klares Bild jenes Schicksalsortes, den Stifter an mehreren Stellen seines Werkes verewigt hat. Manchmal nennt er ihn bei seinem wirklichen, manchmal gibt er ihm den Namen Pirling. Wieso Pirling? Vielleicht soll ihm die dichterische Verfremdung eine Hilfe sein, den Schmerz des abgewiesenen Liebhabers zu lindern.

# Mittelböhmen

# »Wie glänzt mir deine Pracht!«

Schon die Wagenfahrt durch das naive Land war so schön ...«
Auch heute noch stimmt Rilkes schwärmerische Beschreibung seiner Annäherung an Schloß Janowitz. Einunddreißig ist
der Dichter, als er im Herbst 1907 den Besuch der Prager Cézanne-Ausstellung mit einem Abstecher auf den Landsitz seiner
Seelenfreundin Sidonie Nádherný von Borutín verbindet. Hier
die sanften Hügel, die ihn an »leichte Musik« erinnern, dort die
flachen Äcker und Apfelbaumreihen »wie ein Volkslied ohne
Refrain«.

Bis zu der Kreisstadt Benešov geht es, von Prag kommend, auf
fast gerader Strecke Richtung Süden; erst dort setzt die Suche
nach jenen leicht in die Irre führenden, wenig befahrenen
Nebenstraßen ein, die uns ans Ziel bringen sollen: *Vrchotovy
Janovice* lautet die heutige Ortsbezeichnung.

Nirgends würde man altösterreichische Nostalgie weniger vermuten als auf dem Bahnhof dieses von häßlichen Industriebauten geprägten Städtchens. Eine Gedenktafel, goldene Schrift auf
schwarzem Grund, klärt den Reisenden darüber auf, daß in den
Jahren vor dem Ersten Weltkrieg in dem kleinen Raum, der
heute die Kanzlei des Bahnhofsvorstandes bildet, hohe und
höchste Herrschaften auf ihren Zug gewartet haben: Kaiser
Franz Joseph, der auf der Fahrt nach Prag einen Zwischenstop
eingelegt, Thronfolger Franz Ferdinand, der im nahen Schloß
Konopiště residiert und Kaiser Wilhelm II., den die Jagdlust zu
exklusiven Vergnügungen in die böhmischen Wälder gelockt hat.
Der computerbestückte Schreibtisch des Bahnhofsvorstehers

bildet einen reizvollen Kontrast zu den alten, hinter Glas gerahmten Photographien, die nach wie vor an den Wänden hängen: Momentaufnahmen von den Aufenthalten der Potentaten in dem mit sparsamer Eleganz ausstaffierten Salon. Der zur Abfahrt bereitstehende Schülerzug ist abgefertigt, der freundliche Beamte der Tschechischen Staatsbahnen kann sich uns zuwenden und die Ereignisse von damals, die er nur vom Hörensagen kennen kann, in einem kuriosen Gemisch aus Tschechisch und Deutsch zu schildern versuchen. Auch den weiteren Weg nach Vrchotovy Janovice beschreibt er bis ins Detail: Erst, als er ganz sicher ist, wir würden all die Abzweigungen, Kurven, Brücken, Waldstücke und Tankstellen nicht durcheinanderbringen, entläßt er uns mit einem herzlichen »Grüß Gott«.

Auch das Schloß, das unser Reiseziel bildet, bietet sich dem Auge des Besuchers so dar, wie es vor hundert Jahren Rainer Maria Rilke beschrieben hat: »durch einen alten Wassergraben abgetrennt, mit Fenstern und Wappenschildern gleichmäßig bedeckt, mit Altanen, Erkern und um Höfe herumgestellt, als sollte niemals jemand sie zu sehen bekommen«.

Wir aber *bekommen* sie zu sehen; Student Václav, der hier während der warmen Jahreszeit an den Wochenenden die Führungen übernimmt und für uns, die wir an einem normalen Werktag angereist sind, eine Sonderschicht einlegt, steht an der Schloßpforte bereit, um – eine Kollektion historischer Photos, einen Lageplan, ein tschechisch-deutsches Wörterbuch sowie einen eigens angefertigten Spickzettel in der Hand – für alle zu erwartenden Fragen gerüstet zu sein. Für die Eintragung ins Gästebuch bittet er, Federkiel und Tintenfaß zu benützen; die Filzpantoffeln, die in größerer Zahl bereitstehen, sind für Schülergruppen bestimmt, die es mit dem Respekt vor dem alten Gemäuer und den kostbaren Fußböden weniger genau nehmen. Václav ist auf die unterschiedlichen Interessen der Schloßbesucher eingestellt: Die deutschen Gäste, so berichtet er, würden sich nach Rilke erkundigen, die österreichischen eher nach Karl Kraus. Wir bekommen also den noch nicht restaurierten Karl-Kraus-Trakt im ersten Stock zu sehen: Studierstube, Schlafzimmer und Bad. Und im Obergeschoß Hausherrin Sidonies Reich mit der schönen alten Bibliothek im Mittelpunkt, zu deren Schätzen eine komplette Kollektion der »Fackel«-Bände zählt. Auch hier Familienbilder von einst an den Wänden, dazu das große Ölporträt von Sidonie, das 1934 jener Max Švabinský gemalt hat, den Sidonie Nádherný zwar weniger umsorgt hat als die beiden ihr devot ergebenen Dichter, den sie dafür aber jederzeit bereit gewesen wäre zu heiraten.

Wir begeben uns ins Freie: Václav geleitet uns durch den wunderschönen 15 Hektar großen Park, den Karl Kraus in so vielen seiner Gedichte besungen hat, er zeigt uns dessen Lieblingswiese, den Teich mit den schreienden Schwänen, den steinernen Tisch, an dem der Gast bei Schönwetter geschrieben hat, den

*Von Schloß Janowitz aus auf große Fahrt: Karl Kraus und Sidonie Nádherný (die Baronesse am Steuer)*

weitab an einer der Schloßmauern angelegten Erbfriedhof, auf dem nicht nur die Familienmitglieder, sondern auch die Haushunde bestattet worden sind.

Im schlicht improvisierten Souvenirshop sind Postkarten erhältlich, auf denen die morbide Romantik der zum Renaissanceschloß umgebauten Wasserfeste eingefangen ist (die später durch Barockisierung und neugotische Umbauten abermals ihr Gesicht verändert hat). Auch ein Foto der von Rilkes Gattin Clara Rilke-Westhoff modellierten Marmorbüste Sidonie Nádhernýs liegt auf, ein Schnappschuß des viersitzigen Cabriolets, mit dem sie und Karl Kraus ihre Autoausflüge unternommen haben, sowie – aus neuester Zeit – eine Serie kindlich-naiver Schloßzeichnungen, die aus einem Schülerwettbewerb hervorgegangen sind.

Auch auf alle Karl Kraus betreffenden Fragen erhält der Besucher Auskunft. Der große Spötter, der durch seine Aufenthalte in Janowitz und seine leidenschaftliche Liebe zu Sidonie Nádherný zum Dichter mutiert, ist mit diesem Land ja schon lange vor der schicksalhaften Begegnung mit der elf Jahre jüngeren Aristokratin aufs innigste verbunden: Böhmen ist seine Geburtsheimat. In der nordböhmischen Kleinstadt Gitschin, Wallensteins Lieblingsresidenz, in der der berühmte Feldherr nach seiner Ermordung auch bestattet worden ist, betreibt Vater Jakob Kraus eine Papierhandlung, ehe er es mit einer ebenso einfachen wie genialen Idee zu immensem Wohlstand bringt: Er verlegt sich auf die Herstellung geklebter Papiersäcke, die bald in allen Teilen der Habsburger-Monarchie, ja in ganz Mitteleuropa massenhaft Abnehmer finden.

Am 28. April 1874 kommt – als neuntes Kind – Karl zur Welt; in Gitschin verbringt er seine ersten Lebensjahre. Als er drei Jahre alt ist, übersiedelt die Familie nach Wien. Hier besucht er Volksschule und Gymnasium, hier unternimmt er seine ersten Schritte als Schauspieler, als Vorleser, als Zeitungsmitarbeiter. Noch

*Mittelböhmen*

während des Universitätsstudiums (das er vor der Zeit abbricht) reift in dem Vierundzwanzigjährigen der Plan zur Herausgabe der satirischen Zeitschrift »Die Fackel«, 1902 erscheint sein berühmter Essay »Sittlichkeit und Kriminalität«, es folgen Aphorismensammlungen, weitere Essaybände, schließlich die öffentlichen Vorlesungen, in denen er auch sein mimisch-deklamatorisches Talent voll entfalten kann. Die Frau an seiner Seite ist eine junge Wienerin, die er 1904 während eines Urlaubs in Ischl kennengelernt hat: Helene Kann. Was ihn an der ebenso schönen wie geistreichen Person besonders entzückt, sind ihr Einfallsreichtum, ihr Witz. Ihr widmet er sein 1909 erscheinendes zweites Buch: »Sprüche und Widersprüche«.

Es kommt das Jahr 1913. Das Lieblingslokal des Neununddreißigjährigen ist zu dieser Zeit das Café des Wiener Ringstraßenhotels Imperial. Hier stellt ihn am 8. September einer seiner Bekannten, der Sportarzt Max Graf Thun Hohenstein, einer weitläufigen Verwandten vor, die zu Besuch in Wien weilt: der elf Jahre jüngeren Baronesse Sidonie Nádherný von Borutín. Die streng-schöne Aristokratin mit dem hellwachen Geist und dem seherischen Blick und der alternde, neuerdings auch von mancherlei beruflichen Rückschlägen irritierte Schriftsteller kommen sogleich miteinander ins Gespräch, spüren, daß sie einander eine Menge zu sagen haben, setzen die begonnene Konversation noch am selben Abend bei einem gemeinsamen Diner fort. Sidonie ist seit dem Selbstmord ihres Lieblingsbruders seelisch angeschlagen: Der einige Jahre ältere Johannes Nádherný hat sich vor drei Monaten während eines Spitalsaufenthalts in München das Leben genommen, weil er sich für unheilbar krank hielt. Die Eltern, 1898 in den Freiherrenstand erhoben, sind schon seit längerem tot, Sidonie muß also nun die Agenden des Bruders übernehmen, der nicht nur Schloß Janowitz, die jüngst noch um drei Meierhöfe erweiterten Besitzungen der Familie,

*»Wie glänzt mir deine Pracht!«*

verwaltet hat, sondern, ein durch und durch kunstsinniger Mann, der Schwester auch in punkto Musik, Theater und Kunst ein inspirierender Mentor gewesen ist. Sidonies Zwillingsbruder Karl hingegen, ausgebildeter Jurist, entledigt sich der mit der Erbschaft verbundenen Aufgaben durch Pachtverträge; damit ihm die Schwester nur ja nicht auf der Tasche liegt, drängt er darauf, daß sie eine standesgemäße Ehe eingeht, die ihre Versorgung sichert.

Sidonie ist selig, in Karl Kraus einem Menschen zu begegnen, dem sie alle ihre Sorgen anvertrauen kann. Man verabredet sich auch für den folgenden Tag, unternimmt eine Fiakerfahrt durch den Prater und einen Ausflug in den Wienerwald, läßt sich von Kraus' Freund Adolf Loos zu einem gemeinsamen Gabelfrühstück und von der Pädagogin Eugenie Schwarzwald zum Souper einladen. Als man auseinandergeht und Sidonie zur Heimreise aufbricht, lädt die elf Jahre Jüngere ihre neue Bekanntschaft zu einem baldigen Besuch auf Schloß Janowitz ein.

Ende November trifft Karl Kraus auf dem prachtvollen Besitz 50 Kilometer südlich von Prag ein. Hat er Sidonie schon in den zwischenzeitlich abgesandten Briefen offen zu erkennen gegeben, wie sehr er sich zu ihr hingezogen fühlt, so ist es nun auch das Schloß mit dem romantischen Park, dem stillen Teich und der Sidonies Einsamkeit teilenden Menagerie aus Pferden, Hunden, Schwänen und Nachtigallen, die auf den notorischen Stadtmenschen stärkste Faszination ausüben.

So oft es ihm der Terminkalender erlaubt, wiederholt Karl Kraus seine Besuche in Janowitz; zwischendurch werden Briefe, Postkarten und Telegramme gewechselt. Tritt dabei eine zu lange Pause ein, leidet er Todesangst um die verehrte Freundin: »Ich habe den gestrigen Tag mit Warten verbracht. Lauern, ob ein Telegramm in den Kasten fällt. Über zwanzigmal lief ich ins Vorzimmer, wenn ich die Klappe fallen zu hören glaubte.«

39

*Mittelböhmen*

Mit zunehmender Häufigkeit gehen nun auch Verse, die die sich anbahnende Liaison zum Gegenstand haben, auf dem Postweg nach Böhmen. Sie haben Titel wie »Verwandlung« oder »Sendung«, »Zuflucht« oder auch »Mit dir vor einem Springbrunnen«. Oder – einfacher, direkter: »Sidi!« Der große Spötter Karl Kraus schlägt auf einmal völlig ungewohnte Töne an, wird zum schwärmerischen Hymniker, zum Poeten:

*Nun bin ich ganz im Licht,*
*das milde überglänzt mein armes Haupt.*
*Ich habe lange nicht an Gott geglaubt.*
*Nun weiß ich um sein letztes Angesicht.*

*Wie es den Zweifel bannt!*
*Wie wirst du Holde klar mir ohne Rest.*
*Wie halt' ich dich in deinem Himmel fest!*
*Wie hat die Erde deinen Wert verkannt.*

*Wie glänzt mir deine Pracht!*
*Dein Menschliches umarmt, der beten will.*
*Er heiligt es im Kuß. Wie ist sie still*
*von Sternen, deiner Nächte tiefste Nacht.*

Zum Namenstag schickt er der Angebeteten einen Vers, dessen Zeilenanfänge »Sidonie« ergeben; ein andermal ist es gar ein vierundzwanzigstrophiges Gebilde, dessen Vierzeiler allesamt mit den geliebten Buchstaben S, I, D und I beginnen. Am Ende werden es an die 60 solcher Wortkunstwerke sein, mit denen Karl Kraus dem »himmlisch Wesen«, der »Unendlichen« und »Gnadenvollen« huldigt. Von den neun Bänden »Worte in Versen«, die nun nach und nach erscheinen, werden am Ende nicht weniger als sechs *ihr* gewidmet sein.
Unkompliziert darf man sich die Beziehung der beiden extrem

empfindsamen Naturen freilich nicht vorstellen. Sidonie fühlt sich von all dem Überschwang der Gefühle bisweilen fast erdrückt; auch sind die äußeren Umstände ihres Beisammenseins auf Schloß Janowitz alles andere als ideal: Die Beziehung muß vor Sidonies Bruder Karl, der sich eine Art Vormundschaft anmaßt, verheimlicht werden. Erst wenn alle inklusive der Dienerschaft in tiefem Schlaf liegen, kann Karl Kraus ins Zimmer seiner »Braut vor Gott« schleichen, und auch, um engumschlungen durch den Park schlendern zu können, heißt es, das Dunkel der Nacht abwarten. Entschließt sich die »Heilige« und »Herrliche« zu einem Gegenbesuch in Wien, muß sie sich, um dem mißtrauischen Zwillingsbruder keinen Anlaß zum Einschreiten zu geben, plausible Gründe einfallen lassen. Keinesfalls darf sie zugeben, daß Karl Kraus sie zu seiner nächsten Vorlesung eingeladen hat.

*Sidonie Nádherný, das »himmlisch Wesen« (hier in einer Marmorbüste der Rilke-Gattin Clara Westhoff)*

Auch, wenn sie einmal nicht kommt, bleibt der Stammplatz in der zweiten Reihe für sie reserviert; in diesem Fall erstattet ihr der Enttäuschte brieflich Bericht über den Verlauf des Abends.

1915 nimmt Karl Kraus den Kampf gegen den mittlerweile tobenden Krieg auf: Noch während einer gemeinsamen Autoreise durch die Schweiz schreibt er die ersten Dialoge seines Dramas »Die letzten Tage der Menschheit« nieder. Auch im privaten Bereich herrscht Alarmstufe 1: Hier ist es der eifersüchtige »Konkurrent« Rainer Maria Rilke, der ihn herausfordert. Der ein Jahr Jüngere, obwohl selber kein Heiratskandidat, versucht Sidonie jede zu starke Bindung an Karl Kraus auszureden und schreckt dabei nicht einmal vor versteckten antisemitischen Anspielungen zurück, indem er sie vor jenem »letzten untilgbaren Unterschied« warnt, der ihrer beider Lebenswelten voneinander trennt.

Daß sich Sidonie Nádherný von Borutín im Sommer 1918 tatsächlich von Karl Kraus zurückzieht und im Jahr darauf den Sportarzt Graf Max von Thun Hohenstein heiratet, hat allerdings andere Gründe: Kraus' gar zu heftiges Werben, das in der Bereitschaft gipfelt, der Angebeteten alles zu verzeihen, auch jegliche Kränkung von ihr hinzunehmen, ja nichts weiter als ihr »Hündchen« zu sein, stößt die stolze Frau ab, und so geht sie eine Ehe ein, von der sie sich zwar nichts erwartet, die sie aber immerhin von einem immer unerträglicher werdenden Druck befreit. Tatsächlich ist die Verbindung mit Graf Thun nicht von Dauer: Sidonie verläßt ihren Mann, nimmt wieder ihren Mädchennamen an und kehrt auf Schloß Janowitz zurück.

Im Sommer 1921 lebt die alte Freundschaft mit Karl Kraus wieder auf; allerdings sind es nun eher zufällige Begegnungen, die die beiden zusammenführen, und auch eine Reihe hochfliegender Reisepläne – unter anderem mit dem Ziel China! – bleiben unausgeführt. Zwar schreibt ihr Karl Kraus noch im Dezember 1921 »Es ist unmöglich, daß ich Dich aufgebe«, aber der vertraute Ton von einst ist wohl für alle Zeiten dahin. Undenkbar, daß er der Geliebten – wie noch im Kriegsjahr 1916 – von den »täglich sich mehrenden Reibungen mit dem äußeren Leben« schriebe und sie gar um die im darbenden Wien fehlenden Nahrungsmittel anbettelte:

»Seit Wochen keine Kartoffeln, an manchen Tagen auch kein Brot. Könnte man mir da nicht helfen? Wenn daran Überfluß ist, natürlich. Sonst nicht!«

*Einen* Herzenswunsch hält Karl Kraus allerdings weiterhin aufrecht: Er möchte, wenn eines Tages seine Zeit abgelaufen ist, in Janowitz beerdigt werden. Von einer gemeinsamen Reise durch die Schweiz hat man vor Jahren einen Bibelspruch mitgebracht: Karl Kraus entdeckte ihn in einer Gebirgskapelle, schrieb ihn ab und trug ihn ins Janowitzer Gästebuch ein. Er lautet: »Ich habe diesen Ort erwählt, daß mein Herz allzeit daselbst bleiben solle.«

Sidonie hat genau im Kopf, wie das Grab des Geliebten beschaffen sein soll: eine schlichte Steinplatte mit nichts als Namen und Jahreszahlen, mit wilden Wiesenblumen als einzigem Schmuck. Doch Bruder Karl verweigert seine Zustimmung; außerdem hat sich die Stadt Wien gemeldet und spendiert ein Ehrengrab auf dem Zentralfriedhof.

Noch wenige Wochen vor seinem überraschend eintretenden Tod – Karl Kraus trug sich eben noch mit dem Gedanken, vor der nationalsozialistischen Gefahr in die Tschechoslowakei auszuweichen – treffen Sidonie und er einander zum letzten Mal: Vom 30. April bis zum 4. Mai 1936 hält sich der soeben 62 Jahre alt Gewordene in Janowitz auf. Sidonie wird darüber später in ihrem Tagebuch festhalten:

*»Stunden innigster Freundschaft und reinsten Glücks, nur getrübt durch seine gesteigerte Atemnot. Wir nahmen Abschied auf*

*der Station in Benešov, wohin ich ihn um 1 Uhr zum Prager*
*Schnellzug gebracht hatte. Seine Stimme hörte ich zum letzten*
*Mal in einem telephonischen Anruf von Wien am Pfingstsonntag.*
*In derselben Woche fing die Todeskrankheit an; am Mittwoch*
*legte er sich nieder, um nie wieder aufzustehen. Am Sonntag ließ*
*er mir sagen, ich solle kommen, bis ihm besser sei, um ihn abzu-*
*holen. Bis zum letzten Augenblick seines klaren Denkens war es*
*sein einziger Wunsch, nach Janowitz zu fahren. Von Dienstag an*
*war er nicht mehr bei sich, denn starke Morphiuminjektionen*
*mußten seine Schmerzen bannen. Am Donnerstag – es war Fron-*
*leichnam – fiel er in Bewußtlosigkeit, und Freitag früh um 4 Uhr*
*hörte das edelste Herz zu schlagen auf.«*
Sidonie Nádherný trifft am Vortag in Wien ein, sieht den Ster-
benden jedoch nicht mehr. Beim Begräbnis am 12. Juni wirft sie
einen Ring ins offene Grab, tags darauf kehrt sie nochmals wieder und zündet ein Licht an.
Zurück auf Schloß Janowitz, wird ihr der so sehr geliebte Besitz
im heimatlichen Böhmen nunmehr zur »Wüste«: »Mein Leben
vollzieht sich in fast klösterlicher Abgeschiedenheit innerhalb
der Parkmauer, deren Tore kaum mehr geöffnet werden, denn
draußen habe ich nichts zu suchen.«
Mit der bedrückenden Stille, die über dem Ort liegt, ist es erst
sechs Jahre später vorbei, nur ist das, was sich nun rund um Sidonie ereignet, noch um vieles schlimmer: Die SS fällt ein und verwandelt das Schloß in eine Kaserne samt Panzerreparaturwerk-
statt für den nahe Benešov errichteten Truppenübungsplatz der
Deutschen Wehrmacht. Dem Wahnsinn nahe, irrt die Achtundfünfzigjährige durch die wenigen ihr verbliebenen Räume; am
27. Dezember 1943 trägt sie in ihr Tagebuch ein: »Es wäre besser, zu sterben.« Nicht nur, daß es weder Strom noch Telephon
noch Radio gibt, wird nun auch noch die Zufahrtstraße für jeglichen Zivilverkehr gesperrt: Sidonie von Nádherný ist total von
der Außenwelt abgeschnitten.

*»Wie glänzt mir deine Pracht!«*

Nach dem Einmarsch der Russen im Mai 1945 erhält sie zwar ihren Besitz zurück, doch in welchem Zustand! »Mein Herz blutet, wenn ich durch den verwilderten Park gehe. Alles preisgegeben, was sonst wie ein Heiligtum war.«

Wenigstens ist ihre Bibliothek gerettet: Alles – inklusive der »Fackel«-Bände – wartet, in Kisten verpackt, darauf, wiederaufgestellt zu werden. Im Augenblick sind allerdings andere Arbeiten vordringlicher: Um sich zu ernähren, pflanzt Sidonie im Schloßgarten Gemüse; einen eigenen Gärtner gibt es schon lange nicht mehr. Eine alte Gießkanne muß herhalten: »Gartenspritze und Wasserleitung wurden von den Deutschen zerstört.«

Das endgültige Aus kommt mit der Machtübernahme durch die tschechischen Kommunisten: Bei Nacht und Nebel und nur mit leichtem Gepäck (darunter das Widmungsexemplar der »Ausgewählten Gedichte« von Karl Kraus) verläßt Sidonie Nádherný am 11. September 1949 Janowitz (das nunmehr Janovice heißt), schlägt sich zu Fuß zur nächsten Bahnstation durch, flieht über die grüne Grenze nach Deutschland und reist nach England weiter. Freunde in London nehmen sich ihrer an, auch bei Bekannten in Südirland findet sie vorübergehend Unterschlupf. Ein inzwischen ausgebrochenes Krebsleiden veranlaßt sie, nach London zurückzukehren, und dort, im Harefield Hospital in der Grafschaft Middlesex, stirbt die Vierundsechzigjährige am 30. September 1950 und wird auf dem Dorffriedhof von Denham beerdigt. Fast ein halbes Jahrhundert verstreicht, bis die sterblichen Überreste – im Mai 1999 – nach Böhmen überführt und endgültig im Park von Schloß Janovice beigesetzt werden. In jenem Boden, von dem Karl Kraus in seinem Gedicht »Wiese im Park« gesagt hat: »Und dieses war mein Land.«

# Die sanften Riesen

Donnerstag, 30. November 1916. Österreich trägt den vorletzten Monarchen seiner Geschichte zu Grabe. Vor neun Tagen ist der Sechsundachtzigjährige in seinem Nachtgemach in der Wiener Hofburg sanft entschlafen; nun geben die Spitzen seines Reiches, Delegationen aus aller Herren Ländern und nicht zuletzt sein Volk Kaiser Franz Joseph I. das letzte Geleit. Seit den späten Vormittagsstunden ist halb Wien auf den Beinen: Man will sich einen günstigen Aussichtspunkt sichern, wenn nach 14 Uhr der Trauerkondukt durch die Straßen der Innenstadt zieht. Es ist eine Zeremonie von unüberbietbarer Erhabenheit, von einzigartiger Dimension. Leiblakaien tragen den Sarg mit dem Leichnam über die Botschafterstiege zur nahen Hofburgkapelle, wo die Einsegnung erfolgt; dann führt der Weg in den Schweizerhof, wo der riesige schwarzlackierte Leichenwagen bereitsteht. 1876/77 hat die k.k. Hofsattlerei das prunkvolle Gefährt hergestellt, dessen Baldachin mit Krone und Adlern verziert ist. Nur drei Mal ist es bis jetzt benützt worden: bei den Beisetzungen von Kaiserinwitwe Maria Anna, Kronprinz Rudolf und Kaiserin Elisabeth.

Unter dem feierlichen Geläut sämtlicher Kirchenglocken der Stadt wird der Sarg auf den Leichenwagen gehoben, das Gespann aus acht schwarzgeschirrten Rappen setzt sich in Bewegung, um den langen Weg über Inneren Burghof, Heldenplatz, Ringstraße, Schwarzenbergplatz, Aspernplatz, Quai und Rotenturmstraße zur Stephanskirche zurückzulegen, wo Kardinal Piffl eine zweite Einsegnung vornimmt. Dann das letzte Stück

*Habsburgischer Pompe funèbre: Kladruber Rappen ziehen Kaiser Franz Josephs Leichenwagen*

Strecke in Richtung Kapuzinerkirche: Kärntnerstraße, Kupferschmiedgasse, Neuer Markt. Vor dem schwarzverhängten Portal hält der Zug an, der Sarg wird vom Leichenwagen gehoben, Pater Guardian und der gesamte Kapuzinerkonvent geben dem Verstorbenen das Geleit zu dem im Inneren der Kirche errichteten Katafalk, Sänger der Hofmusikkapelle intonieren das »Libera«.

Vor der Pforte zur Gruft dann das berühmte Ritual: Der Obersthofmeister klopft mit umflortem Stab an das verriegelte Tor und verlangt Einlaß.

»Wer ist da?« fragt Pater Guardian.

»Seine Majestät, der Allerdurchlauchtigste Kaiser Franz Joseph.«

»Ignosco, den kenne ich nicht.«

»Der Kaiser von Österreich und Apostolische König von Ungarn.«

Wieder die gleiche Antwort: »Ignosco, den kenne ich nicht.«

*Mittelböhmen*

Ein drittes Mal ertönt das Klopfen an die unverändert verschlossene Pforte.

»Wer verlangt Einlaß?«

»Ein sündiger Mensch, unser Bruder Franz Joseph.«

Nun endlich geht das Tor auf, ehrerbietig nehmen die Kapuzinermönche den Leichnam in ihre Obhut. Kaiser Karl und Kaiserin Zita, die den Trauerkondukt angeführt haben, verlassen die Kirche und begeben sich zurück in die Hofburg; auch die vieltausendköpfige Trauergemeinde und die die Straßen und Plätze ringsum bevölkernde Menschenmenge lösen sich auf, der über mehrere Stunden eingestellte Straßenbahn- und Stellwagenverkehr nimmt seinen Betrieb wieder auf. Der Leichenwagen mit seinem grandiosen Achtergespann aus schwarzgeschirrten Rappen rollt zurück in die Hofburg.

Es ist das vorletzte Mal, daß er in Funktion getreten ist; nur am 1. April 1989, über 72 Jahre später, wird der kaiserliche Leichenwagen ein allerletztes Mal aus der Remise geholt werden: wenn Kaiserin Zita in der Kapuzinergruft beigesetzt wird. Seitdem ist er außer Dienst gestellt, das republikanische Österreich bedarf seiner nicht mehr, als Museumsstück bildet er eine der Attraktionen der Wagenburg von Schönbrunn.

Es ist deren Kustoden hoch anzurechnen, daß sie bei der Auswahl ihrer Exponate nicht verabsäumt haben, auch jener »Mitwirkenden« des habsburgischen Pompe funèbre zu gedenken, ohne deren Einsatz der kaiserliche Leichenwagen keinen einzigen Schritt von der Stelle gekommen wäre: der Pferde, die ihn unter den bewundernden Blicken der Wiener in prunkvollem Achtergespann durch die Straßen der Stadt gezogen haben.

Ich spreche von dem 1853 im Auftrag des Hofes angefertigten Ölgemälde, das an einer der Wände der Wagenburg prangt und den Blick freigibt auf das k.k. Hofgestüt von Kladrub, wo seit den Tagen Kaiser Rudolfs II., also seit der Mitte des 16. Jahrhunderts, die Zugpferde für die Karossen der Habsburger gezüchtet wer-

*Die sanften Riesen*

den: die Schimmel- und Rappenhengste der bei den Trauerkondukten eingesetzten Achterzüge und die hellbraunen Halbblüter für die Ausfahrten der übrigen Hofwagen. Daß die Kladruber schon damals – und erst recht heute – im Schatten der berühmteren Lipizzaner stehen, ist eine der vielen Ungerechtigkeiten dieser Welt; nehmen wir das im Jahr 2004 begangene 425-Jahr-Jubiläum des Gestüts von Kladrub zum Anlaß, den »sanften Riesen« aus Ostböhmen, wie man die edlen Tiere immer wieder genannt hat, unsere Reverenz zu erweisen.

Schon Pardubitz, wo ich auf dem Weg nach Kladrub Zwischenstation mache, ist ein Mekka der Pferdefreunde: Die 100 000 Einwohner zählende Hauptstadt Ostböhmens, gut 200 Kilometer nördlich von Wien und 75 Kilometer östlich von Prag, ist berühmt für ihr alljährlich veranstaltetes Steeplechase, das als das älteste und schwierigste Hindernisrennen auf dem Kontinent gilt. Mich aber zieht es an die »Quelle«: Ich will den Ort kennenlernen, aus dem die Pferde für die königlichen Gespanne kommen, den Ort, wo sie geboren, aufgezogen und trainiert werden – zuletzt hat man sie im Frühjahr 2004 im Fernsehen bewundern können, als sie das dänische Kronprinzenpaar anläßlich seiner Vermählung im offenen Landauer durch die Straßen von Kopenhagen gezogen haben.

Ich folge der Straße in Richtung Kolín, hinter der Ortschaft Prelouc biege ich nach rechts ab, überquere die Brücke der an dieser Stelle schmalen Elbe und sehe schon von weitem die ersten Koppeln mit den still weidenden Tieren, die – ähnlich den Lipizzanern – schwarz auf die Welt kommen und mit zunehmendem Alter Grautöne annehmen, um schließlich im makellosesten Weiß zu glänzen: ein Bild, das nicht nur das Herz des Pferdenarren höher schlagen läßt.

Schon der Blick auf die Pforte des im Jahr 2002 in den Rang eines Nationalen Kulturdenkmals der Republik Tschechien erhobenen Gestüts, wo ich von Lenka Gotthardová, der jungen Direktorin, freundlichst erwartet werde, bestätigt, was in allen Prospekttexten betont wird: In Kladrub ist die Zeit stehengeblieben. Das unter Maria Theresia erbaute Schlößchen samt angeschlossener Kirche erstrahlt in aufgefrischtem Kaisergelb, die über das 3000 Hektar große Areal verstreuten Farmen tragen nach wie vor Namen wie »Franzenshof« und »Josefshof«, und unter den Tafeln, die über Identität und Abstammung der einzelnen Tiere Auskunft geben, finde ich nicht nur solche mit Aufschriften wie Generale, Favory und Libanon, sondern auch einen Rudolfo, ja sogar einen »Almhirt«. In den Repräsentationsräumen hinter dem Verwaltungstrakt hängen die Porträts des Gestütsgründers Rudolf II. und Maria Theresias an den Wänden, Gemälde erinnern daran, daß auch Kaiser Franz Joseph und Sisi in Kladrub zu Gast gewesen sind.

Ich bin in guten Händen: Zuzana, die in Prag Zoologie studiert hat und in Kladrub unter anderem für Öffentlichkeitsarbeit und Außenkontakte zuständig ist, übernimmt die Führung. Verschmitzt lächelnd überprüft sie mein Schuhwerk: Pferdeställe und Reithallen sind keine Ballsäle. Die meisten Tiere sind zur Zeit meines Besuches draußen auf ihren Weidegründen; die wenigen, die sich in ihren Boxen aufhalten, wenden sich neugierig dem Gast zu – und noch neugieriger dem Pfleger, der frisches Futter austeilt oder nach dem Brauseschlauch für die morgendliche Dusche greift. Es ist ein heißer Sommertag: Das Reinlichkeitsbad bringt zugleich Abkühlung.

Nach der Feuersbrunst von 1757, der große Teile des Gestüts zum Opfer gefallen sind, hat Kaiser Josef II. sämtliche Einrichtungen erneuern lassen: Ich stapfe über den Strohteppich der Mutter-Kind-Halle, werfe einen Blick in die Veterinärstation, nur das Haus mit den Quartieren für die rund 120 Beschäftigten ist ein moderner Zweckbau. Die schnurgerade vom Hauptplatz

*Die sanften Riesen*

wegstrebenden Alleen zu den einzelnen Höfen haben eine Länge von zweieinhalb Kilometern – eine von ihnen führt in den Nachbarort Řecaný mit seiner Bahnstation: Hier wurde, wenn hoher Besuch vom Wiener Hof ins Haus stand, der Ankömmling in großem Stil mit der Kutsche eingeholt.

Nebenbei erfahre ich alles über Tagwerk und Jahrespensum der »sanften Riesen«: Dreimal täglich werden sie gefüttert, mit vier Jahren setzt das Training ein, die »Prüfungsfächer« umfassen Sattel, Kutsche und Schwergewicht. Letzteres ist für das künftige Zugtier die wichtigste Bewährungsprobe: Durchschnittlich 90 Prozent der Kandidaten bestehen sie mit Bravour. So viel Aufwand hat natürlich seinen Preis: Mit mindestens 10 000 Euro muß der heutige Käufer rechnen, der sich für einen Kladruber interessiert. Der »Vorrat« ist ausreichend: An die 50 Fohlen sind es in der Regel, die pro Jahr zu dem Grundbestand der rund 300 ausgewachsenen Pferde hinzukommen.

Angefangen hat das Ganze im Jahr 1579: Kaiser Rudolf II., dem altspanischen Hofzeremoniell besonders verbunden, führt aus Spanien und Italien hochwertige Pferde ein und siedelt sie in den abgelegenen Ländereien um Kladrub an, um ein Gala-Zugtier für die kaiserlichen Karossen züchten zu lassen. Die neue Rasse gedeiht so prächtig, daß es unter Leopold I. bereits 300 Mutterstuten und 30 Beschäler sind, die sich in dem ostböhmischen Hofgestüt tummeln. Für Wien wird eine Reserve von 16 Rappen und 16 Schimmeln »abgezweigt«, und das bedeutet bei Wagenpferden: 16 Paare, die in punkto Größe und Gestalt, Bewegung und Geschwindigkeit, Temperament und Charakter perfekt zueinanderpassen müssen. »In Anbetracht des harten Wiener Granitpflasters«, lese ich in einem 1890 erschienenen Leitfaden zur Aufzucht der Kladruber Rasse, sind »knochenstarke Beine und feste Hufe« eine wichtige Voraussetzung. Und weiter: »Wagenpferde müssen sicher und vollkommen in Gehorsam sein,

*Mittelböhmen*

*Kladruby heute: Das ehemalige k.k. Hofgestüt ist voll in Betrieb*

ruhig stehen und besonders beim Stadtdienste leicht und gut wenden.«
Am Wiener Hof legt man auch diesbezüglich größten Wert auf würdevolles Gebaren – im Gegensatz zum forschen Preußen, wo Kaiser Wilhelm es vorzieht, mit seinen Orloff-Trabern im Eilschritt nach Potsdam zu sausen. »Kaiser Franz Joseph hingegen«, so drückt es einer der früheren Gestütsleiter von Kladrub aus, »ließ die Pferde gemächlich und pompös agieren, damit das Volk, wenn es ihnen vom Straßenrand aus zuschaute, ja vielleicht stundenlang auf ihr Erscheinen gewartet hatte, das erhabene Schauspiel in aller Ruhe genießen konnte.«
Nichts bleibt in Kladrub dem Zufall überlassen; die 1890 im nahen Pardubitz veröffentlichte »Instruktion zur Belehrung der Chargen und Stationsleiter in den k.k. Staats-Hengsten-Depots« schreibt bis ins kleinste Detail »Stallordnung, Wartung und Pflege« vor. Greifen wir ein Beispiel heraus, das Tränken:

*Die sanften Riesen*

»*Zum Tränken der Hengste ist frisches Brunnenwasser zu verwenden, doch dürfen die Tiere niemals im erhitzten Zustande getränkt werden. Ist das Wasser sehr kalt, so ist es dadurch zu mildern, daß es eine Stunde vor dem Verabreichen im Tränkgefäße im Stalle stehengelassen wird. Auch ist, um das gierige Saufen zu verhindern, eine Handvoll Heu auf das Wasser zu legen.*«
Noch strenger die Regeln in Sachen Fortpflanzung:
»*Das Belegen der Stuten darf erst beginnen, wenn die Hengste vom Ausreiten zurückgekehrt, gut abgeputzt und ausgeruht sind. Eine halbe Stunde vor dem Mittagsfutter ist mit dem Belegen zu endigen. Des Nachmittags dürfen nur solche Hengste zum Belegen verwendet werden, die entweder bei einfachen Sprüngen des Vormittags nicht gedeckt haben oder denen zwei Sprünge des Tages erlaubt sind.*«

Wie geht es nach dem Zusammenbruch der Monarchie mit dem vormaligen k.k. Hofgestüt weiter? Mehr schlecht als recht: Die edlen Tiere kämpfen um ihr Überleben, mit nur je 16 Stuten und zwei Beschälern beider Farbschläge, also Schimmel und Rappen, wird mühsam versucht, den Zuchtbetrieb aufrechtzuerhalten. Ein Fanatiker, der es auf die radikale Ausmerzung aller »österreichischen Überbleibsel« abgesehen hat, läßt sich dazu hinreißen, die beiden Schimmelhengste zu vergiften. Das Desaster ist vollkommen, als man zwischen 1924 und 1929 dem Ruf der heimischen Bauern nach kräftigen Ackergäulen nachzukommen versucht und schwere Oldenburger nach Kladrub holt. Erst 1941 kann mit der Regenerierung der Rappen begonnen werden; auch gelingt es trotz der deutschen Besatzung, die Tiere von der Front fernzuhalten. Neue Gefahr für die Erhaltung der Kladruber droht nach dem Zweiten Weltkrieg, als die Kommunisten die Macht im Land übernehmen: Aus dem Gestüt wird ein landwirtschaftlicher Großbetrieb, der vor allem die Rinder- und Schweinezucht forciert. Immerhin gelingt es den verantwortungsbewußten Männern an der Spitze des Unternehmens, die zuständigen staatlichen Instanzen davon zu überzeugen, daß es zu den nationalen Pflichten gehört, die »einzige bodenständige Pferderasse« zu erhalten, und so muß man, als sich mit der Wende von 1989 ein neuer Aufschwung für Kladrub abzeichnet, nicht gerade bei null anfangen.

Heute erlebt der Besucher das Národni hřebčin als gutfunktionierenden Staatsbetrieb, der unter keinen Umständen privatisiert werden darf; das Landwirtschaftsministerium der Republik Tschechien, dem er unterstellt ist, hat ihn zum nationalen Kulturdenkmal erklärt, zur »Gen-Reserve« in Sachen Pferdezucht. Geht eines der zum Verkauf freigegebenen Tiere ins Ausland, müssen zwei Ministerien in Prag ihre Zustimmung erteilen. »Es ist fast so wie bei der Veräußerung eines kostbaren alten Gemäldes aus einem der großen Museen«, sagt einer der internationalen Experten, der es wissen muß, und er fügt hinzu: »Das Altkladruber Pferd von heute unterscheidet sich in nichts von seinem Vorgänger aus dem 16. Jahrhundert, wie man ihn auf den historischen Darstellungen abgebildet findet.«
Zwar machen die Kladruber auch als Reit- und Dressurpferde Furore, doch ihre eigentliche Stärke ist und bleibt das Gespann. Der Besucher, der nicht das Glück hat, einem der großen Turniere beiwohnen zu können, die mehrmals im Jahr an Ort und Stelle stattfinden, kann sich zumindest bei einer der Kutschfahrten, die das Gestüt – je nach Wunsch zweispännig oder vierspännig – anbietet, von Schönheit und Talent der »sanften Riesen« überzeugen, und fällt sein Aufenthalt in die kalte Jahreszeit, kann er von der Karosse auf den Schlitten umsteigen.
Eine zusätzliche Freude erwartet den Gast, der aus *Österreich* anreist: In Kladrub ist nichts von jenen Vorbehalten zu spüren, die noch immer in vielen Teilen des heutigen Tschechien ge-

genüber der »alten Zeit« gehegt werden, da hier noch der Kaiser im fernen Wien den Ton angegeben hat. »Herzlich willkommen« lese ich auf der am Eingang des Gestüts angebrachten Tafel, die den Besucher über die Besichtigungstermine informiert, und ich lese es nicht nur in Tschechisch und in Englisch, sondern auch in fehlerfreiem Deutsch.

*Prag*

## »Dein Lachen endet vor der Morgenröte ...«

Im Gegensatz zu seinem sieben Jahre älteren Bruder Carl, der auf Geheiß der Mutter einen kaufmännischen Beruf ergreift und schließlich als k.k. Staatsbuchhaltungsoffizial in Mailand sein Fortkommen findet, wendet sich Franz Xaver Wolfgang, der musikalischere der beiden Mozart-Söhne, dem väterlichen Metier zu und versucht sich als Pianist, Klavierlehrer, Chorleiter, Theaterkapellmeister und Komponist. Von Koryphäen wie Sigismund von Neukomm, Andreas Streicher, Johann Nepomuk Hummel, Johann Georg Albrechtsberger und Antonio Salieri ausgebildet, kann der sechs Monate vor Vaters Tod Geborene tatsächlich mancherlei Erfolge verbuchen: Konzertreisen führen ihn durch halb Europa, die Liste seiner eigenen Kompositionen zählt dreißig Werke. Zumindest Fleiß kann man dem Filius also nicht absprechen. Was ihm fehlt, ist der Zug zum Genialischen: Franz Xaver Wolfgang steht zeit seines Lebens im übermächtigen Schatten des Vaters. Da hilft es auch nichts, daß Mutter Konstanze ihren Letztgeborenen, als sie dessen Musikalität erkennt, in *Wolfgang Amadeus* umbenennt.

Eines allerdings hat »Wowi«, wie er als Kind gerufen wird, dem berühmten Vater voraus: Während dieser, knapp sechsunddreißigjährig am »hitzigen Frieselfieber« verstorben, sich mit einem Begräbnis dritter Klasse begnügen muß und in einem Schachtgrab des Wiener Vorstadtfriedhofs St. Marx beigesetzt wird, von dem man bis heute nicht einmal die genaue Lage weiß, erhält Franz Xaver Wolfgang eine standesgemäße Beerdigung, und auch der Grabstein, den die ihm befreundete, drei Jahre ältere

*Kein Geringerer als Grillparzer hat den Text verfaßt: der Grabstein des Mozart-Sohnes Franz Xaver Wolfgang auf dem Neuen Friedhof von Karlsbad*

Baronin Josephine Cavalcabo, geb. Gräfin Castiglioni, in Auftrag gibt, rückt die Verdienste des Verblichenen ins rechte Licht. Die Inschrift, ursprünglich von keinem Geringeren als dem Dichter Franz Grillparzer entworfen, vor der endgültigen Ausführung durch den Steinmetz jedoch leicht abgewandelt, lautet: »*Wolfgang Amadeus Mozart, Tonkünstler und Tonsetzer, geb. 26. Juli 1791, gest. 29. Juli 1844, Sohn des großen Mozart, ähnlich dem Vater an Gestalt und edlem Gemüte. Der Name des Vaters ist seine Grabschrift, so wie seine Verehrung des ersteren der Inhalt seines Lebens war.*«

Ort des funeralen Geschehens ist Karlsbad. 1835 hat Mozart junior in Begleitung Frédéric Chopins das erste Mal den renommierten böhmischen Kurort aufgesucht; jetzt, am 17. Juni 1844,

trifft er an der Seite seines Lieblingsschülers, des achtzehn Jahre
alten Pianisten Ernest Pauer, als Kurgast Nr. 1032 in Karlsbad
ein. Doch der Dreiundfünfzigjährige, seit zwei Jahren Vollwaise,
ist bereits zu hinfällig, als daß es noch ärztliche Hilfe für ihn gäbe:
Sechs Wochen nach seiner Ankunft stirbt er an Magenverhärtung
und wird am 1. August auf dem Andreas-Friedhof zu Karlsbad
beigesetzt. Musiker der Kurkapelle begleiten den Trauerkondukt, Sänger des örtlichen Musikvereins intonieren einen
Choral, in der Stadtkirche wird noch am nämlichen Tag Vater
Mozarts Requiem aufgeführt. So wie Grillparzer von seiner in
Karlsbad zur Kur weilenden Freundin Kathi Fröhlich die Sterbe-
nachricht erhält, gedenkt er des »guten Sohnes« mit einem
eilends verfaßten achtstrophigen Gedicht.
Als der Andreas-Friedhof zwanzig Jahre später aufgelassen und
1913 in einen öffentlichen Park umgewandelt wird, erinnert man
sich des berühmten Namensträgers und restauriert das in klassi-
zistischer Manier gestaltete Grabmal, das bis heute von jener
inzwischen hochaufragenden Esche behütet wird, die noch die
vorerwähnte Baronin Cavalcabo gepflanzt hat. Böhmen, das schon
dem Vater des Verstorbenen so viel bedeutet, ja ungleich mehr an
Verehrung entgegengebracht hat als dessen Sterbeort Wien, erweist sich also auch des Sohnes würdig und tut dies nach wie vor:
Kein Kurgast, der auf seinen Karlsbader Spaziergängen nicht
auch einen Abstecher zum heutigen *Mozartpark* unternähme.

Mozart selbst kommt schon als Knabe von elf Jahren mit dem
Nachbarland in Berührung. In Wien ist eine Pockenepidemie
ausgebrochen; die Familie will der Ansteckung entgehen, indem
man für eine Weile nach Brünn ausweicht. Das Gesundheitliche
klug mit dem Pekuniären verbindend, soll die Reise in die mährische Hauptstadt auch gleich dazu genutzt werden, den dortigen
Musikfreunden das Klaviertalent von Wolferl und Nannerl vor-
zuführen. Doch der eigentliche Zweck des Unternehmens wird

verfehlt: Als Leopold Mozart und die beiden Kinder in Olmütz, der zweiten Station ihrer Reise, eintreffen, sind auch sie längst infiziert und müssen – unter der Obhut des Prälaten Leopold Anton Graf Podstatský-Lichtenstein – im Gebäude der Kapiteldechantei in ärztliche Pflege gegeben werden. Zehn Wochen nimmt die Kur in Anspruch, dann kehren die Mozarts per Postkutsche nach Wien zurück.

Daß bis zu Mozarts erster Reise nach Prag fast zwanzig Jahre verstreichen werden, wird durch den schier überbordenden Enthusiasmus wettgemacht, der dem nunmehr Einunddreißigjährigen in der böhmischen Hauptstadt entgegenschlägt. Den Boden dafür bereitet hat der große Erfolg seiner Oper »Die Entführung aus dem Serail«, die die »Schau- und Singspielgesellschaft« des Impresarios Carl Wahr anno 1783 im Theater auf dem Carolinplatz aufgeführt hat. Jetzt, im Dezember 1786, ist es die Truppe des Theaterdirektors Pasquale Bondini, die die Prager Musikwelt mit »Figaros Hochzeit« in einen Taumel des Entzückens versetzt. In allen Gassen und Gärten kann man die Leute »Figaro«-Melodien singen hören, kein Straßenmusikant darf auf einen Obolus hoffen, wenn er nicht das »Non più andrai« in seinem Repertoire hat, und die Ballorchester plündern Mozarts Partitur, indem sie deren »Hits« in Contretänze umwandeln, zu deren Klängen die feine Gesellschaft das Tanzbein schwingt. Es ist übrigens nicht nur die sprichwörtliche Musikalität der Böhmen, die sie so sehr für Mozart einnimmt, sondern hat auch versteckte politische Gründe: Die unverhohlen kritischen Töne, die in Lorenzo da Pontes Libretto anklingen, hört niemand klarer heraus als die aufmüpfigen Prager, die sich von Wien im allgemeinen und von den Habsburgern im besonderen unterjocht fühlen und daher für jedes kleinste Zeichen des Aufbegehrens gegen höfische Konvention empfänglich, ja dankbar sind.

In dieser Situation allgemeiner Prager Mozart-Seligkeit mehren sich die Stimmen, die auf einen persönlichen Besuch des Meisters in der Stadt seiner Triumphe drängen. Johann Joseph Anton Graf von Thun ist es, der die Einladung ausspricht; in seinem Palais auf der Prager Kleinseite läßt er das Logis für den hohen Gast und dessen Begleitung herrichten. Am 11. Jänner 1787, einem kalten Wintertag, treffen Mozart, Gattin Konstanze, deren künftiger Schwager Franz Hofer, die Violinvirtuosin Anna Antonia Crux, der Klarinettist Anton Stadler und der Geiger Kaspar Ramlo nach dreitägiger Fahrt in Prag ein. Auch Mozarts Diener Joseph und das geliebte Hündchen Gauckerl sind mit von der Partie – man reist in zwei Kutschen an. Die Reisegesellschaft ist bester Laune, man scherzt und gibt einander die übermütigsten Spitznamen: Aus Wolferl wird Punkitititi, aus Konstanze Schabla Pumfa.

Gleich nach der Ankunft werden die Mozarts von ihren Gastgebern auf einen Faschingsball »verschleppt«; während des vierwöchigen Aufenthalts folgen Visiten in der Bibliothek der Jesuiten und im Physikalischen Kabinett im Klementinum Begegnungen mit Mitgliedern der Prager Freimaurerlogen sowie vor allem der Abschluß eines Vertrages mit Theaterdirektor Bondini, der Mozart zur Komposition einer neuen Oper verpflichtet (die dann der »Don Giovanni« sein wird).

Jetzt aber geht es erst einmal darum, das anhaltende Prager »Figaro«-Fieber zu nutzen. Beehrt der Meister die Vorstellung vom 17. Jänner bloß mit seiner Anwesenheit (wofür ihn das Publikum, als es seiner gewahr wird, mit Jubelrufen überschüttet), so tritt Mozart drei Tage darauf auch selbst in Aktion und dirigiert vom Cembalo aus Orchester und Bühne. Eigentlicher Höhepunkt seines ersten Prag-Aufenthaltes ist jedoch die »Musikalische Akademie« im Nationaltheater, bei der er seine dreisätzige D-Dur Symphonie aus der Taufe hebt. Einer der Zeugen des denkwürdigen Ereignisses berichtet darüber:

*»Zum Schlusse phantasierte Mozart auf dem Pianoforte eine gute halbe Stunde und steigerte dadurch den Enthusiasmus aufs höchste, so daß er gezwungen war, sich nochmals ans Klavier zu*

*setzen. Der Strom dieser neuen Phantasie wirkte noch gewaltiger und hatte zur Folge, daß er von den entbrannten Zuhörern zum dritten Male bestürmt wurde. Mozart erschien, und innige Zufriedenheit strahlte aus seinem Antlitz.«*

Erst Mitte Februar treten der Meister und die Seinen die Heimreise an – tiefbeglückt von den Sympathiebezeugungen der Prager Musikfreunde. Auch über den neuen Opernauftrag freut er sich, wenngleich die 100 Dukaten, die man als Gage vereinbart hat, nicht gerade ein fürstliches Honorar zu nennen sind …

Wien zeigt sich von den Erfolgsmeldungen aus Prag wenig beeindruckt: Hier setzt man nach wie vor auf den herkömmlichen italienischen Opernstil. Als neuer Halbgott tritt außerdem Karl Ditters von Dittersdorf auf den Plan, der einen Singspielauftrag nach dem anderen einheimst. Mozart fühlt sich zurückgesetzt. Auch der wachsende Schuldenberg sowie der plötzliche Tod des Vaters verdüstern sein Gemüt. Da sind es vor allem die glücklichen Erinnerungen an Prag, die ihm neue Kraft zuführen: Der Einunddreißigjährige macht sich an die Arbeit, das bestellte Werk zu kreieren. Lorenzo da Ponte, der ihm dazu das Libretto liefern soll, bittet allerdings um Geduld: Er muß zuvor noch die Texte für zwei andere Opern zu Papier bringen, darunter Antonio Salieris »Assur Re d'Ormus«. Um den »Don Giovanni«-Stoff zu bewältigen, ist da Ponte außerdem auf die Zuhilfenahme von Stimulanzien angewiesen:

*»Ein Fläschchen Tokayer zur Rechten, in der Mitte mein Schreibzeug, eine Dose mit Tabak von Sevilla zu meiner Linken. Ein sehr schönes sechzehnjähriges Mädchen, die ich nur gleich einer Tochter lieben wollte, aber —— wohnte in meinem Hause, besorgte die häuslichen Geschäfte und kam sogleich in mein Zimmer, wenn ich die Glocke schellte, und dies geschah in Wahrheit sehr oft, wenn ich merkte, daß mein poetisches Feuer erkalten wollte …«*

Anfang Juni kann Mozart darangehen, da Pontes Libretto zu vertonen. Nach vier Monaten ist der Hauptteil vollendet; nur die

Ouvertüre, die Tafelmusik fürs Finale des zweiten Aktes, das Duett Zerline-Masetto und die Arie des aufbegehrenden Masetto hebt er sich für Prag auf. Denn inzwischen steht für ihn fest, daß er ein weiteres Mal in die böhmische Metropole reisen wird – und nicht nur, um dort den »Don Giovanni« persönlich aus der Taufe zu heben, sondern auch, um das Werk in der ihm so zuträglichen Umgebung zu vollenden. Diesmal ist nur Frau Konstanze an seiner Seite. Die Vierundzwanzigjährige befindet sich erneut »in gesegneten Umständen«, der drei Jahre alte Sohn Carl wird zur Pflege nach Perchtoldsdorf verbracht.

In Prag ist unterdes alles für das Wohl der Gäste Nötige vorbereitet: Josepha Duschek, Tochter des wohlhabenden Apothekers Anton Adam Hambacher und Gattin des angesehenen Musikpädagogen Franz Xaver Duschek, macht es sich zur Ehre, den Meister aus Wien zu beherbergen, und stellt Mozart sowohl das Haus »Zu den drei goldenen Löwen« auf dem Kohlmarkt wie ihren Landsitz an einem der Hügel der Vorortgemeinde Smíchov, die berühmte »Bertramka«, zur Verfügung. Man kennt einander seit Jahren: Im Sommer 1777 sind die frischvermählten Duscheks zu einem Verwandtenbesuch nach Salzburg gereist und haben bei dieser Gelegenheit den Mozarts ihre Aufwartung gemacht. Im Tanzmeistersaal von Vater Leopold Mozarts Salzburger Wohnung hat Josepha Duschek, eine anerkannte Sängerin und temperamentvoll-übermütige Person, ihren schönen Sopran erklingen lassen, und bei einem Wiedersehen in Wien hat Mozart die drei Jahre Ältere sogar am Klavier begleitet, als sie bei einer Akademie im Burgtheater auftrat.

Nun also, im Herbst 1787 – die Premiere des »Don Giovanni« ist auf den 29. Oktober festgesetzt – ist Josepha Duschek Mozarts Prager Gastgeberin: In der Stille ihres Weinberg-Retiros vor den Toren der Stadt soll der Meister letzte Hand an die noch unfertige Partitur legen. Zwei Zimmer sind für ihn und Konstanze

*Mozarts Prager Lieblingslogis: die Villa Bertramka im Stadtteil Smíchov*

bereitgestellt, und wenn es bei den nächtlichen Gelagen im Weinkeller beim Tempelgäßchen spät wird (denen mitunter noch eine aufmunternde Einkehr beim Kaffeesieder an der alten Karlsbrücke folgt), legt Mozart den weiten Weg zur »Bertramka« zu Fuß zurück. Sucht er die Nähe seines Librettisten, um mit diesem die noch strittigen Fragen des Textbuches zu erörtern, weicht Mozart auf die Stadtwohnung im Haus »Zu den drei goldenen Löwen« aus: Da Ponte logiert – gleich gegenüber – im Hinterhaus des Gasthofes »Zum Platteis«.

Die Zeit drängt: Selbst am Nachmittag des Premierentages liegen die Noten für die Ouvertüre noch nicht fertig vor; die Musiker sind darauf vorbereitet, vom Blatt spielen zu müssen. Im Notfall, so verlautet, werde man an Stelle der »Don Giovanni«- die »Idomeneo«-Ouvertüre einschieben.

Ja, es ist wahr: Mozart läßt sich allzu leicht von der Arbeit ablenken – überhaupt hier in Prag, wo sich so viele um seine Gesellschaft reißen. Auch Hausherrin Josepha Duschek stiehlt ihm eine Menge Zeit – etwa, um ihm eine ihr gewidmete und auf ihre Gesangsstimme zugeschnittene Konzertarie abzuringen. Ja, die stets zu Scherzen aufgelegte Person schreckt nicht einmal davor zurück, den Meister in einem Pavillon ihres Gartens einzusperren und erst wieder freizulassen, wenn er mit dem fertigen Notenblatt vor sie hintritt. Mozart rächt sich, indem er das betreffende Werk – es handelt sich um das berühmte »Bella mia fiamma, addio« – in Intonation und Technik extrem schwierig anlegt und die Übereignung des Manuskripts davon abhängig macht, daß Josepha sich imstande zeigt, die Arie auf der Stelle fehlerfrei vom Blatt zu singen. Andernfalls werde er die Noten vernichten …

Doch zurück zum »Don Giovanni«. Die Uraufführung findet wie vorgesehen am 29. Oktober 1787 statt. Mozart dirigiert nach der handschriftlichen Partitur. Schon die Ouvertüre läßt das Publikum in »lautes Lobjauchzen« ausbrechen. Der Berichterstatter der k.k. Prager Oberpostamtszeitung überschlägt sich in Superlativen: *»Kenner und Tonkünstler sagen, daß zu Prag ihresgleichen noch nicht aufgeführt worden.«*

Ganz anders in Wien. Obwohl Mozart nach seiner Rückkehr die Partitur unverzüglich dem Kopisten übergibt, verstreichen über sechs Monate, bis das Hofburgtheater mit der Zweitaufführung nachzieht. Und obwohl diesmal zum Einstudieren reichlich Zeit ist, fällt der »Don Giovanni« in Wien durch. Lorenzo da Ponte, nicht minder irritiert als der Komponist, holt dazu die Meinung des Kaisers ein. Und wie urteilt Seine Majestät? »Die Oper ist köstlich, ist göttlich, vielleicht selbst besser als der ›Figaro‹, aber sie ist keine Speise für die Zähne meiner Wiener.« Mozarts lakonische Replik: »Man soll ihnen nur Zeit lassen, sie zu kauen.«

Wer sich ebenfalls reichlich Zeit läßt, den »Don Giovanni« zu »kauen«, sind die Dichter. 68 Jahre nach der Uraufführung von Mozarts *dramma giocosa* erscheint im »Morgenblatt für gebildete Stände« Eduard Mörikes Novelle »Mozart auf der Reise nach Prag«. Der schwäbische Romantiker, für den »Don Giovanni« die

»Oper aller Opern«, ja überhaupt das Nonplusultra großer Musik ist, läßt den Komponisten und Gattin Konstanze auf dem Weg von Wien nach Prag in einem südböhmischen Landschloß – es ist vermutlich der Besitz der Grafen Buquoy in Gratzen, dem heutigen Nové Hrady – Zwischenstation machen und in eine kultivierte adelige Gesellschaft geraten, die des Meisters Genius enthusiastisch huldigt. Vom Gärtner dabei ertappt, wie der Fremde im gräflichen Park gedankenverloren eine Orange vom schönsten Pomeranzenbäumchen pflückt, wird er vom Hausherrn ins Schloßinnere gebeten und nach Klärung seiner Identität eingeladen, der heiteren Runde aus seinem fast fertigen Werk vorzuspielen. Der Eindruck ist gewaltig: Als der Choral »Dein Lachen endet vor der Morgenröte« erklingt, macht sich unter Mozarts Zuhörern höchste Bewunderung, zugleich aber auch tiefstes Erschrecken breit: Man glaubt aus dem Vernommenen Todesahnung herauszuhören. Insbesondere Eugenie, der Nichte des Schloßherrn, die an diesem Tag ihre Verlobung feiert, wird es zur Gewißheit, »daß dieser Mann sich schnell und unaufhaltsam in seiner eigenen Glut verzehre, daß er nur eine flüchtige Erscheinung auf der Erde sein könne, weil sie den Überfluß, den er verströmen würde, in Wahrheit nicht ertrüge«.

Ein Jahrhundert später nimmt sich ein weiterer Schriftsteller des Stoffes an – es ist der deutschböhmische Erzähler Louis Fürnberg. Er geht, was das Fiktive seiner »Mozart-Novelle« anlangt, sogar noch einen Schritt weiter und läßt die Titelfigur mit einem zweiten Großen der Kulturgeschichte in Prag zusammentreffen – mit dem dreißig Jahre älteren Casanova.

Doch zurück auf den Boden der Tatsachen. Am 6. September 1791 – Mozart hat nur noch drei Monate Lebenszeit vor sich – soll mit allem Pomp Leopold II. zum böhmischen König gekrönt werden. Der Prager Hof wünscht sich für diesen Anlaß eine feierliche *Opera seria*, Impresario Domenico Guardasoni erteilt dem bereits gesundheitlich Angeschlagenen den begehrten Auftrag, reist zu diesem Zweck nach Wien und stellt ein Kompositionshonorar von 200 Dukaten in Aussicht.

Die Zeit ist verdammt knapp: Nur wenige Wochen stehen dem Meister zur Verfügung, das über fünfzig Jahre alte »Titus«-Libretto des Wiener Hofdichters Pietro Metastasio, das dessen Dresdner Kollegen Caterino Mazzolà zur Kürzung und Umarbeitung übergeben worden ist, zu vertonen. Hinzu kommt, daß Mozart in dieser kritischen Phase noch zwei weitere Werke in Arbeit hat: die »Zauberflöte« und das von Graf Franz von Walsegg bestellte (und bereits bevorschußte) Requiem.

Mitte August bricht man von Wien auf; Konstanze, die ihren Mann begleitet, hat erst vor wenigen Wochen Sohn Franz Xaver Wolfgang zur Welt gebracht. Noch im Reisewagen – die Fahrt nach Prag dauert vier Tage – macht sich Mozart über die Partitur her; einen Teil der Arbeit nimmt ihm sein Schüler Franz Xaver Süßmayr ab, der ebenfalls mit von der Partie ist.

Wie schon im Fall des »Don Giovanni« wird auch »La clemenza di Tito« erst im allerletzten Augenblick fertig. Und was den ausgelaugten, schon von der Todeskrankheit Gezeichneten vollends aus der Bahn wirft: Das Werk fällt durch. Seine Majestät rümpft die Nase, und Königin Marie Louise versteigt sich gar zu dem Verdikt »Una porcheria tedesca« (»eine deutsche Schweinerei«). Verbittert treten die Mozarts eine Woche nach der Uraufführung die Heimreise nach Wien an. Seine Seligkeit über das innig geliebte Prag hat einen empfindlichen Dämpfer erlitten – er wird die Stadt, die ihm in all den Jahren so viel Zuneigung entgegengebracht hat, niemals wiedersehen.

Erst nach seinem Tod setzt der Prager Mozart-Kult aufs neue ein und zwar mit voller Kraft: Zum Requiem in der St. Nikolaus-Kirche, bei der sich die besten Sänger der Stadt zum Chor zusammenschließen, finden sich an die 3000 Trauergäste ein; bei einer »Musikalischen Akademie« im Nationaltheater brilliert

*»Dein Lachen endet vor der Morgenröte …«*

Freundin Josepha Duschek mit einer Arie aus der in Prag noch unaufgeführten Oper »Idomeneo«; die Instrumente, auf denen Mozart während seiner Prag-Aufenthalte musiziert hat, ein Cembalo und ein Hammerklavier, werden unter ausdrücklicher Weisung, sie nie und von niemand anderem bespielen zu lassen, in sicheren Gewahrsam genommen; und die Villa Bertramka, Mozarts Lieblingsadresse, mutiert – mögen sich die Besitz-verhältnisse auch noch so oft ändern – zu einer Pilgerstätte der Musikfreunde aus aller Welt.

Schon der Prager Kaufmann Adolf Popelka, der nach dem Able-ben des Mozart-Gastgebers Franz Xaver Duschek den Besitz erwirbt, verfügt, daß »die zwei mit ihren Fenstern in die jetzige Plzeňská-Straße gewendeten Zimmer, die Mozart bewohnt hat, zum Andenken an den großen Meister der Töne für immer unbe-wohnt und unverändert bleiben müssen«, und seine Witwe ver-macht sie testamentarisch der Internationalen Stiftung Mozar-teum in Salzburg. 1929 kommt es zu einem Rückkauf durch die Prager Mozart-Gemeinde. Unausgeführt bleibt hingegen der Plan der Nationalsozialisten, während der Protektoratszeit 1939–1945 die Bertramka in den Rang einer »Nationalen Ge-denkstätte des Großdeutschen Reiches« zu erheben.

Nach dem Zweiten Weltkrieg wechseln die Besitzer in rascher Folge: Zunächst von den Kommunisten verstaatlicht, geht das Anwesen 1986 neuerlich ins Eigentum der Prager Mozart-Gemeinde über, bis schließlich 1991 die Kommune – in Gestalt des 5. Prager Stadtbezirks – endgültig das Erbe antritt. Die Ber-tramka, inzwischen auf Hochglanz gebracht, zählt im heutigen Prag unbestritten zu den Hauptsehenswürdigkeiten der Stadt. Nicht nur die Dauerausstellung in den historischen Räumen, sondern auch die – je nach Jahreszeit im Saal oder auf dem Hof veranstalteten – Konzerte befestigen Prags herausragenden Ruf als Mozartstadt.

# Freudenhaus, Trauerhaus

Ich treffe zwar schon um die Mittagsstunde in Prag ein, für den geplanten Lokalaugenschein in der Kamzíkova lasse ich es jedoch Abend werden: Verruchtheit läßt sich eher in der Finsternis ausmachen. Daß seit Franz Werfels Besuchen im berühmt-berüchtigten *Salon Goldschmied* beinah 100 und seit dessen literarischer Verewigung in der Erzählung »Das Trauerhaus« 80 Jahre verstrichen sind, versuche ich zu verdrängen: Zu stark ist das Verlangen, auch heute noch auf letzte Spuren jenes Liebestempels zu stoßen, der einst ganze Generationen zahlungskräftiger Prager Lebemänner entzückt und beglückt hat.

Die Sorge, in dem unübersichtlichen Gassengewirr zwischen Želecná und Celetná die verschwiegene Adresse zu verfehlen, erweist sich als unbegründet: Im mustergültig beschilderten Prag von heute findet man überall leicht ans Ziel. Die Kamzíkova (zu deutsch: Gemsengasse) schlägt zwar allerlei Haken, krümmt sich einmal nach links, dann wieder nach rechts, scheint plötzlich in einem Torbogen mit sperrbarem Eisengitter zu enden, mündet jedoch schließlich in eine propere, in jüngster Zeit angelegte Passage, deren Lädchen auf harmlose Touristenbedürfnisse zugeschnitten sind: eine Steh-Pizzeria, eine Agentur für billige Auslandstelefonate, ein Souvenirshop für böhmisches Kristall.

Ich studiere die wenigen Hausnummern: Mit der Universitätsmensa auf Nr. 1 fängt es noch einigermaßen gediegen an, doch schon die 3 und die 5 fügen sich zu einem verwahrlosten Winkel aus brüchigem Mauerwerk, Abfallhalden und groben Sex-Graf-

*Verruchte Adresse: das Gemsengäßchen in der Prager Altstadt*

fiti; die 6 und die 8, beide vierstöckig, beherbergen ein »Low Price Restaurant«, ein Internet-Café und ein Szenelokal, dessen hochtrabende Bezeichnung »Kamzik-Galerie« und dessen dreisprachige Getränkekarte (tschechisch, englisch und französisch) mehr versprechen, als sie halten. Hier also, im düsteren Schein einer Straßenlaterne aus alter Zeit, habe ich mir jenes ominöse Etablissement Goldschmied vorzustellen, das zwischen 1866 und 1920 unter dem gängigeren Namen »Gogo« seine männliche Klientel zu (wie Franz Werfel es ausdrückt) »flüchtigem Genuß« empfangen hat.

Das Haus zum Roten Pfau, wie es im Kataster des Altstädter Hauptviertels mit amtlichem Namen heißt, beherbergt heute in den drei Etagen über den ebenerdigen Geschäftslokalen Sozialwohnungen: Das Klingelbrett neben dem auch tagsüber versperrten Haustor nennt zwölf Parteien, die sich jede Frage nach käuflicher Liebe streng verbitten würden. Wir müssen uns also an Franz Werfel halten, der selbst, damals noch Schüler des Prager Stefansgymnasiums, an der Seite seiner trink- und sangesfreudigen Kumpane zu den Besuchern des Freudenhauses in der Kamzíkova gezählt und seine dortigen Erlebnisse zwanzig Jahre später literarisch umgesetzt hat, wobei er sich des Kunstgriffs bediente, die Handlung seiner Erzählung »Das Trauerhaus« in jene Juli-Nacht des Jahres 1914 zu verlegen, da die Schreckensnachricht von der Ermordung des österreichischen Thronfolgers in Prag eintraf. Der Titel der 60-Seiten-Story wird somit zur Metapher für den Untergang des Habsburgerreiches, die Geschichte selber zu einer Art Abgesang auf die österreichisch-ungarische Donaumonarchie.

Doch Franz Werfel ist nicht der einzige, der den pikanten Stoff aufgreift: Auch ein zweiter Großer der deutschsprachigen Literatur im Prag der ersten Hälfte des 20. Jahrhunderts, der »rasende Reporter« Egon Erwin Kisch, fünf Jahre älter als Werfel, geht in einem seiner brillanten Feuilletons den »Geheimnissen des Salons Goldschmied« nach, beschreibt, wie der vormalige Trödler Emanuel Goldschmied die Wirrnisse des Kriegsjahres 1866 dazu nützt, das 1804 errichtete Haus in der Gemsengasse zu günstigsten Bedingungen zu erwerben und darin, ohne bei den Behörden um die entsprechende Befugnis angesucht zu haben, mit einer Handvoll ebenso attraktiver wie williger »Damen« den »Betrieb« aufzunehmen und bald schon, Brillantringe an beiden Händen und nur noch im eigenen Zweispänner durch Prag kutschierend, durch das Geschäft mit der Prostitution zu einem der begehrtesten Bankkunden Prags avanciert.

Das »Gogo« ist kein Bordell wie jedes andere: Seine illustre Klientel aus Offizieren, namhaften Geschäftsleuten, Künstlern, ja selbst Vertretern der Hocharistokratie verlangt nach strenger Führung, die sowohl regelmäßige ärztliche Untersuchung der »Mädchen« wie »hygienische Reinigung der Lokalitäten« und die Einstellung zweier mit Kontrollaufgaben betrauter Detektive einschließt. Da man auf erstklassige Referenzen Wert legt, werden Schriftsteller, die das »Gogo« mit ihrem Besuch beehren, freundlich dazu angehalten, sich im Gästebuch zu verewigen. Einer aus ihrer Runde, der Lyriker Christian Morgenstern, begnügt sich nicht mit einem einfachen Eintrag, sondern hinterläßt ein komplettes, mehrstrophiges Gedicht (das später in den berühmten Palmström-Zyklus eingehen wird):

Palmström sucht (gleich andern vielen),
wie man, ohne zu verspielen,
mittels Formel finden könnte,
wieviel jeder, wenn er wollte –
angenommen, daß er könnte –
wieviel jeder zahlen sollte,
wieviel jeder, wenn er könnte,
angenommen, daß er wollte,
wie wenn sollte, wollte, könnte,
der Kaffee zu zahlen wäre
pro Person nach Recht und Ehre,
wenn der, der aufs Zimmer rennte
und sich von den andern trennte,
der nun auszulassen wäre.

Palmström beginnt zu dividieren,
er versinkt in den Papieren,
er versinkt in dem Probleme,
wieviel wohl auf jeden käme,
wenn – wie oben es notiert.

73

Während er noch dividiert,
hat – wohl nur, damit er prahlt –
hat ein anderer bezahlt.
Palmström denkt, es ist genug,
nimmt sich Hut und Stock und Rock,
denn nicht an mehr – meint er – käm' es
auf die Lösung des Problemes.

Auch die Musik spielt im »Gogo« eine wichtige Rolle. Nicht nur,
daß man einen erstklassigen Klavierspieler zur Unterhaltung der
Gäste unter Vertrag hat, weiß es Prinzipal Goldschmied zu schätzen, daß sogar eine Berühmtheit wie Gustav Mahler in seinem
Etablissement verkehrt. Mehr als einmal geschieht es, daß der
Mittzwanziger gegen 4 Uhr früh in leicht derangiertem Aufzug
ins »Gogo« gestürmt kommt und sich im sogenannten Japani-
schen Zimmer ans Klavier setzt, um dort, ohne sich im mindesten
um das diensteifrig herbeieilende Mädchen zu scheren, bis in die
Morgenstunde hinein zu komponieren, zu probieren und zu
notieren. »Es ist anzunehmen«, schreibt Kisch, »daß er das Lokal
aufsuchte, um daheim Familie und Nachbarschaft nicht zu
stören.« Beim Morgengrauen bezahlte der »Herr Kapellmeister«
(den man hinterrücks allerdings eher den »Meschuggenen«
nannte), was er *nicht* getrunken hatte: zwei Flaschen Sekt oder
auch mehr – »je nachdem, wievielen Gästen das Betreten des
Séparées unter dem Hinweis, daß es besetzt sei, hatte verwehrt
werden müssen.«
Noch größeres Aufsehen erregt ein junger Bierbrauerssohn aus
Albany im US-Staat New York, der 1907 auf einer Europareise in
Prag Station macht und eines Nachts von einem Rudel ausgelas-
sener Gleichaltriger ins »Gogo« verschleppt wird. Dem breit-
schultrigen Yankee sticht unter den diensttuenden Mädchen besonders jene in die Augen, die Mizzi gerufen wird, und da Alfred
Piccaver – so der Name des temperamentvollen Gastes – eine

*Freudenhaus, Trauerhaus*

vorzügliche Sängerausbildung hinter sich hat, schmettert er, um seiner Auserwählten zu imponieren, eine Tenorarie von Leon-cavallo in den Raum, daß es selbst der total amusischen Mizzi den Atem verschlägt.

Vollends hingerissen von der Jahrhundertstimme ist jedoch der gleichzeitig anwesende Opernregisseur Trummer vom Prager Landestheater. Er bestellt das junge Talent für den nächsten Abend zu einem zweiten Besuch ins »Gogo«, bringt bei dieser Gelegenheit den berühmten Impresario Angelo Neumann mit, und der, von dem neuen Talent nicht minder angetan, bittet Piccaver, nachdem dieser einige weitere eindrucksvolle Proben seines Könnens gegeben hat, ins Séparée und hält ihm einen in aller Eile vorbereiteten Jahresvertrag unter die Nase. Der Drei-undzwanzigjährige unterschreibt und startet am Landestheater seine Weltkarriere. Den Ausschlag dafür, daß er sich verpflichtet, ein Jahr in Prag zu bleiben, hat natürlich niemand anderer als die ihn wild anhimmelnde Mizzi gegeben. Später wird sich heraus-stellen, daß die vermeintliche Opernenthusiastin von Impresario Neumann nur als »Werkzeug« eingespannt und mit klingender Münze bestochen worden ist …

Ja, das Nobelbordell in der Gemsengasse, in dem gleicherma-ßen Deutsche, Tschechen und Juden ihrem Vergnügen nach-gehen, ist eben nicht nur eine Lasterhöhle, in der Feudalherren, Offiziere, Advokaten und Geschäftsleute mit unverbrauchten Hübschlerinnen aus allen Völkerschaften der Monarchie zusam-mentreffen, sondern auch ein Dorado der literarischen und musikalischen Bohème, und Egon Erwin Kisch, der dies alles in seiner berühmten Reportage festhält, tut ein übriges und ge-winnt der soeben geschilderten Episode auch noch einen Ein-akter ab, der unter dem Titel »Piccaver im Salon Goldschmied« 1926 auf einer der Prager Kleinbühnen uraufgeführt wird.

Was den Betreiber des berühmt-berüchtigten Etablissements, jenen durch sein Metier steinreich gewordenen Emanuel Goldschmied, betrifft, so zieht er sich eines Tages vom Geschäft zurück und übersiedelt nach Wien, wo er sich unter anderem als potenter Sponsor des Kunsthistorischen Museums einen Namen macht. Welchem Erwerbszweig all die kostbaren Gemälde entstammen, die er den Wiener Kunstfreunden großzügig überläßt, ist dort allerdings ein strenggehütetes Geheimnis, das erst durch Kischs spätere Recherchen gelüftet werden wird …

Goldschmieds Nachfolger, ein gewisser Josef Klein, läßt das nun schon etwas abgenützte Unternehmen umbauen und frisch aufmöbeln: Die diversen Salons bekommen neue Spiegel und in allen Farben schillernde Beleuchtungskörper, die Wendeltreppe, die die einzelnen Etagen miteinander verbindet, wird mit pompösen Laufteppichen belegt, Venusfiguren aus Alabaster und Terrakotta schmücken die Nischen. Für das Türkische Zimmer werden Gobelins, fürs Prinzenzimmer blauseidene Wandbespannungen, für den Persischen Salon feinste Mahagoni-Täfelung aufgeboten. In der »Doktorstube« werden die sanitätsärztlichen Untersuchungen vorgenommen, das Frisierzimmer dient Prinzipal Klein zugleich als Inspektionsraum, und in den acht Kämmerchen, die der weiblichen Belegschaft des »Gogo« als Arbeitsplatz dienen, hängen Vogelkäfige an der Wand, deren Zeisig-, Rotkehlchen- und Kanariengezwitscher dem laufenden Betrieb zusätzliche Reize verleiht. Klar, daß die fröhlichen Zeugen des verruchten Treibens nach allen Regeln der Kunst verwöhnt und nur mit den feinsten Leckerbissen gefüttert werden.

Was die Liebesdienerinnen selbst anlangt, so sind sie nach Statur, Gesichtsteint, Haarfarbe, Naturell, Nationalität und Bildungsgrad eingeteilt; die Tüchtigsten steigen nach einigen Dienstjahren in den Rang von Wirtschafterinnen auf und genießen von da an das Anrecht, per »Sie« angesprochen zu werden, wenn sie nicht überhaupt in den Ehestand treten und an der Seite wohlhabender Galane ein neues Leben beginnen.

*Verklärte Erinnerungen an die bewegte Prager Jugendzeit: Franz Werfel*

Mit dem Zusammenbruch der Monarchie ist auch der Niedergang des »Gogo« eingeläutet: Verschreckt von der Prüderie der nach Kriegsende antretenden Moralapostel und Reformer, entschließt sich Prinzipal Klein zu einem Notverkauf seines Unternehmens an die Wiener Eisenfirma Rudolf Schmidt & Co., die sowohl Räumlichkeiten wie Inventar all ihrer bisherigen Reize entkleidet. Zu Silvester 1919 wird Abschied gefeiert: Die Mädchen packen ihre Sachen und ziehen von dannen, Herr Klein begibt sich in seine Wohnung, liest rasch noch die Zeitungen vom Tage, legt sich nieder – und stirbt.

Sieben Jahre später – die Geschichte von Blüte und Niedergang des Salons Goldschmied ist mittlerweile nur noch eine allerdings lebhafte Legende – greift Franz Werfel den Stoff auf. Der sechsunddreißigjährige Dichter, der zuletzt mit einem Verdi-Roman sowie den Dramen »Juarez und Maximilian« und »Paulus unter den Juden« hervorgetreten ist, hat auf Empfehlung des im benachbarten Rapallo residierenden Kollegen Gerhart Hauptmann für einige Zeit in Santa Margherita Ligure Quartier bezogen; das von einem prachtvollen Palmenpark umgebene Luxushotel Imperial Palace mit dem betörenden Blick auf die Bucht von Portofino bietet ihm ideale Arbeitsbedingungen. Damit er ungestört schreiben kann, zieht sich Gattin Alma für einige Wochen in den nahegelegenen Kurort Nervi zurück.

Werfel macht sich ans Werk, einen im Vorjahr mit dem »Tod des Kleinbürgers« begonnenen Novellenzyklus zu vollenden. Was das Material für die durchwegs längeren Prosatexte betrifft, die später unter dem Sammeltitel »Erzählungen aus zwei Welten« in Buchform erscheinen werden, so schöpft Werfel vorwiegend aus den Erinnerungen an seine Kindheit und Jugendzeit, und eine dieser Erinnerungen führt ihn in jene Tage um 1907/1908 zurück, da er, demnächst Maturant am Stefansgymnasium, sich mit seinen Schulfreunden ins Prager Nachtleben stürzt und dabei auch das berühmte »Gogo« nicht ausläßt.

Im Gegensatz zu dem fünf Jahre älteren Egon Erwin Kisch, der sich als Reporter streng an die Fakten zu halten hat, kann der Dichter Franz Werfel mit dem Stoff nach Belieben umgehen, kann frei fabulieren, kann also die von ihm rekapitulierten Erlebnisse ohne weiteres ins Kriegsjahr 1914 verlegen und die Geschichte des Salons Goldschmied von dessen Ende her aufrollen. »Das Trauerhaus« nennt er beziehungsvoll seine Erzählung, in deren Mittelpunkt der Tod des »Gogo«-Prinzipals Josef Klein steht (dessen Namen der Autor zu Max Stein verfremdet). Natürlich verzichtet auch Werfel auf keines der farbigen Details des Bordellbetriebes, weidet sich also an solchen Besonderheiten wie dem im Blauen Salon geltenden Champagnerzwang oder jener »raffinierten Spiegelvorrichtung, welche, wie das Gerücht ging, der gemeinschaftlichen Durchführung vornehmerer Laster dienlich sein sollte«; er versäumt weder, die aus »fetter Pomade, Anisetteschnaps und Alter zusammengesetzte Duftaura« des

Klavierspielers Nejedli noch dessen aus Schlagern wie »Am Manzanares«, »Die Dessous« und »Da könnt' man weinen wie ein kleines Kind« bestehendes Musikrepertoire zu beschreiben; er schildert sowohl die »Sechs-Uhr-Abendstunde, wenn die Damen darangingen, sich für das Geschäft zurechtzumachen, und der Figaro mit seiner Brennschere von einer zur anderen eilte«, wie auch den frühmorgendlichen Kehraus, »wenn man mit heißer Suppe allen Fusel- und Nikotindunst hinunterspülte«.

Breitesten Raum widmet er den Allüren der diensthabenden Damen:

*»Mit wiegendem Schritt durchkreuzten sie den Raum, drehten sich, einsame Entzückung in den Mienen, vor dem Spiegel, baten sich mit höflicher Kälte Zigaretten aus und nahmen herablassend-interesselos für eine Weile an den Tischen Platz. Sie schienen von dem Gefühl einer ganz besonderen Würde durchdrungen zu sein. Im Gegensatz zu ähnlichen Lokalen gingen hier nur wenige Damen kurzgeschürzt; die meisten trugen phantastische Negligés, wallende Morgengewänder, Valeska, die pompöseste unter allen, sogar ein regelrechtes Ballkleid, und trotz der hinderlichen Kleidung geschah es nicht allzu oft, daß man die Beine entblößte, um aus dem Strumpf ein Zigaretten- oder Puderetui zu holen.«*

Am Rande erfährt der Leser, daß die jüdischen Gäste niemals Wein oder Schnaps, sondern immer nur Kaffee tranken, daß der »Tisch der Jugend« deren geringer Kaufkraft wegen bei den Mädchen in Verruf stand, oder daß die mit ihrer »Bildung« prahlende Grete ein veritables Gästebuch führte, in dem sie ihre vorwiegend aus Schriftstellern bestehende Klientel nicht nur deren Namenszug, sondern ganze Gedichte eintragen ließ (und dafür von ihren Kolleginnen prompt als »Verrückte« geschmäht wurde).

Auch Sozialkritisches klingt in Werfels Erzählung an – etwa, wenn er in einem Streit über die Frage, ob eine Hure einen Freier abweisen darf, eine der emanzipierteren wahrhaftig auf die Menschenrechte pochen läßt. Ja, das »Gogo« ist eben kein »normales« Freudenhaus: Eigentlich gebührte ihm ein seinem Namen vorangestelltes »k.k«. Diesen »hochoffiziösen Charakter« teilen mit ihm nur zwei weitere Institutionen im Prag jener Jahre: die Konditorei Stutzig und die Tanzschule Pirnik. Ist es eines Tages mit der alten Monarchie vorbei, hat wohl auch für Unternehmen wie diese das letzte Stündlein geschlagen.

Eine erste Vorahnung des Kommenden erfaßt Prinzipal Max Stein, als in der Nacht auf 29. Juni 1914 die Mordnachricht aus Sarajewo die Welt erschüttert – auch und besonders die Welt des »Gogo«. Schlagartig leeren sich die Räume des mehretagigen Gebäudes in der Gemsengasse: »Alles drängte die Treppe hinab. Man wollte die Zeitungsredaktionen aufsuchen, um den wahren Hergang der Tragödie zu erfahren.«

Einzig und allein der Chef des Hauses bleibt in dem panikartig verlassenen Salon zurück. »Soll ich schlafen gehn, Nejedli?« fragt er den Klavierspieler an seiner Seite. Und der gibt zur Antwort: »Gehn S' nur schlafen, Herr Maxl, heut kommt eh keiner mehr.« Max Stein tut, wie ihm geheißen, legt sich schlafen und – steht nicht wieder auf. Sein Leichnam wird anderntags im Großen Salon aufgebahrt: Aus dem Freudenhaus ist über Nacht ein Trauerhaus geworden. Werfels Nachwort:

*»Das Schicksal des Etablissements hatte sich erfüllt, mochte es sich auch bis zum Umsturz noch hinschleppen. Die Erben taugten nichts, die Sittenstrenge der neuen Staatsmänner gaben der Unternehmung den Rest.«*

# Eine makabre Adresse

Mit der Linie A der Prager Metro fahre ich bis zur Endstation Dejvická. Es geht alles enorm rasch: Die Passagiere, die ihre Zeitung hervorholen, kommen kaum zum Lesen. Auch etliche mit Büchern in der Hand erblicke ich. Ein Kisch-Band wird allerdings kaum darunter sein: Im *Palác Knih Luxor*, der Großbuchhandlung am Wenzelsplatz, wo ich mich nach lieferbaren Titeln des »Rasenden Reporters« erkundigt habe, hat mir die Verkäuferin mit bedauerndem Achselzucken geantwortet: Nein, auf tschechisch sei nichts zu haben, nur auf deutsch. In der Stadt, in der er geboren und gestorben ist, die er über alles geliebt und die er in so vielen seiner Reportagen geschildert hat, ist Egon Erwin Kisch heute ein Unbekannter.

Das letzte Stück Strecke zur U Laboratore Nr. 22, wo der Mexiko-Heimkehrer vom Frühjahr 1946 bis zu seinem Tod am 31. März 1948 gewohnt hat, lege ich zu Fuß zurück. Es geht zunächst stadtauswärts durch die breite Evropská; nach dem Hotelneubau »Diplomat« biege ich in die schmale Gymnazijni ein, komme an einem Montessori-Kindergarten vorüber und steige schließlich nach Durchschreiten einer Bahnunterführung in den hügeligen Stadtteil Střešovice hinauf: Es ist das Prag der vornehmen Vorstadtvillen mit den sorgfältig restaurierten Fassaden, den Gärtnern, die Hecken und Beete instandhalten, und den Hausmeistern, die frisches Wasser in den Pool einlassen.

»Zum Laboratorium« – so würde der Straßenname auf deutsch lauten; die Nr. 22 ist ein Eckhaus in strahlend hellem Gelb/Weiß. Das Erdgeschoß mündet in eine offene Veranda und in weiterer

*Prag*

Folge in eine Freitreppe, die zum Garten führt; darüber der erste Stock mit der markisenüberdachten Terrasse, schließlich die geduckten Mansarden der Dachetage. Gegensprechanlage, Dachantenne und Satellitenschüssel: Den Kozák, Entler und Newton, die heute hier ihre Wohnungen und/oder ihre Büroräume haben, mangelt es in punkto neuzeitlicher Technik an nichts.

Mein Interesse gilt der Beletage, sie ist Egon Erwin Kischs letzte Adresse. Keine Gedenktafel ruft dem heutigen Spaziergänger den berühmten Namen in Erinnerung. Und schon gar nicht erfährt er, wer in den Jahren vor Kischs Einzug der Vormieter gewesen ist: Adolf Eichmann. Ich muß tief Luft holen: Der jüdische Schriftsteller, bekennende Kommunist und Remigrant Egon Erwin Kisch in denselben Räumen, die vor ihm der Organisator der NS-Judenvernichtung, SS-Obersturmbannführer Adolf Eichmann, bewohnt hat. Wenn das Wort »makaber« irgendwo am Platze ist, dann hier ...

Am 21. März 1946, sechs Wochen vor seinem 61. Geburtstag, steigt Egon Erwin Kisch in Begleitung von Gattin Gisela – letzte Etappe ihrer fast fünfwöchigen Heimreise aus dem mexikanischen Exil – in Prag-Ruzyně aus dem Flugzeug. Eingeladen von der neuen tschechoslowakischen Regierung, empfangen von Abgesandten der Kommunistischen Partei und auch willkommen geheißen von der Prager Presse, werden die Ankömmlinge zunächst in einem Zimmer des Hotels Alcron am Wenzelsplatz untergebracht. Ins »Bärenhaus«, Kischs früheres Altstadtdomizil in der Melantrichgasse, kann man nicht zurückkehren: Das Gebäude steht unter Zwangsverwaltung; auch ist es mit Bruder Fritz-Kaspar, der als einziger der drei den Naziterror überlebt hat, und den Witwen der beiden anderen voll belegt.

Da kommt ihm ein alter Schulfreund zu Hilfe, der ihm bei einem seiner täglichen Spaziergänge über den Weg läuft. Er heißt Rudolf Fischer, ist wie er Jude und verfügt über ausreichend

*Eine makabre Adresse*

*Egon Erwin Kischs letzter Wohnsitz: die ehemalige Eichmann-Villa (U Laboratore Nr. 22)*

Platz in seinem Haus im Stadtteil Střešovice. In Erinnerung an gemeinsame Kindertage in der Schule und auf dem Fußballplatz bietet Fischer dem Gleichaltrigen die Wohnung im ersten Stock U Laboratore Nr. 22 an: »Du kriegst die ganze Etage samt Terrasse, dort wirst du dich wohlfühlen.«
Dankbar greift Kisch zu. Das einzige, was ihn beim Einzug an der neuen Adresse irritiert, sind die beiden mächtigen Baumstümpfe, die in dem gepflegten Garten hinterm Haus aus dem Boden ragen. »Welcher Barbar«, fragt er den Hausherrn, »hat denn hier so prächtige Bäume fällen lassen?«
Rudolf Fischer, während der Protektoratszeit selbst von den Nazis vertrieben und erst jetzt wieder Herr über seinen alten Besitz, muß wohl oder übel mit der Wahrheit herausrücken: Die Verschandelung des Gartens gehe auf keinen anderen als Adolf Eichmann zurück, der in ebendiesen Räumen zwischen 1939 und 1940 residiert und während dieser Zeit etliche Verände-

rungen vorgenommen hat, darunter das Fällen der seine Sicht behindernden Baumriesen ...

Kisch nimmt, was er da aus dem Mund seines Schulfreundes erfährt, erstaunlich gelassen auf, und auch später, als er auf dieses makabre Faktum angesprochen wird, kommentiert er lakonisch: »Diese schöne Wohnung gehörte früher Adolf Eichmann, dem Schrecken des Weltjudentums. Die Möbel, die Bilder, der Nippes, auch das zum Schutz eines seiner Kinder am Balkon angebrachte Netzgitter – dies alles war einmal *seines*. Aber es stört mich nicht, stört mich nicht einmal beim Einschlafen.«

Dieses Kapitel, so scheint es, ist für ihn abgeschlossen. Wer so sehr unter dem Hitler-Faschismus zu leiden gehabt hat wie Kisch, einen Großteil seiner Familie eingebüßt, die eigene berufliche Existenz verloren und sich jahrelang als Flüchtling durchgeschlagen hat, dem bleibt, wenn der Spuk endlich vorüber ist, nur die Wahl zwischen dem Wunsch nach Vergeltung oder dem Wunsch nach Vergessen. Der Pragmatiker Kisch entscheidet sich fürs Vergessen. Und vergessen ist auch, was er vor Jahren, damals noch in Prag, zu seiner Gesinnungsgenossin Lenka Reinerová gesagt hat, als der Fünfzigjährige und die dreißig Jahre Jüngere über die kommende Zeit räsonierten: »Du weißt, ich bin ein direkter Nachkomme des weisen Rabbi Löw, der aus Lehm den Golem modelliert und seinem Geschöpf den Befehl erteilt hat, sich zu erheben, sobald den Juden von Prag Unrecht droht. Einen solchen Golem würden wir brauchen, wenn die Nazis auf uns losgehen werden!«

Doch der Golem bleibt aus, die Schreckensherrschaft der Hitler-Schergen nimmt ungehindert ihren Lauf. Am 15. März 1939 marschieren die deutschen Truppen in der Tschechoslowakei ein, und noch im Juli desselben Jahres folgt der Ausrufung des Protektorats Böhmen und Mähren die Installierung einer »Zentralstelle für jüdische Auswanderung in Prag«. Mit der Leitung der neuen Behörde, die nach dem »Wiener Modell« organisiert

*Eine makabre Adresse*

werden und auch über Außenstellen in Brünn und Mährisch-Ostrau verfügen soll, wird der »bewährte« SS-Obersturmbann-führer Adolf Eichmann betraut.

Am 20. Juli 1939 trifft der Dreiunddreißigjährige in Prag ein, schon tags darauf nimmt er den Dienst auf. Arbeitsplatz und Wohnung liegen nur wenige Schritte voneinander entfernt: Die flugs »arisierte« Fischer-Villa U Laboratore 22 ist Eichmanns neues Domizil, in der Dělostřelecká Nr. 11/13, also gleich um die Ecke, werden die Büros hergerichtet. Sind es zunächst nur 20 Personen – 14 SS-Leute und sechs »einfache« Parteigenossen –, so erhöht sich die Zahl mit der Zeit auf 66, und als am 20. August 1942 die Umbenennung in »Zentralamt für die Regelung der Judenfrage« erfolgt, sind es bereits 94 Angestellte, die in den Räumen der ehemaligen holländischen Gesandtschaft zwischen 8 und 15 Uhr Dienst tun (samstags von 8 bis 13 Uhr). In seinem Prozeß vor dem Jerusalemer Gericht, der mit Eichmanns Hinrichtung am 1. Juni 1962 enden wird, wird der Organisator der »Endlösung« zu Protokoll geben, seine Versetzung von Wien nach Prag habe ihm anfänglich gar keine Freude bereitet: »Wenn man so ein Amt aufbaut und sieht, daß alles ordnungsgemäß funktioniert, gibt man das nur ungern auf.«

Doch Eichmanns Einstellung ändert sich: Auch an der Zwischenstation Prag – Vorstufe seines mit der im Sommer 1940 erfolgenden Ernennung zum Chef des Berliner Judenreferats der Gestapo erreichten Karrieregipfels – fühlt er sich wohl, wozu auch die behagliche Dienstwohnung in einem der schönsten Viertel der »goldenen Stadt« beiträgt. Gattin Veronika und die beiden älteren Söhne, Klaus und Horst, genießen das Familienidyll im Villenbezirk Střešovice, und Dieter, der Jüngste, kommt sogar hier zur Welt.

Was Eichmanns Tätigkeit in der »Zentralstelle« betrifft, so hat er nahezu unumschränkte Vollmacht. Das erste ist die Beschlagnahme des jüdischen Vermögens. Dann folgt die Deportation,

*Prag*

wofür bei Mittellosigkeit der Kandidaten eine Kopfsteuer seitens des jüdischen Gemeinderates zu entrichten ist. Die »reichen Juden«, so sieht es Eichmanns Konzept vor, sollen die »Ausreise« der minderbemittelten Glaubensbrüder finanzieren. Kommt es bei der Abwicklung einzelner Verfahren zu mutwilligen Verzögerungen, drohen Festnahme und KZ-Einweisung. Doch die »Schmutzarbeit« überläßt Eichmann den niederen Gestapo-Chargen; er selbst zieht es vor, mit den Vertretern der Banken über die konfiszierten Vermögenswerte zu konferieren und sich im übrigen im Glanz der Prager Gesellschaft zu sonnen. Außerdem darf er sich – das hat ihm Heinrich Himmler, »Reichsführer SS« und Organisator der »Endlösung«, in die Hand versprochen – zur Belohnung für seine hingebungsvolle Arbeit auf ein Landgut in Böhmen freuen, das nach dem »Endsieg« in seinen Besitz übergehen wird.

Zum Unterschied von zweien seiner Brüder, dem Bankangestellten Arnold und dem Journalisten Paul, die beide den Nazis in die Hände fallen und im KZ ermordet werden, gelingt Egon Erwin Kisch die Flucht ins Ausland – zunächst nach Frankreich, schließlich via New York nach Mexiko. Prag, wo er soeben noch zum Stadtrat ernannt worden ist, verläßt er Hals über Kopf; in Versailles, der ersten Station in der Fremde, holt er die Trauung mit seiner langjährigen Gefährtin, der aus Wien stammenden Gisela Liner, nach.

Mexiko gewährt den beiden Asyl; Kischs Tätigkeit für die Bewegung »Freies Deutschland« und deren gleichnamige Zeitschrift sichert dem Mittfünfziger das Überleben. Weitere geringe Einkünfte bezieht der vormalige Bestsellerautor aus dem Verfassen von Kreuzworträtseln sowie aus Varieté-Auftritten als Amateurzauberer. Die Nachricht von der Kapitulation Hitler-Deutschlands im Mai 1945 erfährt Kisch aus dem Radio, als er sich gerade in der Gesandtschaft aufhält: In den Kirchen von

Mexiko-City läuten die Glocken. Wenige Tage davor haben seine Schriftstellerfreunde im Restaurant des Palacio de Bellas Artes ein Festbankett zu Kischs 60. Geburtstag veranstaltet und als Höhepunkt dessen Theaterstück »Der Fall des Generalstabschefs Redl« einstudiert. Es ist die dramatisierte Fassung seiner berühmten Reportage »Die Hetzjagd«. Unter den Mitwirkenden: Anna Seghers, Ludwig Renn, Bodo Uhse, André Simon und Bruno Frei.

Jetzt aber steht Wichtigeres auf dem Programm: die Vorbereitungen für die Rückkehr in die vom Naziterror befreite Heimat. Bis die Pässe mit allen nötigen Ausreise-, Durchreise- und Einreisestempeln versehen sind, vergehen allerdings Monate ungeduldigen Wartens. Hinzu kommt die Sorge, wie es wohl im »neuen« Prag aussehen, wie es um die Chancen eines Neuanfangs für einen deutschschreibenden Autor in einer auf alles Deutsche allergisch reagierenden Stadt bestellt sein werde. Ein Brief seines Kollegen Franz Carl Weiskopf, den Kisch im November 1945 erhält, verheißt diesbezüglich nichts Gutes: *»Bei Ingenieuren, Maurern, Ärzten ist das anders; die können natürlich auch ohne perfekte Tschechisch-Kenntnis dort arbeiten. Unsereins hingegen kann nicht die Sprache wechseln wie ein schmutziges Hemd. Eine weitere Erwägung: Bloß hinfahren, um dort den Leuten das wenige Brot wegzuessen, ist auch nicht gut.«* Weiskopf kommt zu dem Schluß: *»Man muß die Dinge sehen, wie sie sind. Die Möglichkeit, als deutscher Schriftsteller in der Tschechoslowakei zu wirken, ist vorbei. Es wird zumindest in nächster Zukunft ein Geduldetsein, eine Art Vegetieren sein – immer in Gefahr, verprügelt zu werden, wenn zufällig ein Wort in der Muttersprache dem Mund entfährt.«*

Auch Kisch gibt sich keineswegs der Illusion hin, im Nachkriegs-Prag ohne weiteres seinen Platz von früher wiedereinnehmen zu können. Ob ihm vielleicht eine politische Funktion in der Kommune, die ihn immerhin seinerzeit zum Stadtrat ernannt hat, über die Anfangsschwierigkeiten hinweghelfen könnte? Doch die Antwort auf seinen an Ministerpräsident Klement Gottwald gerichteten Bittbrief fällt wenig ermutigend aus.

Am 17. Februar 1946 besteigen Egon Erwin und Gattin Gisela Kisch in Mexiko-City den Zug und reisen zunächst nach New York, wo sie unter anderem mit Heinrich Mann, Bertolt Brecht und Oskar Maria Graf zusammentreffen. In London, wohin man mit dem Schiff übersetzt, stehen Verwandtenbesuche sowie ein Vortrag beim »Freien Deutschen Kulturbund« auf dem Programm.

Daß Prag, wo Kisch am 21. März eintrifft, für den Heimkehrer mit mancherlei Enttäuschung verbunden sein würde, hat man ihm vorausgesagt: Seine Muttersprache ist seit der Okkupation durch die Deutschen verpönt, das politische Klima eisig. Sogar ein neuer Antisemitismus scheint im Aufkeimen, obwohl die gerade erst gestoppte Judenverfolgung der NS-Ära eigentlich anderes erwarten lassen sollte. Doch das Allerschlimmste ist der Zusammenprall von Erinnerung und Realität: »Prag ist voll von Freunden, die nicht mehr leben. Jedes Haus, jede Straßenecke treibt einem Tränen in die Augen.«

Auch die Rückkehr ins Berufsleben verläuft enttäuschend. Zwar sitzt Kisch schon am dritten Tag nach seiner Ankunft an der Schreibmaschine und verfaßt für die Zeitung »Rudé Právo« einen Kommentar zu dem gerade angelaufenen Prozeß gegen den Kriegsverbrecher Karl Hermann Frank, doch Literarisches will ihm kaum noch gelingen. Von den für einen Sammelband über die ČSR geplanten Texten wird nur das Kapitel »Karl Marx in Karlsbad« fertig, dasjenige über die Schuhfabrik Bat'a bleibt unvollendet, auf seine Karl-Kraus-Studie wird man erst bei der Sichtung des Nachlasses stoßen, und der Bericht über seine Begegnung mit Jošip Broz-Tito, die im Sommer 1946 am Rande

## Eine makabre Adresse

*Heimkehr in ein total verändertes Prag: der »Rasende Reporter« beim Diktat*

einer Belgrad-Reise zustande kommt, bleibt überhaupt ungeschrieben.
Dabei wäre gerade dieses Kapitel ein »echter Kisch« geworden: Auf die Frage, wie er denn all die Strapazen des Krieges überstanden habe, vor allem die endlosen Partisanenmärsche durch die unwegsamen Gebirgslandschaften Jugoslawiens, antwortet der nunmehrige Staatschef, sein treuester Kamerad, der ihn durch dick und dünn begleitet habe, sei sein Pferd gewesen. Auch jetzt, wo das alte Tier zu nichts mehr zu gebrauchen sei, habe er sich nicht von ihm getrennt, sondern gebe ihm im Stall hinterm Haus das Gnadenbrot. Kisch springt wie elektrisiert auf, greift nach Notizblock und Bleistift (sowie nach der unvermeidlichen Zigarette) und bittet Tito, ihn in den Stall zu führen: »Ich möchte Ihr Pferd kennenlernen!« Der Gastgeber, von dem ungewöhnlichen Wunsch seines Gesprächspartners gleichermaßen gerührt wie amüsiert, stimmt freudig zu, und so machen sich die

*Prag*

beiden Männer auf den Weg. Als Kisch wenige Tage später wieder in Prag ist und die Episode zu Papier bringen will, streckt den Kettenraucher und notorischen Kaffeetrinker ein Schlaganfall nieder. »Titos Pferd« – was wäre das für eine herrliche Geschichte geworden!

Schon in den Monaten vor seinem physischen Zusammenbruch arbeitet Kisch, entmutigt durch die miserablen Lebensbedingungen im Nachkriegs-Prag, nur noch mit halber Kraft. Will er etwas in einem der Bände seiner Handbibliothek nachschlagen, muß er den Weg in eine der öffentlichen Büchereien antreten: Seine umfangreiche Sammlung ist zwar vor dem Einmarsch der Deutschen gerettet und in einem unauffälligen Lagerhaus nahe der Moldau versteckt, jedoch später von einem Hochwasser vernichtet worden. Auch die von einem Schweizer Verlag geplante Gesamtausgabe seiner Werke scheitert an einem banalen Umstand: »Ich besitze von keinem meiner Bücher noch ein Exemplar.« Längst verstummt ist außerdem Kischs Stimme: Niemand lädt ihn mehr zu einem Vortrag ein, auch der gelegentliche Unterricht an der Parteihochschule für Journalistik ist in der Zwischenzeit eingeschlafen.

Im Winter 1947/48 kommt die Hypertonie, unter der der jetzt Zweiundsechzigjährige seit längerem leidet, voll zum Ausbruch: »Meine Krankheit ist eine arteriosklerotische Alterserscheinung, wie sie jeder von uns Greisen bekommt, wenn er nicht spazieren geht. Was mir fehlt, sind Zigaretten, die ich nicht rauchen darf. Wenn ich aber welche bekomme, beschlagnahmt mir die Gisl oder ein anderer alles bis auf den letzten Tschick.«

Von einem zweiten Schlaganfall – einen Tag nach einer Abendeinladung in die Residenz des sowjetischen Botschafters – erholt sich der Patient nicht mehr: Aus der »Eichmann-Villa« ins Spital in der Sokolská transportiert, stirbt Egon Erwin Kisch am 31. März 1948, einen Monat vor seinem 63. Geburtstag. Der

*Eine makabre Adresse*

Leichnam wird im Gebäude des Zentralkomitees der KP aufgebahrt; die Regierung ordnet ein Staatsbegräbnis an, bei dem außer der politischen Prominenz auch Vertreter des Schriftstellerverbandes und der Israelitischen Kultusgemeinde das Wort ergreifen. Auf dem Prager »Kolumbarium« erfolgt am 5. April 1948 die Beisetzung. Am Haus zu den zwei goldenen Bären, dem früheren Familiensitz der Kischs, wird eine Gedenktafel angebracht, eine Sackgasse im südlichen Stadtteil Nusle wird in »Kischová« umbenannt.

Bei der Sichtung des literarischen Nachlasses stößt man auf Aufzeichnungen für über dreißig Arbeiten, die allesamt ungeschrieben geblieben sind. Erbzwistigkeiten vergällen auch der Witwe den Lebensabend: Krank und verbittert folgt Gisl am 14. April 1962 ihrem »Egonek« in den Tod nach. Daß gegen Ende der fünfziger Jahre von Staats wegen und unter kräftiger Mithilfe der Übersetzerin Jarmila Hasová der Versuch unternommen wird, den *deutschsprachigen* Schriftsteller Egon Erwin Kisch zum *Tschechen* umzufälschen, wird sich später als tragische Ironie erweisen: Während auf dem deutschen Buchmarkt der Name Kisch ungebrochen boomt, ist er aus den tschechischen Verzeichnissen lieferbarer Titel zur Gänze verschwunden.

# Engel in Wort und Bild

Smichov, der am linken Ufer der Moldau gelegene Außenbe-
zirk mit der Nummer 5, zählt nicht zu den Prager Herzeige-
Vierteln. Nur die Musikkenner, die es zur Villa Bertramka zieht,
jenem anmutigen Vorstadt-Idyll, das Wolfgang Amadeus Mozart
wiederholt als Domizil gedient hat, steigen in der Station Anděl
aus der in Westrichtung verkehrenden Untergrundbahn der
Linie B. Das könnte sich allerdings in Zukunft ändern: Seitdem
der generalüberholte Metro-Bahnhof im November 2000 in Gestalt des Shopping Centers »Zlatý Anděl« einen attraktiven Nachbarn erhalten hat, haben nicht nur die Schnäppchenjäger der
Prager Kaufhausklientel ein neues Ziel, sondern auch Architekten und Architekturstudenten aus allen Teilen der Welt. Der
»Goldene Engel« (so der deutsche Name) gilt als eines der
Hauptwerke des französischen Stararchitekten Jean Nouvel.
Ja, sogar Literaturfreunde kommen auf ihre Kosten, wenn sie in
Anděl aus der U-Bahn steigen und die Fassade des riesigen Glas-
baues, hinter der sich eine Vielzahl von Geschäften, Galerien,
Restaurants und Kinos ausbreitet, auf sich wirken lassen. Denn
die großformatigen Textzeilen, die über die gesamte Außenfront
verteilt sind und sich auf den ersten Blick wie ein marktschreie-
risches Konglomerat aus Werbesprüchen ausnehmen, wie eine
einzige riesige Reklametafel, sind in Wirklichkeit Dichterworte –
und allesamt zum Thema Engel. Rilke neben Kafka, Meyrink
neben Apollinaire.
Wollen die Stadtväter von Prag, die das ungewöhnliche Projekt
forciert haben, ihren Bürgern Nachhilfeunterricht in Literatur

erteilen? Glauben sie im Ernst daran, das Großmütterchen, das sich in der Lebensmittelabteilung des Kaufhauses seine Tagesration Schinken holt, den DVD-Freak, der sich im Plattenladen mit der neuesten Popmusik eindeckt, oder die Jungmutter auf dem Weg zum Pampers-Kauf für die »Duineser Elegien« begeistern zu können?

Es ist schwer abzuschätzen, wieviel da bei einem Massenpublikum, das nur auf raschen Konsum aus ist, tatsächlich hängenbleibt. Zwangsbeglückung mit Häppchenkultur? Wie viele von denen, die sich überhaupt auf bewußte Wahrnehmung des Spektakels einlassen, statt blicklos vorüberzueilen, mögen imstande

*Keine Werbeslogans, sondern Dichterworte: die Fassade des Einkaufszentrums »Zlatý Anděl«*

oder auch nur willens sein, mit den zur Schau gestellten Schriftzeichen etwas anzufangen?

Ich frage einige Passanten nach dem Sinn des Ganzen. Manche lassen mich stehen, andere winken ab. Nur ein junger Mann, vielleicht Student, antwortet nach längerem Überlegen: »Poezie.«

Leichter ist es mit dem Figuralen. Zwischen den einzelnen Textzeilen schimmern, auf Anhieb erkennbar, Wolken hindurch, und gar die 18 Meter hohe geflügelte Gestalt ist mühelos als Engel auszumachen. Älteren Bürgern von Smichov mag dazu einfallen, daß hier vorzeiten das Haus »Zum goldenen Engel« gestanden ist, von dem das heutige Stadtviertel Anděl seinen Namen ableitet, und auch, wer derlei Zusammenhänge negiert, wird gegen dieses Motiv kaum etwas einzuwenden haben: Wer – und sei er noch so aufgeklärt – wäre nie in seinem Leben einer Situation ausgesetzt gewesen, in der er einen Schutzengel herbeigewünscht hat?

Natürlich wird Architekt Nouvel, als im Winter 2000/2001 das Shopping Center »Zlatý Anděl« in Betrieb geht, in Interviews wieder und wieder gefragt, was er sich bei der Wahl seines Fassadenschmucks gedacht, was er mit all dem Himmelszeug bezweckt und vor allem: was ihn zum Gebrauch von Verszeilen, Aphorismen und Prosazitaten inspiriert habe. Seine Antwort ist immer die gleiche: Prag selbst habe ihn auf die Idee gebracht. Beim Durchstreifen der Altstadt sei er immer wieder auf Hausfassaden gestoßen, die mit Inschriften, Sinnsprüchen und Dichterworten versehen seien: »Die Sache hat in Prag Tradition.« Und diese Tradition wolle er im 21. Jahrhundert wiederaufnehmen, mit heutigen Mitteln fortsetzen.

Eine Brigade von Hilfskräften, teils Literatur-, teils Architekturstudenten, ist monatelang am Werk, in den Straßen und Gassen, aber auch in den Archiven und Bibliotheken von Prag einschlägige Funde zusammenzutragen: Engel in Wort und Bild. Was

*Engel in Wort und Bild*

dabei herauskommt, kann sich sehen lassen: eine Materialsamm-
lung von 5 Kilo, aus der es nur noch das Beste auszuwählen gilt,
das Griffigste. Sechs Namen sind es, auf die man sich einigt: Rainer Maria Rilke, Franz Kafka, Gustav Meyrink, Guillaume Apollinaire sowie – außerhalb Tschechiens weniger bekannt – die
Lyriker Konstantin Biebl und Jirí Orten. Zwei Bedingungen
haben die Kandidaten zu erfüllen: Sie müssen in enger Beziehung zu Prag gestanden, also dort geboren sein, dort gelebt oder
sich dort aufgehalten haben. Und: sie müssen sich in ihrem Werk
mit dem Thema Engel befaßt haben.

Da ist zunächst einmal Gustav Meyrink: Im Werk des großen
Phantasten, der in einem Wiener Hotelzimmer zur Welt gekommen ist und mit seinem Golem-Roman der jüdischen Mystik des
alten Prag ein bleibendes Denkmal gesetzt hat, wimmelt es von
transzendenten Wesen. Angeregt von der ominösen Lebensgeschichte des frühenglischen Spiritisten John Dee, widmet er seinen letzten (und von Kennern für sein reifstes Werk gehaltenen)
Roman dem »Engel vom westlichen Fenster«. Da findet sich
natürlich leicht das passende Zitat – auch für ein Einkaufszen-
trum des 21. Jahrhunderts.

Was den Ur-Prager Franz Kafka betrifft, so wird man bei dessen
1917/1918 niedergeschriebenen Aphorismen fündig, und von
dem Mustervers aus Guillaume Apollinaires 1913 erschienenem
Zyklus »Alkohole« könnte man sich sogar zu einem etymologi-
schen Exkurs über die Herkunft des Begriffs »Bohème« anregen
lassen: Wieso ist ein Ländername wie Böhmen (das der Bohe-
mien Apollinaire in jungen Jahren bereist hat) im Französischen
zum Synonym für Unbürgerlichkeit und Künstlertum geworden?
Wenden wir uns jedoch dem eigentlichen »Star« der Kaufhaus-
fassade von Prag-Smichov zu: Rainer Maria Rilke. Er, sowohl
väterlicher- wie mütterlicherseits alten deutschböhmischen Familien entstammend, hat in Prag nicht nur seine Kindheit zugebracht und die Grundschule besucht, sondern ist im Laufe seines

stationenreichen Lebens wieder und wieder in seine Geburtsstadt zurückgekehrt. Immerzu auf der Suche nach dem idealen Meditierplatz für die Niederschrift seines Hauptwerkes »Duineser Elegien«, hat er vorübergehend auch Schloß Lautschin im Visier: Die Hausherrin des in Mittelböhmen gelegenen Besitzes, Fürstin Marie von Thurn und Taxis (der mit Rilkes Einladung auf ihren Hauptsitz Duino bei Triest der eigentliche Anstoß zu den »Elegien« zu verdanken ist) hat dem Dichter »für alle Fälle« ein Gartenhaus im Schloßpark von Lautschin reserviert.

Doch es kommt anders: Sowohl die fünfte wie die siebente Elegie – also jene zwei der insgesamt zehn, aus denen die »Texter« des »Zlatý Anděl« schöpfen – entstehen an Rilkes letztem Lebensort Muzot im Schweizer Kanton Wallis. »Engel«, so lesen wir in großen, weithin sichtbaren Buchstaben auf der Fassade von Jean Nouvel's Shopping Center, »es wäre ein Platz, den wir nicht wissen, und dorten, auf unsäglichem Teppich, zeigten die Liebenden, die's hier bis zum Können nie bringen, ihre kühnen hohen Figuren des Herzschwungs, ihre Türme aus Lust ...«

Da wir uns in Prag befinden, lesen wir Rilkes Verse natürlich nicht im Original, sondern in tschechischer Übersetzung, und da ist es gewiß ein zusätzlicher Reiz, daß diese Übersetzung nicht irgendwer angefertigt hat, sondern ein Großer der zeitgenössischen tschechischen Literatur, der übrigens auch in der jüngeren politischen Geschichte des Landes eine herausragende Rolle gespielt hat: Jiří Gruša. Der ČSSR-Dissident (und spätere Botschafter der Wende-Republik Tschechien in den Nachbarstaaten Deutschland und Österreich) hat in jüngster Zeit wieder zu seinem eigentlichen Metier zurückgefunden, und dazu zählt unter anderem, daß er sich dem schwierigen Unterfangen einer Nachdichtung von Rilkes »Duineser Elegien« in seiner, Grušas, Muttersprache unterzogen hat.

Was Auswahl und Umfang der erwähnten Texte betrifft, ist man sich in sämtlichen Gremien, die über die künstlerische Gestal-

*Engel in Wort und Bild*

tung der »Zlatý Anděl«-Fassade zu entscheiden haben, rasch einig. Wo sich's hingegen »spießt«, ist der *figurale* Aspekt: In endlosen Diskussionen zwischen Bauleitung und Behörde wird um eine alle Beteiligten zufriedenstellende Antwort auf die Frage gerungen, wer als Vorbild für die 18 Meter hohe Engelsgestalt in Betracht komme.

Architekt Jean Nouvel schlägt eine Nachbildung des von dem Schweizer Schauspieler Bruno Ganz verkörperten Engels Damiel aus Wim Wenders' 1987 gedrehtem Spielfilm »Der Himmel über Berlin« vor. Seine Begründung: Es solle eine Figur aus unserer Zeit sein. Und eine, die für eine Art moderner Humanität steht. So, wie jener Film-Engel sich unprätentiös unter die Menschen von Berlin mengt, ihnen staunend zuhört und liebevoll zuredet, könnte das Phantasiegeschöpf von Regisseur Wim Wenders und Drehbuch-Coautor Peter Handke doch auch über Prag und die Prager seine schützende Hand halten – so etwa lautet die Argumentation des mit der Planung des Shopping Centers betrauten Architekten.

Doch die örtlichen Behördenvertreter schießen quer: Sie wollen keinen *Berliner*, sondern einen *Prager* Engel. Namen wie Václav Havel und Jan Palach kommen ins Spiel, werden jedoch gleichfalls verworfen. Und so setzt sich schließlich doch Architekt Nouvel durch: Der überdimensionale Schutzengel, der seit November 2000 über den Prager Stadtbezirk Smichov wacht, ist ein stilisierter Bruno Ganz.

*Nordböhmen*

# Die Hochzeit von Reichstadt

Zákupy ist ein winzig kleines Städtchen sieben Kilometer östlich von Böhmisch-Leipa – an der Straße nach Reichenberg.
Der frühere Ortsname ist so gut wie ausgelöscht, nur auf zwei,
drei Grabsteinen blieb er erhalten: »Ruhestätte der Seelsorgs-
priester in Reichstadt« lese ich im Eingangsbereich des Orts-
friedhofs. An einer der Wände der Gastwirtschaft, in der ich meinen Kaffee trinke, wirbt ein Plakat aus der Zeit um 1910 für die
»Sommerfrische Reichstadt«, und im Souvenirkiosk des Schlosses erinnert eine Ansichtskarte mit dem Porträt Kaiser Franz Josephs an die Manöver von 1899, die in nächster Nähe stattge-
funden haben.

Eine zweite Postkarte – mit dem Aufdruck »Reichstadt 1. 7. 1900«
– zeigt in der oberen Bildhälfte eine vornehme sechzehnköpfige
Hochzeitsgesellschaft, in der unteren einen zweispännigen offenen Landauer, der durch eine girlandengeschmückte Straße
rollt. Die Sitze hinter dem Kutschbock nehmen ein Mann von
circa 40 und eine einige Jahre jüngere Frau ein – er in der Gala-
uniform eines österreichischen Armeegenerals, sie im hochgeschlossenen weißen Atlaskleid. Um zu erkennen, wer da zu seiner Trauung in der Schloßkapelle unterwegs ist, muß ich eine
Lupe zu Hilfe nehmen: Es sind Erzherzog Franz Ferdinand, der
österreichische Thronfolger, und Sophie Gräfin Chotek, seine
Braut. Monsignore Hickisch, der betagte Dekan von Reichstadt,
wird an diesem 1. Juli 1900 um 11 Uhr die Zeremonie vornehmen, bei der die beiden aus dem Chotek-Schloß Großpriesen
Angereisten einander das Sakrament der Ehe spenden.

*Die Hochzeit von Reichstadt*

Daß man für die Zeremonie das kleine, entlegene Reichstadt gewählt hat, hat triftige Gründe: Die von Kaiser und Hof heftig bekämpfte Mesalliance des künftigen Staatenlenkers und seiner nicht standesgemäßen Ehefrau soll möglichst wenig Aufsehen erregen. Andererseits kommt als Schauplatz des Ereignisses nur eine Örtlichkeit in Betracht, die sich in habsburgischer Hand befindet.

Das 1683 barockisierte Renaissanceschloß, in dem um die Mitte des 18. Jahrhunderts Alexander Gluck als Forstmeister gedient und auch dessen Sohn, der spätere Komponist Christoph Willibald Gluck, einige Jugendjahre verbracht hat, gehört seit 1805 dem toskanischen Zweig des österreichischen Herrscherhauses und seit 1847 dessen Hauptlinie. Kaiser Ferdinand I. bestimmt den weitläufigen Besitz, dessen Anlage in manchem an das preußische Sanssouci erinnert, nach seiner Abdankung am 2. Dezember 1848 zu seinem Sommersitz.

Zu allgemeiner Bekanntheit ist der Name Reichstadt allerdings schon drei Jahrzehnte davor gelangt: durch Napoleons Sohn Franz Joseph Karl, dem mit neun Jahren der Titel »Herzog von Reichstadt« verliehen wird. Der am 20. März 1811 von Napoleons Gemahlin Marie Louise in Paris zur Welt gebrachte einzige Sprößling des Franzosenkaisers, wächst seit dessen Abdankung anno 1815 in Wien auf. Kaiser Franz I., der Großvater des bei seiner Geburt mit dem Titel »König von Rom« Ausgestatteten, nimmt den Buben in Schönbrunn unter seine Obhut. Mit seinem Versuch, ihn unter dem Namen Napoleon II. zum Nachfolger auszurufen, scheitert der Entmachtete; zur »Entschädigung« für die dem Stammhalter aberkannten Erbrechte werden die habsburgischen Besitzungen in Reichstadt zum Herzogtum und der inzwischen Neunjährige zu dessen Regenten erklärt.

Der wird sich allerdings in Reichstadt kein einziges Mal blicken lassen. Zwar unterzieht er sich mit Eifer und Disziplin einer

## REICHSTADT

Vom Wiener Hof streng gemieden: Schloß Reichstadt, Schauplatz der Hochzeit von Erzherzog Franz Ferdinand und Gräfin Sophie Chotek

strengen militärischen Ausbildung, erhält zu seinem zwölften Geburtstag das Fähnrichspatent, wird mit 17 Hauptmann und zwei Jahre darauf Major, doch sein Ehrgeiz, eines Tages den französischen Thron zu besteigen, scheitert nicht nur an Kanzler Metternichs erbittertem Widerstand, sondern auch an der eigenen physischen Unzulänglichkeit: Der »Herzog von Reichstadt«, schon in frühester Jugend an Blutmangel leidend, erkrankt an galoppierender Schwindsucht und stirbt als Einundzwanzigjähriger in den Armen seiner Mutter in Schloß Schönbrunn.

Schloß Reichstadt, obwohl prachtvoll ausgestattet, versinkt nach dem Tod Kaiser Ferdinands I., dem der nordböhmische Besitz den Sommer über als Retiro gedient hat, aufs neue in Bedeu-

*Die Hochzeit von Reichstadt*

tungslosigkeit: Nur von Zeit zu Zeit wird das stolze Anwesen von Angehörigen der kaiserlichen Familie bewohnt. Eine von diesen, Erzherzogin Maria Theresia, zählt zu den wenigen, die nicht nur in die Heiratspläne des Thronfolgers eingeweiht sind, sondern Franz Ferdinands umstrittene Brautwahl mit aller Kraft unterstützen. Sie ist es daher wohl auch, die als Trauungsort das entlegene Reichstadt ins Spiel bringt.

Apropos Braut: Sophie, fünf Jahre jünger als der zum Thronfolger bestimmte Kaiserneffe, ist eine Tochter des Grafen Bohuslaw Chotek von Chotwoka und Wognin und seiner Gattin Wilhelmine, einer geborenen Gräfin Kinsky. Beide Familien stammen aus Böhmen, ihre Umgangssprache ist Deutsch. Graf Chotek ist Mitglied im Herrenhaus des österreichischen Reichsrates; seine Frau, Trägerin des exklusiven Sternkreuzordens, steht im Rang einer Palastdame.

Als wohlbehütetes Kind einer ebenso angesehenen wie gutsituierten böhmischen Adelsfamilie aufwachsend, stellen sich Sophie, als sie ins heiratsfähige Alter kommt, plötzlich erhebliche Hindernisse entgegen: Das Elternhaus, inzwischen verarmt, kann für die noch immer ledige Tochter keine nennenswerte Mitgift aufbringen. Eine zwar hübsche und vor allem gemütstiefe Endzwanzigerin, die es nur bis zur Hofdame (und zwar bei der launischen Erzherzogin Isabelle) gebracht hat, kann in ihren Kreisen keinesfalls als glänzende Partie gelten. Da ist Sophie umso seliger, als ihr mit der leidenschaftlichen Zuneigung Franz Ferdinands, dem sie im Herbst 1894 bei einer Soirée dansante in einem Prager Adelspalais vorgestellt worden ist, der Aufstieg in die allerhöchste Wiener Gesellschaft winkt.

Die beiden Liebenden müssen ihre Beziehung allerdings geheimhalten – und dies umso mehr, als Franz Ferdinand sich nicht nur weigert, dem Wunsch des Kaisers Folge zu leisten, die seit der Tragödie von Mayerling verwitwete Kronprinzessin Stephanie zu ehelichen, sondern auch alle anderen Heiratsangebote ausschlägt. Die Ende 1899 auftauchenden Gerüchte, der Sechs-unddreißigjährige habe sich heimlich mit der Hofdame Sophie Chotek verlobt, lösen einen beispiellosen Eklat aus: Kaiser Franz Joseph macht seinem widerspenstigen Neffen klar, daß er der Verbindung mit einer unebenbürtigen Thronfolgergattin unter keinen Umständen zustimmen würde. Umgekehrt gibt Franz Ferdinand, seit kurzem Kavalleriegeneral und Stellvertreter des Kaisers im obersten Armeekommando, unzweideutig zu verstehen, daß er eher auf den Thron verzichten würde als auf die Frau, die er liebt: »Von meiner Sopherl laß' ich nicht.«

Der Kampf zwischen Franz Ferdinand und dem Wiener Hof, an vorderster Front von dem ebenso mächtigen wie intriganten Obersthofmeister Graf Montenuovo ausgefochten, wogt hin und her – und endet mit dem Sieg des Erzherzogs: Nachdem dieser sich zur Unterzeichnung einer Renunziationserklärung bereitgefunden hat, die sowohl seine künftige Gemahlin wie auch die aus seiner Ehe hervorgehenden Kinder von der Thronfolge ausschließt, gibt der Kaiser grünes Licht, und Franz Ferdinand kann aufatmen. »Ich schwimme in einem Meer von Glück, daß ich nach fünfzehn bangen Monaten endlich in den Hafen der langersehnten Ehe einlaufe!« schreibt er in einem Brief an einen seiner engsten Vertrauten.

Auch in der Heimat der Braut wird die Nachricht von der bevorstehenden Vermählung mit Genugtuung aufgenommen: Man erhofft sich davon eine Stärkung der tschechischen Position gegenüber dem übermächtigen Wien. Dort allerdings ist mit keinerlei Aufweichung der Vorbehalte gegen die Person der nunmehrigen »Fürstin von Hohenberg« zu rechnen, die sich erdreistet, sich im österreichischen Kaiserhaus breitzumachen.

Entsprechend karg fällt auch die Hochzeit aus: Nicht einmal die eigenen Brüder und seine Lieblingsschwester Margarethe geben dem Bräutigam die Ehre ihrer Anwesenheit, geschweige denn der Kaiser. Das Haus Habsburg ist lediglich durch Erzherzogin

Maria Theresia und deren Töchter vertreten. Die Mehrzahl der
Gäste kommt aus dem »Lager« der Braut – man reist am Vorabend des 1. Juli mit dem Hofzug an. Obersthofmeister Montenuovo hat es zu nützen gewußt, daß vor wenigen Tagen die Fürstin Josephine von Hohenzollern gestorben ist: Es wird
allgemeine Hoftrauer angeordnet, und das bedeutet, daß die
Teilnahme an jeglichen Festivitäten »freudigen Charakters« im
höchsten Grade inopportun ist ...

Die Einwohnerschaft von Reichstadt, der bekanntgegeben worden ist, daß keinerlei Willkommenszeremonien erwünscht seien,
läßt es sich allerdings nicht nehmen, dem hohen Paar ihre Reverenz zu erweisen: Als die Wagenkolonne vom Bahnhof zum
Schloß rollt, stehen die Leute am Straßenrand Spalier, etliche
Häuser sind mit Fahnen und Girlanden geschmückt, Militär-
veteranen und Feuerwehr marschieren in Uniform und Ordens-
schmuck auf, die Schützenkapelle intoniert »Gott erhalte unsern
Kaiser«. Der Reporter der »Neuen Freien Presse«, der aus Wien
angereist ist, wird in seinem Bericht ausdrücklich den »bürgerlichen Charakter« des Ereignisses hervorheben: »Da war keine
Spur von höfischem Zeremoniell, kein Gepränge, keine Entfal-
tung von Luxus.« Nur bei der Beschreibung des Brautkleides, das
Gräfin Sophie Chotek für den am Vormittag des folgenden Tages
angesetzten Trauungsakt in der Schloßkapelle angelegt hat, holt
er ein wenig weiter aus:
»Eine von Wellenlinien sich in den Saum des Kleides und der
Schleppe schlängelnde Girlande von Myrthen und Orangenblüten hielt einen Volant von weißem Mousselinchiffon fest. Die
Taille zeigt ein Fichu aus echten Applikationsspitzen, das seit-
wärts in einem Knoten geschlungen und durch ein Myrthen-
bukett festgehalten wurde. Der weiße Schleier reichte von der
Stirn bis zu ihren Füßen. Die Symbole der Jungfräulichkeit,
Myrthen und Orangenblüten, waren im Brillantdiadem verwo-

*Nordböhmen*

ben und zierten den Brautstrauß, der in Prag gestaltet worden war. Ein zweireihiges Perlencollier und Brillantboutons vervollständigten die Toilette.«

Sophies früherer Vormund, Fürst Löwenstein, macht den Brautführer, Graf Nostitz und der Erbprinz von Löwenstein fungieren als Trauzeugen. Als die Ringe gewechselt sind, wünscht der Dekan von Reichstadt, der die Trauung vorgenommen hat, im Namen »vieler Millionen Herzen« dem Brautpaar »ungetrübtes eheliches Glück«, ehe er das Zeichen zum gemeinsamen Schlußgebet gibt.

Das Hochzeitsmahl wird im Speisesaal eingenommen, der mit seinen goldverzierten Tapeten, seinen imposanten Deckenmalereien, seinen prunkvollen Lustern und seinem edlen Mahagonimobiliar das eigentliche Schmuckstück des Schlosses bildet. Als Hauptgang wird – passend zu der allseits bekannten Jagdleidenschaft des Bräutigams – Rehrücken à la macédoine gereicht; vor dem Dessert erhebt sich Erzherzogin Maria Theresia zu einem dreifachen Hoch auf das Brautpaar, die Musikkapelle intoniert die Kaiserhymne, schon gegen 14 Uhr ist die Tafel beendet, und man bricht zur Heimfahrt auf.

Sophie hat inzwischen ihre Toilette gewechselt, besteigt die Kutsche zum Bahnhof in einem – wie das »Illustrierte Wiener Fremdenblatt« anderntags berichten wird – »Reisekostüm mit kurzer Jacke und einem schwarzen Strohhut mit ebensolchen Bändern«. Bevor sich der Hofzug in Bewegung setzt, verabschiedet der Bürgermeister von Reichstadt die Hochzeitsgesellschaft mit einer warmherzigen Ansprache. Der Salonwagen für Franz Ferdinand und Sophie fährt via Prag nach Beneschau – es ist die Bahnstation von Konopischt, wo die Frischvermählten ihre Flitterwochen zu verbringen gedenken.

Das Lieblingsschloß des Thronfolgers, einst im Besitz des legendären Feldherrn Albrecht von Wallenstein und 1887 den Fürsten Lobkowitz abgekauft, ist nach den Wünschen Franz Ferdinands

106

*Die Hochzeit von Reichstadt*

umgestaltet, um üppige Parkanlagen erweitert und auch mit den neuesten technischen Errungenschaften wie Zentralheizung und hydraulischem Aufzug ausgestattet worden; unter den zahlreichen Schätzen des Schloßinneren ragen dessen historisches Mobiliar, eine Kunstgalerie und die Waffensammlung des Hausherrn hervor. Alles ist darauf ausgerichtet, daß Konopischt nach Franz Ferdinands Thronbesteigung zu dessen Stammsitz wird. Dazu wird es freilich nicht kommen: Am 28. Juni 1914, fast auf den Tag genau vierzehn Jahre nach ihrer Trauung, fallen Franz Ferdinand und Sophie, inzwischen Eltern dreier Kinder von dreizehn, zwölf und zehn Jahren, unter den Schüssen des Attentäters von Sarajewo, und einen Monat später bricht der Erste Weltkrieg aus …

Zurück nach Reichstadt. Obwohl ich mit dem Auto unterwegs bin, steuere ich als erstes den Bahnhof an: Ich will alles versuchen, mir jenen 30. Juni 1900 zu vergegenwärtigen, da hier Österreichs Thronfolgerpaar aus dem Hofzug stieg, um einander tags darauf in der Schloßkapelle das Ja-Wort zu geben. Der Gleiskörper, das Stationsschild mit dem heutigen Ortsnamen Zákupy, rundum devastierte Häuser – es erfordert viel Phantasie, sich in diesem armseligen Ambiente die glanzvolle Kutschenauffahrt einer höfischen Hochzeitsgesellschaft auszumalen. Die Lagertore einer Fliesenfabrik sind weit geöffnet: Fürs Umladen auf den nächsten Güterzug braucht es von hier nur wenige Schritte. Am Straßenrand die von einem grimmigen Schäferhund bewachten Kartoffelsäcke eines fliegenden Händlers, der den Vorüberfahrenden seine frischen »brambory« anbietet (die, wie mir bei dieser Gelegenheit einfällt, ihren Namen von der Region Brandenburg ableiten, aus der vor Zeiten die ersten Kartoffeln nach Böhmen gelangt sind).
Drinnen im Ort der kleine Marktplatz mit der unverhältnismäßig großen Pestsäule, dann der erste Wegweiser zum Schloß. Der

*Nordböhmen*

riesige Parkplatz läßt darauf schließen, daß der heute unter staatlicher Verwaltung stehende Besitz beachtliche Besuchermassen anlockt. Die Restaurierung des Inneren ist so gut wie abgeschlossen, nur im Park ist noch einiges zu tun. Im Schloßgraben beim Eingangstor zieht ein alter Braunbär seine Kreise, auf der gegenüberliegenden Seite erblicke ich eine den Winter über verlassene Freiluftvolière.

Anders als jene Fremdenführer, die den gemütlichen Kollegentratsch der ihnen aufgetragenen Zuwendung an die Besucher vorziehen, legt sich die Angestellte, die mich durch die Räumlichkeiten von Schloß Reichstadt geleitet, mächtig ins Zeug: Ihre engagierten Kommentare deuten darauf hin, daß sie nicht nur stolz ist auf all die hier zur Schau gestellten Herrlichkeiten, sondern sie inzwischen wohl wie ein Stück eigenen Besitzes erlebt.

Einen Höhepunkt bildet der Speisesaal mit der akkurat gedeckten Tafel und dem hochherrschaftlichen Personenaufzug. Die mit einer Handkurbel in Gang zu setzende Kabine mit den gepolsterten Sitzen hat Erzherzog Franz Ferdinand einbauen lassen – es ist das erste Exemplar seiner Art in Europa. Im Spielsaal ein Billardtisch, eine Auswahl an Brettspielen, ein Orchestrion; in den Schlafgemächern Betschemel, Leibstuhl und vergoldetes Nachtgeschirr; Absperrseile und Fotografierverbot erschweren den Zugang zu Kostbarkeiten wie den Porzellanvitrinen, dem aus Ledergeflecht angefertigten Kinderwagen, dem Heißwassergerät für die morgendliche Rasur.

An die 40 Räume sind zur Besichtigung freigegeben, ich dränge zur Eile, meine Führerin spürt, daß es mich magisch zur Kapelle zieht. Ich will den Ort kennenlernen, an dem eine der umstrittensten »Alliancen« des Hauses Habsburg besiegelt worden ist: die morganatische Ehe des Thronfolgerpaares Franz Ferdinand und Sophie. Ich frage nach der Orgel, deren Spiel seinerzeit das feierliche »Bis daß der Tod euch scheidet« musikalisch untermalt hat.

108

*Die Hochzeit von Reichstadt*

Die Führerin deutet auf einen schmalen Spalt hinter dem Altar. Ich kann's kaum glauben: Der Organist muß von überschlanker Statur gewesen sein, um sich in diese Nische hineinzwängen und den Spieltisch bedienen zu können. Nichts von majestätischer Klangfülle, die sich hier hätte entfalten können: Klein und bescheiden ist das Instrument – so wie alles klein und bescheiden ist an diesem 1. Juli 1900. Heimlich und versteckt. Groß war hier nur eines: die Liebe zweier Menschen, die sich gegen starre höfische Konvention hat durchsetzen müssen, gegen Vorurteil, Intrige und Haß.

# Nichts wie Ärger

Nein, ein »Sozialfall« ist er nicht. Betrachtet man es von der künstlerischen Warte, könnte man sogar sagen: Seine große Zeit liegt noch *vor* ihm. Denn erst mit sechzig wird er darangehen, sich als Schriftsteller zu profilieren, seine mit Spannung erwarteten Bücher schreiben. Woran es ihm jedoch fehlt, ist eine halbwegs gesicherte Erwerbsquelle: Casanova hat kein Geld. In seiner Vaterstadt Venedig hat er sich mit dem gesamten Adel überworfen; auch sein Plan, sich in Paris zu etablieren, schlägt fehl. Bleibt also Wien. Im Winter 1783/84 trifft der Achtundfünfzigjährige in der Reichshaupt- und Residenzstadt ein, an seiner Seite Bruder Francesco, der ein renommierter Porträtmaler ist. Doch während der zwei Jahre Jüngere über Vermittlung von Graf Kaunitz, der als Staatskanzler und wichtigster Berater Kaiserin Maria Theresias über enormen Einfluß verfügt, auf Anhieb eine Stelle als Hofmaler erhält, muß Giacomo, der sich in Wien übrigens auch *Jakob* nennen läßt, bei einem Würdenträger nach dem anderen antichambrieren, um zu einem festbesoldeten Posten zu kommen. Er findet ihn schließlich beim Gesandten von Venedig, dem er in dessen Wiener Residenz die Sekretariatsarbeiten abnimmt und bei kniffligen Streitfragen Rechtsbeistand leistet. Doch auch damit ist es nach zwei Jahren vorbei: Signor Foscarini erkrankt und stirbt; sein Nachfolger ist an keinem abgetakelten Diplomaten, philosophierenden Hochstapler, obskuren Alchimisten oder in die Jahre gekommenen Frauenhelden interessiert.

Was also tun? Ob Casanova vielleicht sein Glück in Berlin versu-

*Goethe, Schiller, Beethoven – keiner der großen Namen fehlt in den Gästebüchern des Waldstein-Schlosses im nordböhmischen Dux*

chen und sich um eine Stelle an der dortigen Akademie bemühen sollte? Da läuft ihm auf halber Strecke Richtung Berlin jener Mann über den Weg, der ihn mit offenen Armen aufnimmt: Bei einer Zufallsbegegnung in Teplitz, dem berühmten Heilbad zwischen Prag und Dresden, lädt Graf Karl Josef von Waldstein den 30 Jahre Älteren in sein acht Kilometer südwestlich von Teplitz gelegenes Schloß ein und trägt ihm die seit geraumer Zeit vakante Stelle des dortigen Bibliothekars an. Die 40 000 Bände umfassende Sammlung bedarf dringender Neuordnung, Katalogisierung und Auffrischung; der vielseitig gebildete Casanova ist für diese Aufgabe genau der richtige Mann.

Casanova und sein künftiger Dienstgeber kennen einander von Wien her, auch sind sie in vielem gleichen Sinnes: Spieler, Okkultist und Freimaurer wie er, läßt Waldstein seinem Schützling einen Jahressold von 500 Gulden auszahlen. Außerdem sichert er ihm ein bequemes Logis zu: Schloß Dux verfügt über wohlausgestattete Räumlichkeiten sowie ein dreihundertsechzigköpfiges

Personal, das – vom Wäschermädel bis zum Pferdeknecht – für alle anfallenden Dienste bereitsteht.

Im September 1785, fünf Monate nach seinem 60. Geburtstag, hält Casanova in Dux Einzug; die ihm zugeteilten Zimmer befinden sich im oberen Geschoß des südlichen Seitentraktes, der wegen des nahegelegenen Spielsaales »Billardflügel« heißt. Von den Fenstern seiner Wohnung blickt der Neuankömmling in den dem barockisierten Renaissancebau vorgelagerten Schloßhof; an keinem Ort wird der für sein unstetes Wanderleben berüchtigte »Aventurier« so lange verweilen wie hier: Es sind die dreizehn Jahre bis zu seinem Tod.

Schöne Jahre sind es freilich nicht. Da der Graf die meiste Zeit andernorts verbringt, ist Casanova schutzlos den Intrigen und Schikanen der Schloßverwaltung ausgeliefert. Als Bezieher des zweithöchsten Gehaltes aus der Waldstein-Schatulle gilt er den anderen Dienstnehmern als lästiger Schmarotzer; auch läßt er all die subalternen Gestalten seine geistige wie gesellschaftliche Überlegenheit spüren, was ihm diese mit Lust heimzahlen: Sie machen dem »Landstreicher« (wie Casanova übrigens noch heute im offiziellen Ortsprospekt von Dux wenig freundlich apostrophiert wird!) das Leben zur Hölle.

Die erste Demütigung, die der in die nordböhmische Provinz »verbannte« Weltmann verkraften muß, besteht darin, daß er bei den Mahlzeiten die Tafel mit den Schloßbediensteten zu teilen hat. Leichter verschmerzen kann er, daß man alle Frauensperso-nen, auf die der notorische Lüstling ein Auge werfen könnte, gegen ihn aufhetzt: Casanova ist von den 138 Amouren der früheren Jahre, die ihm seine Biographen nachsagen, übersättigt, hat also selbst kaum noch diesbezügliche Ambitionen, ist ausgepumpt und hinfällig, beginnt zu kränkeln. Auch Sprachprobleme verdüstern ihm den Alltag: Gewohnt, sich des Französischen oder des Italienischen zu bedienen, hat er es hier mit Leuten zu

*Nichts wie Ärger*

tun, die nur des Deutschen oder des Tschechischen mächtig sind,
und in beidem ist er alles andere als sattelfest.
Zu Casanovas erbittertsten Feinden zählen Schloßverwalter
Georg Feldkirchner und dessen Kammerdiener Karl Widerhold.
Vor allem letzterer treibt es mit seinen Bosheitsakten so bunt,
daß sein Opfer eines Tages, der Duxer Verhältnisse überdrüssig,
aus dem Schloß flüchtet und zur Rückkehr nur bereit ist, weil
Graf Waldstein die fälligen Konsequenzen zieht und den Missetäter samt dessen Beschützer entläßt.
Was ist vorgefallen? Widerhold hat sich dazu hinreißen lassen,
Casanovas Porträt von der Wand zu nehmen, mit Kot zu be-
schmieren und an die Aborttür zu hängen. Außerdem lauert er
dem Verhaßten, als dieser einen Stadtspaziergang unternimmt,
auf dem Marktplatz von Dux auf, überfällt ihn hinterrücks und
prügelt ihn mit Stockhieben nieder. Casanova rächt sich, indem
er die Namen seiner beiden Peiniger verhunzt, den einen nur
noch *Viderol* und den anderen *Faulkirchner* nennt.
Selbst beim Gottesdienst in der Stadtpfarrkirche kommt's zum
Streit: Da Casanova, unwillens, in einer der fürs Gesinde bestimmten Bänke Platz zu nehmen, der Zugang zur Empore
versperrt wird, verlangt er vom Pfarrer, der nichts unternimmt,
dagegen einzuschreiten, Genugtuung. Doch Dechant Trexler ergreift die Gelegenheit, dem Ankläger, der ihn einmal an der gräflichen Tafel als Dummkopf beschimpft hat, den seinerzeitigen
Insult heimzuzahlen, nennt ihn seinerseits einen Querulanten
und verweist ihn im übrigen an das Kreisamt von Leitmeritz –
wohl wissend, daß er, der hochwürdige Gottesmann, gegenüber
einem in jungen Jahren von der Inquisition verfolgten Expriester
mit Sicherheit den längeren Arm hat.
Sogar ein Kind, das er gezeugt haben soll, wollen sie Casanova
unterschieben. Doch da setzt sich der Zweiundsechzigjährige zur
Wehr und zwingt die Mutter des Neugeborenen (bei der es sich
um die Tochter des Pförtners handelt), mit der Wahrheit heraus-

*Nordböhmen*

zurücken: Der im selben Trakt logierende Maler Franz Xaver Schöttner ist der »Schuldige«, und da dieser seinen Fehltritt eingesteht und »seine« Dorothea auch zu heiraten bereit ist, ist die Sache damit aus der Welt geschafft.

Was Casanova, der unter anderem auch seiner altmodischen Kleidung wegen von den Schloßbediensteten verlacht wird, Augenblicke höchster Genugtuung verschafft, sind die zahlreichen illustren Besucher, die er während seiner Jahre in Dux empfängt. Als 1787 Kaiser Josef II. beim Grafen Waldstein zu Gast ist, darf Casanova sogar seiner Majestät die von ihm verwaltete Bibliothek zeigen. Mit den Jahren vernachlässigt er freilich den ihm aufgetragenen »Job«: Wer von den Schloßinsassen interessiert sich schon für all die gelehrten Folianten? Dafür aber fängt er zu schreiben an: In Dux entstehen nicht nur sein utopischer Roman »Icosaméron« und sein »Essay d'Egoisme«, sondern vor allem die fünfzehnbändige »Histoire de ma vie«. Auf französisch abgefaßt, endet Casanovas Memoirenwerk allerdings mit seinem 50. Lebensjahr: Die verdrießlichen Tage auf Schloß Dux sind für ihn, der an galante Abenteuer mit den Schönsten dieser Welt und an Begegnungen mit Kaisern und Königen, mit Berühmtheiten wie Mozart und Da Ponte, wie Benjamin Franklin, Rousseau und Voltaire gewöhnt ist, kein Thema.

Ablenkung von den mißlichen Umständen seines Lebensabends erfährt er durch eine Reihe von Reisen, die er, mitunter begleitet von seinem geliebten Windspiel Mélampige, von Dux aus unternimmt: Im nahen Teplitz kehrt er wiederholt beim Fürsten Clary-Aldringen ein, in Prag trifft er sich mit dem Mozart-Librettisten Lorenzo Da Ponte und wohnt der Krönung König Leopolds II. bei, in Dresden nimmt er am Begräbnis seines jüngsten Bruders Giovanni teil. Ohne Verdruß geht es freilich auch da nicht ab: Einmal ist es ein Kutschenunfall, der ihn an der Weiterreise hindert, ein andermal das Einschreiten der Dresdner Wache, die Casanova verdächtigt, Correggios berühmtes Altar-

114

bild »Magdalena« entwendet zu haben. Wer allen Anfeindungen zum Trotz treu seine schützende Hand über ihn hält, ist Casanovas Brotgeber: Graf Waldstein kommt, auch wenn sein großspuriger Gast wieder einmal hochverschuldet von einer Reise zurückkehrt, anstandslos für dessen Zahlungsverpflichtungen auf.

Gegen Ende seines Lebens hat sich Europas Schürzenjäger Nr. 1 mit mancherlei körperlichen Gebrechen herumzuschlagen. Da er neben zahlreichen anderen Talenten auch über medizinische Kenntnisse verfügt, behandelt er sein langwieriges Blasenleiden selbst; aus dem Umstand, daß er zuletzt keinerlei feste Nahrung mehr zu sich nehmen kann, schließen seine Biographen, daß die eigentliche Todesursache Rachenkrebs gewesen ist. Neffe Carlo Angiolini, aus Dresden angereist, ist an der Seite des Dreiundsiebzigjährigen, als dieser am 4. Juni 1798 in seinem Fauteuil für immer einschläft.

Aus der fehlerreichen Sterbematrikel (deren Eintrag ihn um elf Jahre älter macht und seinem Namen ein zweites n hinzufügt) geht hervor, daß Casanova den Empfang der Sterbesakramente abgelehnt haben dürfte. Eine Bestattung im geweihten Erdreich des St. Barbara-Friedhofs von Dux kommt daher nicht in Betracht, tatsächlich wird man die Grabtafel in späteren Jahren an einer versteckten Stelle des Schloßgartens entdecken und erst dann an der Außenwand der Barbara-Kapelle anbringen (die heute – nach der Auflassung des dazugehörigen Friedhofs – von einem Park umgeben ist).

Von Casanovas Habseligkeiten bleibt in Dux nichts zurück: Als Neffe Carlo Angiolini die Heimfahrt nach Dresden antritt, türmen sich im Fond seiner Kutsche die Manuskriptbündel des Verewigten. Später werden sie in den Besitz des Leipziger Verlegers Brockhaus übergehen, der sie übersetzen läßt und mit durchschlagendem Erfolg auf deutsch herausbringt. Auch die von Casanova betreute Bibliothek wechselt ihren Standort und wird dem Waldstein-Besitz in Münchengrätz einverleibt, wo sie bei den dortigen Schloßführungen, zu denen die Touristen vor allem des Wallenstein-Grabes wegen anreisen, noch heute eine der Hauptattraktionen bildet. Enttäuscht werden nur jene sein, die sich – ob in Dux oder in Münchengrätz – Memorabilien erhoffen, die mit Casanovas Liebesleben in Zusammenhang stehen, und auch das nach ihm benannte Etablissement auf dem Marktplatz von Dux ist keine jener kommerziellen Lasterhöhlen, wie sie im heutigen Tschechien so manche Landstraße säumen, sondern ein biederes Café.

Schon bei der Anreise fällt mir angenehm auf, daß der Name Casanova an den Stätten seines Lebensabends nicht auf billige Weise ausgeschlachtet wird: Zu beiden Seiten der Chaussee riesige Hopfenfelder, unscheinbare Dörfer, irgendwann ein Fabrikschornstein des österreichischen Baukonzerns *Wienerberger*. Noch vor der Ortseinfahrt von Dux rücken die Anlagen des wichtigsten Arbeitgebers der Region ins Bild: Hier wird im Tagbau Braunkohle gefördert und das so gründlich, daß auch der prachtvolle Schloßpark davon in Mitleidenschaft gezogen worden ist. Nur der erbitterte Widerstand der Naturschützer konnte verhindern, daß die Bagger ihr Werk vollenden und das gesamte Areal dem Erdboden gleichmachen.

Im Schloß selbst werden Führungen angeboten, die wohlweislich Bedacht darauf nehmen, daß die Mehrzahl der Touristen sich weniger an dem Namen Waldstein als an dem Namen Casanova interessiert zeigt: Jeden Tag wird die auf dem angeblichen Sterbesessel niedergelegte Rose erneuert, und die hinter einem der Bibliotheksregale versteckte Tapetentür, per elektronischer Fernbedienung geöffnet, gibt den Blick frei auf eine von künstlichem Kerzenflackern erhellte Schreibkammer, in der eine Wachspuppe mit den charakteristischen Casanova-

*Düsterer Lebensabend eines Lebemannes: Casanova auf Schloß Dux (hier die Grabtafel)*

Gesichtszügen zu den Klängen von Mozarts Requiem die Kielfeder ins Tintenfaß taucht. Eine Wanduhr zeigt die Sterbestunde des Verewigten an: Die Historiker haben sich auf 22.40 Uhr geeinigt.

Als sich im Sommer 1998 der Todestag zum 200. Mal jährt, treffen sich »Casanovisten« aus allen Teilen der Welt zu einem Symposion in Dux, und Brautpaaren, die ihren Ehebund im Zeichen Casanovas schließen wollen, stehen dafür im Schloß – zu entsprechenden Tarifen – die passenden Räumlichkeiten zur Verfügung. Für den sakralen Teil müssen sie allerdings auf die Stadtpfarrkirche ausweichen: Die Schloßkirche harrt noch immer ihrer Restaurierung, seitdem 1945 nach dem Einmarsch der Russen ein verwegener Bursche aus dem Ort die Besatzungssoldaten mit seiner Steinschleuder »beschossen« und die Gegenseite daraufhin das vormals stolze Bauwerk niedergebrannt hat.

*Nordböhmen*

Schloßbesucher, die sich nicht mit dem Kapitel Casanova begnügen mögen, sondern auch für jene anderen Berühmtheiten offen sind, die dem Grafen Waldstein ihre Aufwartung gemacht haben, können sich die Gemächer zeigen lassen, in denen Friedrich Schiller anno 1791 Vorstudien zu seinem Wallenstein-Drama betrieben hat, das Denkmal besichtigen, das an Beethovens Aufenthalt vom Sommer 1812 erinnert, oder auf ihrem Rundgang durchs Schloß die heutigen Verhältnisse mit jenen von 1813 vergleichen, da der vierundsechzigjährige Goethe hier gewesen ist und seine Eindrücke in die Worte gekleidet hat: »Im Schloß Dux sind die Zimmer, seitdem eine Unzahl dieses Frühjahr aufgelebter und sogleich wieder verdursteter Fliegen weggekehrt werden, reinlich genug. Auch die Museen und seine Sammlungen sehen abgestaubter aus als sonst.« Ja, das ist es, was den Dichterfürsten einzig interessiert: »die fußhohen, der Antike nachgebildeten Zentauren«, die Vase mit den »wunderlichen griechischen Namen«, die »modernen Bronzen«. Obwohl schillernde Gestalten vom Schlage Casanovas auf Goethe die größte Faszination ausüben: Über *ihn* verliert er kein Wort.

# »Keine Liebschaft war es nicht ...«

Derzeit sind die Fässer und die Flaschen leer. Um die Produktion des Ulrike-Bieres wieder anzukurbeln, muß man erst noch eine neue Brauerei finden, die die Marke in ihr Programm aufnimmt; die alte hat vor kurzem Pleite gemacht. Nur die Reklameschilder hängen noch an der Außenfront mancher Gasthäuser im Bezirk Leitmeritz: ein dunkelgrünes Oval mit karmesinroter Schrift, in der Mitte eine Art Medaillon mit dem Bildnis eines hübschen jungen Mädchens aus alter Zeit. »Baronka« lautet der Name des Produkts, und damit der Biertrinker auch weiß, um *welche* Baronesse es sich dabei handelt, ist deren Porträt mit einem stilisierten Faksimile ihrer Signatur versehen: Ulrike von Levetzow.

Es ist das erste Mal in der Geschichte des tschechischen Brauwesens, daß eine Biersorte nach einer Frau benannt ist. Über Güte und Geschmack des dreizehnprozentigen Hopfensaftes kann ich leider nichts aussagen: Die Produktion ist bis auf weiteres eingestellt. Ich kann mich also nur an die im Ulrike-Museum in Trziblitz ausgestellten Václav-Havel-Fotos halten, die den früheren Staatspräsidenten der Republik Tschechien beim Genuß der neuen Kreation zeigen: Hemdsärmelig und in fröhlicher Runde sitzt er im Park hinterm Haus, zerteilt seine Forelle, führt sein Bierglas zum Mund. Sowohl er wie seine Zechkumpane sind guter Dinge, ja geradezu ausgelassen – ich nehme also an, es mundet ihnen, das Ulrike-Bier.

Genaueres kann ich hingegen über einen *zweiten* Artikel berichten, der sich zwecks Verkaufsförderung des Namens *Ulrike von Levetzow* bedient. Nicht nur, daß Armreif, Halsband und Ohrring entschieden besser zu einer jungen Dame von Stand passen als das Männergetränk Bier, ist in diesem Fall auch reichlich für Nachschub gesorgt: Die seit alters aus dem Erdreich rund um Trziblitz gewonnenen Granatkörner bilden nach wie vor eine der Hauptattraktionen der regionalen Edelsteinindustrie. Auch Frau Pazderová, die Hüterin des Ulrike-Museums, bietet mir wohlfeile Nachbildungen jener Schmuckstücke an, die die Baronesse getragen und gesammelt hat, und da ich mich ihrem Drängen mit der Beteuerung entziehe, momentan nicht gar so gut bei Kasse zu sein, steckt sie mir beim Abschied ein kleines Gratis-Säckchen zu, das mit einem fingerhutgroßen Häufchen ungeschliffener Granate gefüllt ist.

Wenn nicht früher, so spätestens in diesem Augenblick kommt *Goethe* ins Spiel: Er, der Zweiundsiebzigjährige, ist es, der auf seinen Wanderungen rund um Marienbad die ihn begleitende siebzehnjährige Ulrike von Levetzow für die Passion des Steinelesens zu begeistern versucht, und so kann es durchaus sein, daß ihr späteres Faible für böhmischen Granatschmuck in den mineralogischen Pirschgängen an der Seite des Dichters seine Wurzeln hat. Wenn sie schon dem Drängen des 55 Jahre Älteren, seine Frau zu werden, nicht nachgibt: Seine sammlerischen Neigungen zu teilen, ist sie gern bereit.

Wir erinnern uns: Drei Sommer lang – 1821, 1822 und 1823 – stellt der greise Goethe, Kurgast im frischeröffneten Marienbad, der zur selben Zeit am Ort weilenden Ulrike von Levetzow nach, buhlt um ihre Gunst, läßt keinen Geringeren als den gleichfalls in dem böhmischen Modebad kurenden Großherzog Carl August von Weimar in seinem Namen um ihre Hand anhalten. Der Dichter, seit fünf Jahren Witwer, möchte »die lieblichste

Goethes letzte Liebe als Markenartikel: das nach der »lieblichsten der lieblichsten Gestalten« benannte »Baronka-Bier«

der lieblichsten Gestalten« zur Frau nehmen. Doch aus der erträumten letzten Liebe wird nichts, kann nichts werden: Als die so heftig Umworbene, die ihrerseits in Goethe nichts anderes als eine Art Ersatzvater sieht, erkennen muß, daß der liebe alte Herr »mehr« will, erschrickt sie so sehr, daß sie Reißaus nimmt und die Beziehung von einem Tag auf den andern abbricht.

Noch schlimmer ist es für den abgewiesenen Verehrer: Goethe sinkt in tiefste Verzweiflung, wird krank, die Ärzte fürchten um sein Leben. In den acht Jahren, die ihm noch verbleiben, wird er zu keiner größeren Reise mehr imstande sein, nie wieder seine Wahlheimat Thüringen verlassen – und schon gar nicht in Richtung Marienbad, der Stätte seiner schwersten Niederlage. Doch es wäre nicht Goethe, gewänne er nicht auch noch dieser Niederlage ein Stück Weltliteratur ab: Sein Liebeskummer beflügelt den inzwischen Vierundsiebzigjährigen zur Nieder-

*Nordböhmen*

schrift des dreiundzwanzigstrophigen Alterswerks »Marienbader Elegie«.

Ulrike hat sich unterdessen an der Seite ihrer Mutter und ihrer jüngeren Geschwister in das unweit der nordböhmischen Kreisstadt Leitmeritz gelegene Schloß Trziblitz zurückgezogen, das zu den Besitzungen ihres zukünftigen Stiefvaters Graf Franz von Klebelsberg gehört. Vor 20 Jahren hat der kunstsinnige Mann, der dem Hause Habsburg neben der Übernahme einer Reihe anderer Ämter eine Zeit lang auch als Finanzminister dient, den Fürsten Lobkowitz die Domäne Trziblitz abgekauft; für seine Gemahlin in spe, Ulrikes früh verwitwete Mutter Amalie von Levetzow, läßt er die ursprüngliche Festung in ein wohnliches Barockschloß umbauen, das nach Klebelsbergs Tod in den Besitz von Stieftochter Ulrike übergeht.

Hier wird »Goethes letzte Liebe« ihr gesamtes weiteres Leben zubringen, und so, wie sie schon als junges Mädchen dem stürmisch um sie werbenden Dichter eine Abfuhr erteilt hat, wird sie auch in den folgenden sieben Jahrzehnten »unbemannt« bleiben. Ihren Bediensteten eine gütige Herrin, der am selben Ort lebenden Familie ihrer Lieblingsschwester Bertha eine opferbereite Hilfe und der Dorfbevölkerung mit der Gründung einer von ihr geleiteten Spinnschule eine allseits verehrte Wohltäterin, geht sie nebenher ihren Neigungen als Kunstsammlerin und Stickerin nach. Auch der Jagd ist sie zugetan; ihr besonderer Eifer gilt der Pflege des Rosengartens, der das Entzücken aller Besucher bildet, die der Frau Baronin ihre Aufwartung machen. Daß die in Leipzig Geborene und in einem Straßburger Mädchenpensionat Erzogene ihr Leben lang an ihrer Muttersprache festhält und noch als alte Dame kaum ein Wort Tschechisch spricht, macht ihr keiner der Einheimischen zum Vorwurf: Mit ihrem liebenswürdigen Wesen, ihrer sprichwörtlichen Güte gleicht sie alles aus. Ungehalten kann sie nur werden, wenn ihr die Goethe-Verehrer auf den Leib rücken: Besonders Fanatische, die Ulrikes Domizil ausgekundschaftet haben, um aus ihrem Mund zu erfahren, »wie das damals war in Marienbad«, haben keine Chance, zu ihr vorzudringen, und auch brieflich verweigert sie jegliche Auskunft. Kann sie schon mit dem Text der »Elegie«, von dem ihr Kanzler Müller, einer der engsten Vertrauten des Dichters, nach dessen Tod eine Abschrift überlassen hat, wenig anfangen, so erbittern sie erst recht »all die falschen, oft fabelhaften Geschichten, die darüber gedruckt wurden«. Um dem ein für allemal ein Ende zu machen, holt sie mit 90 zu einer Gegendarstellung aus, die in dem berühmten Diktum gipfelt: »Keine Liebschaft war es nicht.« Daß sie für ihre Klarstellung die doppelte Verneinung wählt, ist kein Zeichen sprachlicher Unbeholfenheit, sondern soll den ultimativen Charakter ihrer Erklärung zum Ausdruck bringen. Doch es hilft nichts: Ihren Goethe wird sie nie und nimmer los. Als Ulrike von Levetzow am 13. November 1899 fünfundneunzigjährig stirbt und zwei Tage darauf auf dem Friedhof von Trziblitz bestattet wird, ist unter den Blumengebinden, die sich auf dem frischen Erdhügel türmen, auch ein Kranz der Weimarer Goethe-Gesellschaft: Herbstlich-Buntes aus dem Garten am Frauenplan.

Auch jetzt, wo mich, kaum in Trziblitz eingetroffen, mein erster Weg zum Friedhof führt, finde ich ein blumengeschmücktes Ulrike-Grab vor: Noch über 100 Jahre nach ihrem Tod wird »Goethes letzter Liebe« teilnahmsvoll gedacht. In der guterhaltenen neoklassizistischen Gruft hinter der katholischen Pfarrkirche, die auch sie, die praktizierende Protestantin, gern besucht hat, liegt sie neben ihren Großeltern. Unweit davon das Grab der Mutter; das der Lieblingsschwester Bertha ist gar mit einem in den Stein gemeißelten Vers von Ulrikes Hand geschmückt. Erstaunliches bekomme ich über manche der seinerzeitigen Begräbnisse zu hören: Damit eine der nahen Verwandten, die in

*Nordböhmen*

Teplitz gestorben ist, in der Trziblitzer Familiengruft bestattet werden kann, legen die Sargträger die 20 Kilometer lange Strecke zu Fuß zurück, und da sie dies zur Nachtstunde tun, weisen ihnen Fackelträger den Weg.

Am 15. November 1899 haben sie es leichter: Von Ulrikes Sterbezimmer im Schloß ist es nur wenige Schritte zum Ortsfriedhof. »Marasmus« nennt die Eintragung im Kirchenbuch als Todesursache, ein Pastor aus Aussig nimmt die Beisetzungsfeierlichkeiten vor.

Paní Seifertová, die mich durch den Ort geleitet, ist die Frau des heutigen Bürgermeisters; sie selber unterrichtet an der Grundschule. Daß in Trziblitz die erste Fremdsprache Deutsch ist, ist eine Verlegenheitslösung: Man hat partout keinen Englischlehrer auftreiben können ...

Daß sich Frau Seifertová in Sachen Ulrike von Levetzow so gut auskennt, hat einen einfachen Grund: Das Schloß, in dem »die lieblichste der lieblichsten Gestalten« den größten Teil ihres Lebens verbracht hat, beherbergt heute die Schule, ist also ihr Arbeitsplatz. Ulrikes Sterbezimmer dient den Lehrern als Konferenzraum.

Wenige Schritte vom Hauptbau entfernt: die ehemalige Wäscherei. Hier, am Ufer des Schloßteichs, ist seit 1999 eine Ulrike-Gedenkstätte eingerichtet, deren Ausstellungsstücke auf zweierlei Weise zusammenkamen: Den einen Teil fand man bei der Entrümpelung des Levetzow'schen Dachbodens, den Rest steuerten, einem Aufruf des Gemeindeamtes folgend, ältere Leute aus dem Ort bei. So kann sich der Besucher nicht nur in Sachen Ulrike ein gutes Bild machen, sondern erhält zugleich Einblick in die allgemeine Lebensweise jener Zeit. Hier also ausgewählte Beispiele ländlichen Hausrats bis hin zu einer altertümlichen Granatspülmaschine, dort Ulrikes Sonntagsstaat inklusive Seidencape und Ausgehhäubchen, Schlafgewand und Mieder, Fächer und Parfumflacon, Kalender, Schreibzeug, Kruzifix. Das

»Keine Liebschaft war es nicht«: Ulrike von Levetzow im Rückblick auf ihre Marienbader Tage an der Seite Goethes

Haushaltsbuch gibt Auskunft über die laufenden Ausgaben der Schloßherrin; Mineraliensammlung und Herbarium verweisen auf die Eigenheiten ihres Zeitvertreibs. An die Tierfreundin erinnert der Grabstein des geliebten Malteserhündchens Trimm, an die Hobbyzeichnerin eine Auswahl etwas unbeholfener Bleistiftskizzen aus den Straßburger Pensionatsjahren, an die wohltätige Pädagogin eine vortreffliche Innenansicht der von Frau von Levetzow gegründeten und geleiteten örtlichen Spinnschule.
Auch Goethe ist präsent – und keineswegs nur mit einer der gängigen Nachbildungen seiner Totenmaske. Als sich Ulrikes Lebenszeit ihrem Ende nähert, läßt sich die sonst so spröde alte Dame dazu überreden, für eine Photographie zu posieren, die sie – im hochgeschlossenen schwarzen Kleid und das weiße Häubchen auf dem Kopf – beim Hantieren mit einer Briefschatulle zeigt, über deren Inhalt keinerlei Zweifel bestehen kann: Auf dem Deckel des danebenliegenden Buches prangt der Name Goethe. »Keine Liebschaft war es nicht!« hat Ulrike von Levetzow zu diesem Thema ein für allemal klargestellt. Also gut: keine Liebschaft. Aber wohl auch kein Nullum, das sie gänzlich gleichgültig gelassen hat.

# Die andere Seite

Ein hastiger Schluck Bier im Kreise der örtlichen Honoratioren, und schon gibt's eine marmorne Gedenktafel am Hausportal, die das erhabene Ereignis in goldenen Lettern festhält. Lächerlich oder rührend? Obwohl weder Monarchist noch Legitimist, entscheide ich mich für *rührend*: In einer Stadt, der eine Stippvisite des Kaisers in der dortigen Bierbrauerei und der bei dieser Gelegenheit »entgegengenommene Ehrentrunk der Braubürgerschaft« ein feierliches Memento wert sind, kann sich ein für Sentimentalität und Skurrilität anfälliger Mensch wie ich nur wohlfühlen. Und was die Überraschung voll macht: Die Gedenktafel vom 17. Juni 1901, nach dem Ersten Weltkrieg entfernt, befindet sich seit der »samtenen Revolution« von 1989/90 wieder an ihrem alten Platz. Mögen anderwärts die Beziehungen zwischen der Republik Tschechien und dem heutigen Österreich noch so gestört sein – in der nordböhmischen Stadt Leitmeritz gehen die Uhren anders.

Und was dem Kaiser recht ist, ist dem Künstler billig: Auch Alfred Kubin, dem großen österreichischen Zeichner, Illustrator und Dichter, wird in Leitmeritz gebührend gehuldigt – ihm sogar mit einer nach ihm benannten Straße. Die *Kubinova* befindet sich in einem der neuen Wohnviertel an der nördlichen Peripherie – dort, wo sich rund um den Supermarkt *Albert* in der Nach-Wende-Zeit so etwas wie ein eigenes Vorstadtzentrum gebildet hat.

In diesem Fall handelt es sich allerdings nicht um Bier, sondern um Muttermilch: Alfred Kubin ist am 10. April 1877 in Leitme-

*Die andere Seite*

*Noch immer, 88 Jahre nach dem Ende der Monarchie: Kaiser-Franz-Joseph-Reminiszenzen im nordböhmischen Leitmeritz*

ritz zur Welt gekommen. Zwar übersiedelt die Familie, als ihr Erstgeborener drei Jahre alt ist, nach Zell am See. Die Beziehung zum Geburtsort reißt dennoch niemals ab, und das gilt für die eine ebenso wie für die andere Seite: Auch die Leitmeritzer pflegen das Andenken an ihren großen Sohn und stellen wieder und wieder dessen Bilder aus. Etliches an Originalen haben sie in eigenem Besitz, den Rest holen sie sich als Leihgaben aus Prag und Linz.

Die Kubins gehören dem deutschsprachigen Bevölkerungsteil an: Mutter Johanna ist die Tochter des k.k. Stabsarztes Dr. Isidor Kletzl, der mit den Seinen in einem stattlichen Patrizierhaus am Leitmeritzer Stadtplatz residiert; Vater Friedrich, zur Zeit der Geburt seines Sohnes als Jägeroffizier in Dalmatien stationiert, bevor er als Geometer in den Staatsdienst überwechselt, stammt aus Brüx.

*Nordböhmen*

Man wohnt in einem einfachen Haus in der Mariahilferstraße nahe dem heutigen Bahnhof; das rötlich getünchte zweistöckige Gebäude, vormals die renommierte Gastwirtschaft »Zum weißen Engel«, inoffizielle Adresse: Leitmeritz-Vorstadt Nr. 48, wird in späteren Jahren abgerissen werden und ist heute durch einen schmucklosen Neubau ersetzt.

Als Kubin 1927, zur Feier seines 50. Geburtstages, für ein paar Tage in die alte Heimat zurückkehrt, ist er, um die Stätten seiner frühesten Kindheit aufzufinden, auf die Hilfe seiner Verwandten angewiesen: Vetter und Base zeigen ihm den Weg; die Tante, der jetzt das Haus gehört, tischt »ein gutes böhmisches Essen« auf. Beim Aussteigen aus dem Zug – Kubin lebt seit fast 20 Jahren auf seinem Innviertler Landgut in Zwickledt nahe der oberöster-reichisch-bayerischen Grenze – erlebt er zum ersten Mal den neuen Bahnhof seines Geburtsortes. Was ihm die Verwandten auf den gemeinsamen Spaziergängen durch die engen Gassen der Stadt sonst zeigen, enttäuscht den Heimkehrer allerdings: »Da waren eine Anzahl neuer Gebäude, langweilige Schulen, Vil-len, allerhand Anstalten.« Aus dem einstigen Kinderspielplatz ist »eine Art Stadtpark« geworden; den Nebenarm der Elbe, wo früher eine schmale Holzbrücke zur Schützeninsel geführt hat, hat man zugeschüttet; nur einige der »obenauf mit Flaschen-scherben gegen Diebe besetzten Gartenmauern« beim alten Wasserwehr stehen noch, und auch die »ausgetretene Stiege«, die »durch ein verschnörkeltes Portal« zu den »vornehmen Pa-lastfronten« des Domplatzes führt, hat die Zeiten überdauert. Als er an einem der folgenden Tage, nunmehr allein, an einer Bau-stelle vorüberkommt und einen Maurerburschen den alten Gas-senhauer »Nur einmal im Jahr blüht der Mai, nur einmal im Leben die Liebe« pfeifen hört, überkommt den einsamen Wan-derer ein Gefühl von »heimatloser Verlorenheit und Trauer«: »Es würgte im Halse, die Augen wurden mir feucht.«

*Die andere Seite*

Wie würde es ihn da erst im Halse würgen, kehrte Alfred Kubin heute nach Leitmeritz wieder und suchte die circa eine Gehstunde vom Stadtzentrum entfernten, jenseits der Elbe gelegenen Spielplätze seiner Kindheit auf: »die Wälle und sumpfigen Gräben der Festung Theresienstadt«. Als er 1927 in seiner Geburtsstadt zu Besuch weilt, dient die einst unter Kaiser Josef II. am Zusammenfluß von Elbe und Eger errichtete Festung der nunmehrigen Tschechoslowakei als Staatsgefängnis – so, wie sie bis zum Zusammenbruch der Monarchie für so manchen militanten Habsburg-Gegner Ausschluß aus der Gesellschaft und Sühnhaft bedeutet hat.

»Prominentester« Insasse ist zu jener Zeit der serbische Nationalist Gavrilo Princip, der am 28. Juni 1914 in Sarajewo das Attentat auf das österreichische Thronfolgerpaar verübt hat. In seiner 2 mal 3 Meter großen Einzelzelle, die im Gegensatz zu den »normalen« nicht die kleinste Luke und deren vergittertes, an der schweren Stahltür angebrachtes Fensterchen nur die Größe eines halben Handtellers hat, deren Mobiliar aufs Allernotwendigste beschränkt und deren Heizöfchen in der kalten Jahreszeit nur von außen, nur vom Gang her zu bedienen ist, vegetiert der tagsüber an die Wand Gekettete dreieinhalb Jahre. Am 28. April 1918, sieben Monate vorm Ende des Ersten Weltkrieges, den er mit seiner Tat ausgelöst hat, stirbt der vierundzwanzigjährige Princip in der geschlossenen Abteilung des Garnisonsspitals an Knochentuberkulose.

Die schlimmste Zeit von Theresienstadt setzt mit dem Jahr 1940 ein, als die Gestapo den riesigen Zellenkomplex als Durchgangsort für Widerständler des NS-Regimes nutzt, bevor er zu einem der berüchtigtesten Sammellager für die landauf landab zusammengetriebenen Juden wird. 200 000 Opfer aus 13 Ländern werden es bis zum Frühjahr 1945 sein, die hier geschmachtet haben; jeden fünften ereilt in Theresienstadt der Tod.

*Nordböhmen*

*Festung Theresienstadt: am 28. April 1918 Sterbeort des Sarajewo-Attentäters Gavrilo Princip, zwischen 1940 und 1945 Folterkammer der Gestapo*

Vor den Schrecknissen dieses organisierten Verbrechens, die den heutigen Touristen bei ihren Führungen durch das Festungsareal vor Augen geführt werden, würde wohl selbst die Zeichenfeder eines mit allen Varianten des Bösen, des Unheimlichen und des Untergangs vertrauten Künstlers wie Alfred Kubin versagen. »Dämonen und Nachtgesichte« hat er seine 1931 erschienene Autobiographie genannt; Folter und Tod ziehen eine lange Blutspur durch seine in Schwarzweißgraphik umgesetzten Albträume.

Was Alfred Kubin im heutigen Theresienstadt zu sehen bekäme, würde vermutlich ausreichen, ihm die wiederholt beschworene Sehnsucht nach seiner Geburtsheimat zu verleiden. Nach Leitmeritz kehrt er in späteren Jahren zwar nicht mehr wieder, dafür verbringt er so manchen Sommer im geliebten Böhmerwald, und hier, angesichts der sanften Hügel und stillen Wälder, kann es geschehen, daß aus dem Visionär des Grauens einen Moment lang

*Die andere Seite*

ein Idylliker wird. Titel wie »Sturm über Schardenberg« oder »Fremder Vogel im Böhmerwald« belegen allerdings, daß die biedere Landschaftshymnik im Nu auch ins Unheilträchtige umschlagen kann: Kubin bleibt Kubin, auch wenn er ein paar Wochen lang an der Seite seiner Frau die Schönheiten seiner böhmischen Ferienregion genießt.

Das Vagantische liegt ihm ohnehin nicht: »Von der weiten Welt sah ich nicht viel. Ein paar Reisen auf den Balkan, nach Italien und Frankreich und natürlich in die deutschen Länder – das ist alles.« Was er nicht mit der Zeichenfeder festhält, kleidet er in Worte: Sein phantastischer Roman »Die andere Seite« weist ihn ebenso als eigenwilligen Erzähler aus wie die autobiographischen Miniaturen, die er dann und wann niederschreibt, und einiges davon hat auch die Kindheit in Nordböhmen zum Gegenstand – etwa die Prosaskizze »Schützenfest in Leitmeritz«. Es ist ein Traum, der den Zehnjährigen eines Nachts überfällt:

*»Mit dem dumpfen Gefühl, in ein merkwürdiges Traumgeschehen verwickelt gewesen zu sein, erwachte ich. Während ich mich wusch und anzog, lastete ein verworrener Bilderdruck auf mir. Es war wie ein Getümmel, über das ich mir nicht klar werden konnte. Immer wieder ein paar Trompetenstöße, ein vielfaches Stimmendurcheinander, von welchem sich einzelne Rufe, darunter auch mein Name, deutlicher abhoben. Leise beunruhigt, mühte ich mich, die Ursache dieser Geräusche aufzufinden.«*

Sein Grübeln führt ans Ziel: Indem sich dem Akustischen nach und nach auch das Optische hinzugesellt, erschließen sich dem inneren Auge bald auch die dazugehörigen Bilder: Bilder von einer großen, von »wahrhaft himmelhohen Bäumen« umstellten Wiese, Bilder von Tischen, Bänken, Zelten und Schaubuden. Es ist das Schützenfest auf der Leitmeritzer Elbinsel, das Kubin als Sechsjähriger erlebt und nun, Jahre später, im Traum ein weiteres Mal vor Augen hat.

*Nordböhmen*

Haben sich die Stätten seiner Kindheit schon zu Kubins Lebzeiten, als er besuchsweise nach Leitmeritz wiederkehrt, erheblich verändert, so ist inzwischen, 46 Jahre nach seinem Tod, noch manches Weitere verschwunden – so die Elbinsel, die alte Badeanstalt am Flußufer, die Hufschmiede, wo der kleine Alfred dem Beschlagen der Kutschpferde zuschaute, der Gastgarten der Elbschloßbrauerei, in dem sich seine Eltern verlobten, der Eisenbahntunnel, in dem auf geheimnisvolle Weise die Züge untertauchten, die Fenster, die den Blick freigaben auf die Vogelkäfige und Kachelöfen behaglicher Wohnstuben.

Das heißt allerdings nicht, daß Leitmeritz nicht nach wie vor eine malerische Stadt wäre: Nicht umsonst steht der komplette Altstadtkern unter Denkmalschutz. In den Gasthöfen werden nicht nur die berühmten Biere der Region ausgeschenkt, sondern auch die Weine der örtlichen Dominikaner, und wer auf lokale Küche Wert legt, läßt sich seine Palatschinken selbstverständlich mit Powidl zubereiten und seinen »svíčková« genannten Lendenbraten mit Kraut und Knedlík. Nur vor dem sündteuren Hotel *Salva Guarda* muß ich warnen: Hier wird alles und jedes zu Geld gemacht – selbst den Mini-Stadtplan, den der Gast in allen Hotels der Welt zusammen mit dem Zimmerschlüssel gratis in die Hand gedrückt bekommt, den morgendlichen Weckruf oder die Benützung des Badezimmerföns setzen sie auf die Rechnung.

Doch zurück zu Kubin. Der berühmte Name ist auch im heutigen Leitmeritz anzutreffen – an die zwanzig listet das örtliche Telefonbuch auf. Zwar fehlt im verschlafenen Kreismuseum jeder Hinweis auf den großen Sohn der Stadt (im Gegensatz zu dem aus dem nahen Raudnitz stammenden Filmregisseur G.W. Pabst), und auch, wer in der Stadtbücherei nach einem der Kubin-Bücher fragt, wird an eine Reihe anderer tschechischer Städte verwiesen, die dessen Werke in ihrem Bestand haben. Umso sorgsamer pflegt das eigentlich »zuständige« Institut, die

*Bei jedem seiner Besuche in der Geburtsheimat hat Alfred Kubin Skizzenblock und Zeichenfeder im Gepäck (hier das Mitte der Zwanzigerjahre entstandene Blatt »Böhmisches Land«)*

*Nordböhmen*

Galerie der Bildenden Künste in der Michalská Nr. 29, das Andenken an den berühmten Landsmann, organisiert wieder und wieder Kubin-Ausstellungen, sammelt, was den Kustoden an Katalogen, Büchern und Zeitschriftenaufsätzen unterkommt, und hütet an die 40 Originalgraphiken in ihrem Depot. Ich blättere in einem der tschechischen Kubin-Kataloge; den Haupttext hat ein Kunsthistoriker namens Ludvík Kundera verfaßt. Erraten: Es ist der Bruder des in Paris lebenden bedeutendsten Schriftstellers, den das heutige Tschechien aufzubieten hat: Milan Kundera.

*Ostböhmen*

# Im »Tal der Großmutter«

Beide kommen sie – wie tausende und abertausende ihresgleichen – in jungen Jahren nach Wien, um in der Hauptstadt des Vielvölkerreiches Arbeit zu finden: Terezie als Dienstmädchen, Anežka als Küchenhilfe. Die eine aus einem der Dörfer der Grafschaft Glatz, die andere aus dem Wallenstein-Städtchen Friedland. Die eine mit 22, die andere mit 15. Die eine im Sommer 1819, die andere, 62 Jahre später geboren, im Herbst 1876. Doch während wir von der Terezie so gut wie nichts wissen, ist uns die Anežka wohlvertraut: Der Dichter Franz Werfel setzt ihr sechs Jahre nach ihrem Tod in seinem 1939 erscheinenden Roman »Der veruntreute Himmel« unter dem Namen Teta Linek ein eindrucksvolles Denkmal, und die Wiener Schauspielerin Annie Rosar erweckt die Romanfigur in der 1958 folgenden Verfilmung zu neuem Leben. Werfel wird es freilich auch leicht gemacht: Anežka Hvizdová, aus der in Wien eine Agnes Huizd wird, steht 25 Jahre lang in den Diensten seiner Ehefrau Alma, umsorgt den Dichter Tag für Tag, bereitet ihm seine Leibspeisen, wird ein Teil seines eigenen Lebens.

Von ihrer »Vorgängerin«, der Dienstmagd Terezie Novotná, wissen wir nur, daß ihr Bruder Kašpar, dem schon vor ihr der Sprung in die Reichshaupt- und Residenzstadt geglückt ist, der jüngeren Schwester eine Stelle in einer Wiener Gastwirtschaft verschafft – es ist das Wirtshaus Hauptmann in der Alservorstadt 206 (was der heutigen Sensengasse Nr. 1 entspräche).

*Im »Tal der Großmutter«*

Terezie, bei ihrer Ankunft in der Millionenstadt 22 Jahre alt, lebt sich rasch in Wien ein, geht mit dem gebotenen Fleiß ihrem Tagwerk als Wäscherin nach und lernt auch bald einen Mann kennen, der sich bereit zeigt, mit ihr vor den Traualtar zu treten. Es ist der aus dem niederösterreichischen Gainfarn stammende Bauernsohn Johann Pankl. Von Beruf Herrschaftskutscher, zählt der drei Jahre Ältere zu den Stammgästen des Hauptmann'schen Gasthauses – hier also kommt es zur ersten Begegnung mit Terezie, die als gebürtige Tschechin nur gebrochen Deutsch spricht.

Am 4. Februar 1820 geht aus der Beziehung ein Kind hervor: In der Pfarrkirche zur Heiligsten Dreifaltigkeit schräg gegenüber dem Allgemeinen Krankenhaus wird das Mädchen auf den Namen Barbara getauft, mit Gastwirtin Barbara Hauptmann als Patin. Da sich die Ereignisse überstürzen, wird die Hochzeit zunächst noch aufgeschoben, erst sechs Monate später nachgeholt. Doch da ist das junge Paar bereits nicht mehr in Wien, hat seine Zelte unterdessen in der Heimat der Braut aufgeschlagen: in Böhmisch Skalitz nordöstlich von Königgrätz. Daß Johann Pankl mit seiner Gesponsin und dem erst wenige Monate alten Kind nach Böhmen übersiedelt ist, hat nicht mit etwaigem Heimweh Terezies zu tun, sondern rein berufliche Gründe: Pankls Dienstherr Karl Rudolf Graf von der Schulenburg, Major beim österreichischen Heer und Adjutant von Feldmarschall Fürst Schwarzenberg, hat vor kurzem die begüterte Herzogin von Sagan geheiratet, die die Sommermonate auf ihrem prachtvollen Schloß im böhmischen Ratiborschitz verbringt, und dort sind für die beiden Brautleute zwei Stellen frei: Pankl wird als Kutscher, seine Terezie als Wäscherin eingestellt. In der sogenannten Alten Bleiche am Rande des weitläufigen Schloßparkes erhalten die mittlerweile Vermählten eine Deputatwohnung. Und hier wächst nun auch die kleine Barbara auf, in Böhmisch Skalitz geht sie zur Schule.

*In Wien geboren, in Tschechien zur Nationaldichterin avanciert: Božena Němcová. Im »Tal der Großmutter« bei Böhmisch Skalitz wird ihr und den Figuren ihres Romans »Babička« gehuldigt*

Ein leichtes Leben wird es für das zu einer allgemein bewunderten Schönheit heranreifende Mädchen freilich nicht: Wenn auch nur die Hälfte von ihnen überlebt, erhält sie mit den Jahren nicht weniger als zwölf Geschwister; die sich abrackernde Mutter kann sich nur noch wenig um ihre Erstgeborene kümmern. Da ist es Großmutter Magdalena Novotná, die helfend einspringt: Sie nimmt sich der Heranwachsenden an, lehrt sie, was sie für ihr künftiges Leben braucht, überschüttet sie mit Liebe. Barbara dankt es ihr auf ihre Weise, widmet ihr mit 35 ein herzbewegendes Buch und wird mit diesem – sein Titel: »Babička«, also »Großmütterchen« – zur meistgelesenen tschechischen Schriftstellerin ihrer Zeit.

Vorsicht vor allzu flinken Vorurteilen! Wer hinter der »Babička«, die auch heute in keinem tschechischen Bücherschrank fehlt,

*Im »Tal der Großmutter«*

eine hausbackene Biedermeierpostille vermutet, muß sich von
kompetenter Seite belehren lassen: Kein Geringerer als Kafka ist
es, der der Autorin meisterliche Charakterzeichnung attestiert,
und Kollege Max Mell vergleicht sie gar mit Adalbert Stifter. Daß
der Roman, obwohl in 26 Sprachen übersetzt, darunter auch ins
Deutsche, hierzulande ein Geheimtip geblieben ist und wohl
weiterhin ein Geheimtip bleiben wird, mag politische Gründe
haben: Božena Němcová – ihr Autorenname ist eine Kombina-
tion aus dem Familiennamen ihres Mannes und einem regional
gefärbten Pseudonym – hat sich in ihren Erwachsenenjahren zu
einer der Symbolfiguren des gegen das k.u.k. Österreich aufbegehrenden tschechischen Nationalismus entwickelt (und dafür
bitter gebüßt).

Da Reste dieser Überempfindlichkeit gegenüber jeglicher –
wirklichen oder auch nur vermeintlichen – Bevormundung
durch fremde Ethnien auch im heutigen Tschechien auf Schritt
und Tritt anzutreffen und selbst durch den EU-Beitritt des Landes nicht aus der Welt zu schaffen sind, überrascht es mich nicht,
daß ich mich bei meinem Lokalaugenschein im »Babička-Land«
in der Rolle des Außenseiters wiederfinde: Während es in Prag
und Brünn, in Pilsen und Krumau von Touristen aus aller Herren Ländern wimmelt, bleiben in Böhmisch Skalitz die Tschechen unter sich. Mag im Němcová-Museum noch so dezidiert auf
Vorbilder wie Heine und Schiller, Dickens, Andersen und George
Sand verwiesen und in Schloß Ratiborschitz auch an die Besuche von Wilhelm von Humboldt, Friedrich Gentz und Kanzler
Metternich erinnert werden: Das »Tal der Großmutter«, wie die
Landschaft um Böhmisch Skalitz genannt wird, ist ein Reservat
für Familienausflüge, bei denen keinerlei fremdes Idiom ans Ohr
des Besuchers dringt. Die alte Schule, die Mühle, die Bleiche,
der Schloßteich und das Schloß selbst – sie alle »gehören« seit
Jahr und Tag denjenigen, die imstande sind, Božena Němcovás

139

Roman im Original zu lesen. Für sie allerdings zählt der Lokalaugenschein im »Tal der Großmutter« mit all seinen Hausbesichtigungen, nostalgischen Spaziergängen, folkloristischen Verköstigungen und Erinnerungsfotos vorm Babička-Denkmal zu jenen Pflichtübungen, ohne die man sein Leben als guter Tscheche nicht beschließen darf – nur vergleichbar jenen Pilgerströmen, die in der steiermärkischen »Waldheimat« Peter Rosegger, an der »Deutschen Märchenstraße« den Brüdern Grimm oder im dänischen Odense Hans Christian Andersen huldigen.

Für uns Außenstehende, die wir statt mit dem »Großmütterchen« mit »Hänsel und Gretel«, mit dem »Waldbauernbub« und mit dem »Mädchen mit den Schwefelhölzern« aufgewachsen sind, bleibt, wenn es uns in Božena Němcovás Heimat verschlägt, gleichwohl genug zu tun: Wie aufregend, an Ort und Stelle der Frage nachzugehen, wie aus der in Wien geborenen Tochter eines österreichischen Herrschaftskutschers und einer tschechischen Dienstmagd eine der führenden Schriftstellerinnen ihrer Zeit geworden ist.

Im Sommer 1830 geht sie von der Schule ab. Da ist Barbara zehn Jahre alt; der Lehrer der zweiklassigen Schule, der sie in den Fächern Lesen, Schreiben, Rechnen, Religion und »Sitte« unterwiesen hat, ist noch vor der Großmutter, die sich fortan ihrer annimmt, jene Respektsperson, der sie, wenn sie mit 25 zu schreiben beginnt, ein literarisches Denkmal setzen wird. Wegen ihrer Anmut nicht nur von den Dorfburschen und Studenten, sondern auch von Beamten, Offizieren und Aristokraten umschwärmt, bleibt es Barbara – wie zu dieser Zeit gang und gäbe – verwehrt, ihre eigene Wahl zu treffen: Auf Betreiben der Mutter wird die Siebzehnjährige mit einem Zollbeamten verehelicht, der doppelt so alt ist wie sie.

Diesem Josef Němec fehlt nicht nur jeglicher Sinn für die schöngeistigen Ambitionen seiner jungen Frau: Auch sein berufsbedingt häufiger Standortwechsel macht ein harmonisches Zusammenleben so gut wie unmöglich. Zwar bringt sie vier Kinder zur Welt, doch die Last, ihre Familie zu versorgen, ruht zum Großteil auf ihren eigenen Schultern, und das steigert sich noch, als Němec seiner separatistischen Aktivitäten wegen ständiger Verfolgung durch die österreichischen Behörden ausgesetzt ist und schließlich gar nach Ungarn strafversetzt wird.

Inzwischen in Prag ansässig, kommt Barbara mit den dortigen Schriftstellerkreisen in Berührung, verfaßt zunächst patriotische Gedichte und nimmt, als auch die ersten Veröffentlichungen vorliegen, den Künstlernamen Božena Němcová an. Der frühe Tod ihres ältesten Sohnes, eine Reihe unglücklich verlaufender Liebschaften, die immer drängender werdende Sorge ums tägliche Brot sowie der plötzliche Ausbruch einer unheilbaren Krankheit lassen es wie ein Wunder erscheinen, daß sie dennoch die Kraft zum Schreiben aufbringt und sich eine Erzählung nach der anderen abringt. Als sie 1855 das erste Exemplar ihres Hauptwerkes, des über weite Strecken autobiographisch geprägten Romans »Babička«, in Händen hält, hat sie nur noch sieben Jahre vor sich: Božena Němcová stirbt mit 42 an Krebs.

Immerhin kann sie es noch erleben, daß das Buch, das sie zuvörderst zum eigenen Trost, zur Linderung ihrer eigenen Nöte verfaßt hat, von den Lesern begeistert aufgenommen und wieder und wieder nachgedruckt wird. Dennoch bleibt sie weiterhin auf finanzielle Unterstützung durch gute Freunde angewiesen: Das Honorar, das der Kopist für die druckreife Reinschrift des Originalmanuskripts ausgezahlt erhält, ist höher als das ihre.

Über ihre Motive, die eigene Kindheit und Jugend zum Hauptgegenstand ihres literarischen Schaffens zu machen, sagt Božena Němcová in ihrem Lebensrückblick:

*»Ich flüchtete in meinen Gedanken in jenes einsame Gehöft in dem kleinen Tal, und als ich dort, zu Füßen der lieben Großmutter, deren verständige Worte hörte, ihre Lieder und ihre Mär-*

*chen, war es mir, als wäre ich wieder jenes glückliche Mädchen von einst, das heiteren Sinnes über die Wiesen lief, durch Wald und Hain, all den guten Seelen von damals begegnete und darüber die ganze übrige Welt vergaß mit all ihren Sorgen.«*
Literatur als Therapeutikum – »Babička« ist genau das, was das einfache Volk in den Jahren der Frustration nach der niedergeschlagenen Revolution von 1848 braucht. Doch der Erfolg der »Bilder aus dem ländlichen Leben« (wie der Untertitel des Romans lautet) hält auch in späterer Zeit unvermindert an: Das Buch wird zum Klassiker. Sind es zunächst die besten Zeichner des Landes, die zu den verschiedenen Ausgaben die Illustrationen beisteuern, so ist es im folgenden Jahrhundert der Film, der sich des Themas bemächtigt: Dem Stummfilm von 1921 folgen 1940 und 1970 weitere Versuche, die Geschichte vom Großmütterchen in bewegten Bildern nachzuerzählen, und auch die Sparten Hörspiel, Singspiel und Oper greifen auf den bewährten Stoff zurück.

Um der Autorin an ihrem Sterbeort Prag eine würdige Ruhestatt zu verschaffen, werden öffentliche Sammlungen durchgeführt: Ihre notleidenden Kinder wären außerstande gewesen, für ein Grabmal auf dem berühmten Wyschehrader Friedhof aufzukommen (wo auch die Schriftstellerkollegen Karel Čapek und Jan Neruda bestattet sind und die Komponisten Smetana und Dvořák). Němcová-Denkmäler findet man außerdem auf der Moldau-Insel nächst dem Nationaltheater, am Gebäude der Tschechischen Handelsbank und natürlich im Park des ihrem Nachruhm gewidmeten Museums in Böhmisch Skalitz.
Und was ist mit »Großmütterchen« selbst, der Titelfigur von Božena Němcovás Roman? Auf wundersame Weise schließt sich der Kreis – und zwar in Wien. Hier ist die Autorin zur Welt gekommen, und hier beschließt »Babička«-Urbild Magdalena Novotná 21 Jahre danach ihr Leben. Schwiegersohn Johann

*Im »Tal der Großmutter«*

Pankl hat ihr in der Hauptstadt zu einer Stelle verholfen. Einundsiebzigjährig stirbt sie in dem Haus Wiedner Hauptstraße 72. Selber zu arm, um für ein würdiges Begräbnis vorsorgen zu können, nimmt sich eine wohltätige Bruderschaft der Toten an und verschafft ihr eine Grabstelle auf dem Matzleinsdorfer Friedhof. Die berühmteste Frauengestalt der tschechischen Literatur gehört also in gewisser Weise auch zu Wien.

# Nordmähren

# »Es ist gern geschehn ...«

Als am 2. Dezember 1848, dreieinhalb Monate nach seinem 18. Geburtstag, Erzherzog Franz Joseph den Kaiserthron besteigt, ist weder die Wiener Hofburg noch Schloß Schönbrunn Ort des Geschehens, sondern der Lehenssaal des Erzbischöflichen Palais zu Olmütz. Mit den Worten »Wichtige Gründe haben Uns zu dem unwiderruflichen Entschluß gebracht, die Kaiserkrone niederzulegen – und zwar zu Gunsten Unseres geliebten Neffen« streicht der fünfundfünfzigjährige Ferdinand I. dem vor ihm Knienden übers Haupt, macht das Kreuzzeichen und fährt mit schwacher Stimme fort: »Gott segne dich, bleib nur brav, Gott wird dich schützen!« Den Dank seines jugendlichen Nachfolgers wehrt der abtretende Monarch mit dem hausbacken-gutmütigen Nachsatz ab: »Laß nur, es ist gern geschehn.«

Gern geschehn ist in diesen hochdramatischen Tagen vor Ausbruch des Winters 1848/49 definitiv nichts: Der Wiener Hof befindet sich auf der Flucht. Nach einem ersten Exodus, der die kaiserliche Familie zwischen Mai und August bereits nach Innsbruck geführt hat, suchen die Spitzen des Habsburgerreiches nun für etliche Monate in der ehemaligen Hauptstadt Mährens Schutz: Schutz vor den Wirren der Revolution. Olmütz bietet dafür ideale Bedingungen: Erstens verfügt es über eine 6000 Mann starke Garnison, und zweitens ist es die reichste Diözese der Donaumonarchie – mit einem Mann an der Spitze, mit dessen Gastfreundschaft es kein zweiter Kirchenfürst aufnehmen kann, Erzbischof Maximilian Sommerau-Beeckh.

*»Es ist gern geschehn …«*

Den 18. Geburtstag, mit dem er seine Volljährigkeit erreicht hat, kann Erzherzog Franz Joseph noch in Schönbrunn feiern: Vor neun Tagen ist der Hof aus dem Tiroler »Exil« nach Wien zurückgekehrt. Die Eltern schenken dem passionierten Raucher zwei kunstvoll verzierte Meerschaumpfeifen; am Vormittag wohnt der Thronfolger (der von dieser seiner Bestimmung noch nichts ahnt) einem feierlichen Tedeum bei, am Nachmittag einer Parade zum Dank für den Sieg der österreichischen über die italienischen Truppen bei Custozza. Daß der noch knabenhafte Erzherzog neuerdings den Doppelnamen Franz Joseph führt, hat politische Gründe, in denen sich bereits ankündigt, daß man insgeheim Großes mit ihm vorhat: Franz, der Name des Groß-vaters, ist durch dessen Verbindung mit dem seines Amtes ent-hobenen Kanzlers Metternich belastet; Fürst Schwarzenberg schlägt daher vor, mit der Hinzufügung des Namens Joseph an das gerade in diesen Tagen des Aufruhrs hoch im Kurs stehende Wirken des Reformkaisers Josef II. zu erinnern.

Schon im Winter 1847/48 breiten sich in ganz West- und Zentral-europa Unruheherde aus, im März 1848 greift der Aufruhr auch auf Österreich über. Mißernten und damit einhergehende Krisen in der Nahrungsmittelproduktion führen zu Bauernrevolten; auch für die Aufstockung der militärischen Kräfte fehlt es an Geld. Die Ungarn spalten sich ab und bilden eine eigene Regie-rung, die Provinz Piemont erklärt Österreich nach Generalfeld-marschall Radetzkys Rückzug aus Mailand den Krieg, Wien wird von den eigenen Aufständischen belagert: bittere Tage auch für den jungen Erzherzog, der, stark interessiert an der neuesten technischen Errungenschaft, dem Telegraphenapparat, in die nahezu stündlich eintreffenden Depeschen der obersten Hee-resführung Einblick nehmen darf. Er schläft schlecht seit einiger Zeit, leidet unter Appetitlosigkeit, magert ab.
Fürst Windischgrätz, dem die Rückeroberung Wiens aufgetra-

gen ist, rät der kaiserlichen Familie für den Fall, daß sie ein zweites Mal die Hauptstadt sollte verlassen müssen, sich nicht – wie am 17. Mai – in die Berge davonzustehlen, sondern im Schutz der Armee via Krems nach Olmütz zu übersiedeln. Keinesfalls darf es nach Flucht aussehen.

Am frühen Morgen des 13. Oktober verläßt der kaiserliche Troß Schönbrunn, am Nachmittag des 14. trifft er am Zielort ein. Die Olmützer huldigen den Majestäten mit Kanonendonner und Glockengeläut; an der Pforte des Theresientores entbieten Magistrat und Festungskommandantur ihren Willkommensgruß. Die von der weiten Anreise staubbedeckten Landkutschen, die am Rathaus vorbei über den Jesuitenplatz zur Fürsterzbischöflichen Residenz rollen, gleichen eher einem Trauerzug, und auch in den Gesichtern der »Gäste« spiegelt sich die gedrückte Stimmung dieser dramatischen Tage wieder: Kaiser Ferdinand, seiner Geistesschwäche und seiner epileptischen Anfälle wegen schon die längste Zeit nur mehr eine Marionette seiner Ratgeber, blickt ebenso verschreckt drein wie dessen schwergeprüfte Gemahlin Marie Anna, die sich immerhin noch einen Rest an Stolz bewahrt hat. In einem sind sich alle, insbesondere Franz Josephs Mutter Sophie, einig: Die Zeit ist reif für einen Thronwechsel, der junge Erzherzog soll den Platz des unfähigen Monarchen einnehmen, soll in Olmütz zum Kaiser ausgerufen werden.

Noch allerdings ist es nicht so weit. Die aus allen Teilen des Reiches in die zweitgrößte Stadt Mährens strömenden Abgesandten werden von Kaiser Ferdinand I. in dessen Residenz im Fürsterzbischöflichen Palais empfangen, auch bäuerliche Abordnungen aus der näheren und weiteren Umgebung treffen mit Musikbegleitung ein und überbringen ganze Wagenladungen von Geflügel, Eiern und Backwerk; aus Schönbrunn werden Küche und Keller samt Dienerschaft und Equipagen herbeigeschafft. Der Hofstaat und das Diplomatische Corps finden in den diversen

*»Es ist gern geschehn ...«*

Domherrenresidenzen sowie in zahlreichen Bürgerhäusern Unterkunft, nur das Kaiserpaar und Franz Josephs Eltern, Erzherzog Franz Karl und Erzherzogin Sophie, logieren im Bischofspalast. Franz Joseph selbst, der unter der Obhut des Rechtsgelehrten Prof. Helm sein Studium der Staatswissenschaften fortsetzt, teilt mit Obersthofmeister Graf Grünne sein Logis in der Residenz von Domprobst Baron Peteani.
Zwar hat die allenthalben um sich greifende Revolutionsstimmung auch Olmütz erreicht: Die radikale Akademische Studentenlegion, auf mehr Freiheitsrechte pochend, greift mit Demonstrationen in den Universitätsbetrieb ein. Doch die bürgerliche Nationalgarde vermag die »Ordnung« wiederherzustellen, und vor allem auf die in der Festung zusammengezogenen Militärkräfte ist Verlaß. Auch das kaiserliche Manifest, das einen Tag nach Eintreffen des Hofes verlautbart wird, verfehlt seine Wirkung nicht:
»Angekommen in Olmütz, wo Ich vor der Hand zu verweilen gesonnen bin, ist es meinem väterlichen Herzen Bedürfnis, die wohltuenden Beweise treuer Anhänglichkeit, welche Ich auf meiner Hieherreise von dem Volk allenthalben erhalten habe, anzuerkennen.«
Noch immer wirkt bei den Olmützern der Stolz auf den Aufschwung der letzten Jahre nach: 1841 ist unter Jubel die Kaiser-Ferdinand-Nordbahn und vier Jahre darauf die Staatsstrecke Olmütz–Prag in Betrieb gegangen; nun, im Herbst 1848, verfügt man auch über die erste ortseigene Zeitung. Die zweimal wöchentlich erscheinende »Neue Zeit« ist strikt kaisertreu und polemisiert gegen »Anarchie, Communismus und Terrorismus«, verspricht allerdings auch, »Seiner k.k. Majestät mit aller Loyalität die Fackel der Wahrheit entgegenzutragen«.
Seitdem Fürst Windischgrätz mit seinen Truppen Wien zurückerobert und Fürst Schwarzenberg am 21. November eine Regierungsbildung zustandegebracht hat, kehren endlich auch

149

im Olmützer »Exil« wieder Ruhe und Zuversicht ein; Teegesellschaften, Konzerte und Aufführungen des Städtischen Theaters sorgen für abendliche Zerstreuung. Das barocke Bischofspalais, dessen Glanz und Reichtum schon Ludwig van Beethoven genossen hat (der zu Ehren des damaligen Kardinalerzbischofs Rudolf Johann, eines Habsburgers, seine »Missa solemnis« geschrieben hat), bietet auch den jetzigen Gästen alle erdenklichen Annehmlichkeiten, und das gilt in noch gesteigertem Maße, je näher das Schicksalsdatum 2. Dezember heranrückt.

Schon am Vorabend treffen zwei der kaiserlichen Paladine, Fürst Windischgrätz und Graf Jellačić, letzterer der Heerführer der kroatischen Verbände, die am 11. September Ungarn zurückerobert haben, in Olmütz ein; nur der dritte im Bunde, Generalfeldmarschall Radetzky, ist an der italienischen Front unabkömmlich. Eilends werden die Einzelheiten der für den folgenden Tag vorgesehenen Abdankung Kaiser Ferdinands I., der Verzichtserklärung seines Bruders Erzherzog Franz Karl und der Inthronisierung des jungen Franz Joseph festgelegt. Zwar hat sich im Nu herumgesprochen, daß für den Vormittag dieses 2. Dezember eine bedeutsame Zeremonie geplant ist: Die Garnison hat Befehl, um 9.30 Uhr in Paradeuniform anzutreten. Doch in das eigentliche Geheimnis sind nur wenige Auserwählte eingeweiht. Und diese wenigen sollten wissen, daß das Datum 2. Dezember alles andere als ein gutes Omen ist: An einem 2. Dezember ist Erzfeind Napoleon zum Kaiser gekrönt worden, und gleichfalls an einem 2. Dezember hat er in Austerlitz , kaum 50 Kilometer von Olmütz entfernt, den österreichischen Truppen eine demütigende Niederlage zugefügt. Doch für solche – in manchen Augen wohl auch abergläubische – Überlegungen ist in der momentanen Situation kein Platz.

Schon am frühen Morgen des 2. Dezember – es ist ein Samstag – setzt in den Straßen von Olmütz lebhafter Verkehr ein. Teils

»Es ist gern geschehn ...«

Weder in der Wiener Hofburg noch in Schloß Schönbrunn, sondern im Erzbischöflichen Palais zu Olmütz: Kaiser Franz Josephs Thronbesteigung am 2. Dezember 1848

zu Fuß, teils per Kutsche sieht man Herren und Damen von Stand dem Bischofsviertel zueilen, allesamt in großer Gala; auch Ordonnanzen sausen hin und her, festlich geschmückte Truppenkörper ziehen in Richtung Exerzierfeld durch die Straßen der Stadt. In Windeseile spricht sich herum, daß sämtliche Mitglieder des in Olmütz weilenden Kaiserhauses, die Minister, der Gubernialpräsident, der Kreishauptmann sowie eine Reihe höherer Staatsbeamter und Offiziere für 8 Uhr in die Erzbischöfliche Residenz bestellt sind. Außerdem ist um 2 Uhr früh an alle Kasernen der Befehl ergangen, die Garnison habe um 9 Uhr zu einer feierlichen Parade auszurücken.

Gegen 7.30 Uhr beginnen sich die zum sogenannten Lehenssaal führenden Räume des Bischofspalastes mit der geladenen Prominenz zu füllen; es wimmelt von Fräcken, Talaren und Gala-

*Nordmähren*

uniformen. An den eigentlichen Ort des Geschehens (der später den Namen Thronsaal erhalten wird) werden nur wenige Privilegierte vorgelassen: die Erzherzöge und Erzherzoginnen, die Minister, Fürst Schwarzenberg, die Heeresführer Windischgrätz und Jellačić, Obersthofmeister Graf Grünne und Legationsrat Hübner, letzterer dadurch auffallend, daß er sich mit einem brokatgedeckten Tischchen zu schaffen macht, das mit Tintenfaß und Löschwiege ausgestattet ist.

Kurz nach 8 Uhr öffnet sich die in die kaiserlichen Gemächer führende Flügeltür, die Majestäten und die kaiserliche Familie treten ein und lassen sich auf den für sie vorbereiteten Sesseln nieder. Unter atemloser Spannung aller Anwesenden zieht Kaiser Ferdinand ein Papier hervor und verliest mit brüchiger Stimme (und, wie später durchsickern wird, mehrfach falscher Betonung) den folgenden Text:

»Wichtige Gründe haben Uns zu dem unwiderruflichen Entschluß gebracht, die Kaiserkrone niederzulegen – und zwar zu Gunsten Unseres geliebten Neffen, des durchlauchtigsten Herrn Erzherzogs Franz Joseph, Höchstwelchen Wir für großjährig erklärt haben, nachdem Unser geliebter Bruder, der durchlauchtigste Herr Erzherzog Franz Karl, Höchstdessen Vater, erklärt hat, auf das Ihm nach den bestehenden Haus- und Staatsgesetzen zustehende Recht der Thronfolge zu Gunsten Höchstseines vorgenannten Sohnes unwiderruflich zu verzichten.«

Der Kaiser und sein Bruder unterfertigen sodann die vorbereitete Abdankungs- bzw. Verzichtsurkunde, und der noch bartlose Erzherzog Franz Joseph, rank und schlank in weißem Rock und roter Hose, kniet vor seinem Vorgänger nieder und empfängt von ihm mit den Worten »Gott segne dich, sei nur brav, Gott wird dich schützen!« die kaiserliche Würde. Mit dem Zusatz »Es ist gern geschehn!« wehrt er den Dank des vor Ergriffenheit ohnehin sprachlosen Neffen ab und schließt den 37 Jahre Jüngeren liebevoll in seine Arme. Auch die abtretende Kaiserin Marie

*»Es ist gern geschehn ...«*

Anna spendiert ein Küßchen, desgleichen die tiefgerührten Eltern; die übrigen Anwesenden huldigen dem frischgekürten Monarchen, indem sie sich zum feierlichen Händedruck von ihren Sitzen erheben.

Während Ferdinand und Marie Anna nur noch der anschließend in der Kapelle des Erzbischöflichen Palais zelebrierten Messe beiwohnen, um sodann ihre Sachen zu packen und nach einem kurzen Mittagsmahl den Sonderzug nach Prag zu besteigen (wo im Hradschin ihr Altenteil vorbereitet ist), schwingt sich der junge Kaiser in der farbenfrohen Uniform der Dragoner auf sein Roß, reitet, von den »Vivat!«-Rufen der Bürger und den Klängen der Volkshymne begleitet, durch die Stadt und nimmt die Parade der Olmützer Garnison ab. Von Trompetenstößen eingeleitet, wird an drei Punkten der Stadt – vorm Rathaus, auf dem Domplatz und am Niederring – die Proklamation vorgelesen, mit der Franz Joseph I. sein Amt antritt:

»Fest entschlossen, den Glanz der Krone ungetrübt zu erhalten, aber bereit, Unsere Rechte mit den Vertretern Unserer Völker zu teilen, rechnen Wir darauf, daß es mit Gottes Beistand und im Einverständnis mit den Völkern gelingen werde, alle Länder und Stämme der Monarchie zu einem großen Staatskörper zu vereinen.«

Am Abend huldigt die Olmützer Bürgerschaft dem hohen Gast mit einem Fackelzug; bis spät in die Nacht hinein erstrahlt die Stadt im Lichterschein tausender Kerzen und Petroleumlampen. Seine Majestät hat sich unterdessen samt Hofstaat ins Theater begeben: Auf dem Programm steht Friedrich von Flotows romantisch-komische Oper »Martha«; der Bassist, der die Partie des Lord Mickleford singt, unterbricht die Vorstellung mit einem dreimaligen »Hoch!« auf den neuen Kaiser. Auch an den folgenden Tagen halten die Feierlichkeiten an: Die Garnison veranstaltet ein Brillantfeuerwerk; in der Domkirche wird ein Hochamt zelebriert; aus aller Herren Ländern treffen Gratulanten ein.

*Nordmähren*

Inzwischen hat Franz Joseph I. auch seine Amtsgeschäfte aufgenommen. Als notorischer Morgenmensch vergräbt er sich schon um 6 Uhr früh in die ihm vorgelegten Akten, studiert die per Telegraph einlangenden Lageberichte seiner Heereskommandanten, wickelt seine Audienzen ab. Braucht er Beistand, so hat er neben den offiziellen Beratern auch die komplette Familie zur Hand: Samt Eltern und Brüdern logiert Seine Majestät nunmehr in den Gemächern der Fürsterzbischöflichen Residenz. Kaiserliche Handschreiben ergehen an die diversen europäischen Herrscherhäuser; dem für 22. November im nahen Kremsier einberufenen Reichstag läßt er sein Antrittsmanifest übermitteln. Erst am 5. Mai des folgenden Jahres hat es mit dem Olmützer Provisorium ein Ende: Der Kaiser kehrt nach Schönbrunn zurück.

In der 12 000 Einwohner zählenden Stadt mit der zu mehr als zwei Dritteln deutschen Bevölkerung kehrt wieder der gewohnte Alltag ein. Nur im Lehenssaal des Bischofspalastes, der von nun an den Namen »Thronsaal« trägt, bleibt die Erinnerung an jene sechseinhalb Monate wach, in denen Olmütz Kaiserstadt, ja die Mitte des Reiches gewesen ist: Der rot-goldene Thronsessel bleibt an seinem Platz, in dessen Hintergrund wird ein großes Ölporträt des Monarchen aufgehängt, in die Seitenwand wird eine Marmortafel eingelassen, die in lateinischer Sprache die Ereignisse vom Herbst 1848 rekapituliert.
Noch heute, über anderthalb Jahrhunderte danach, wachen die geistlichen Herren, die den prunkvollen Besitz innehaben, mit Argusaugen darüber, daß der Thronsaal vor jeglicher Veränderung bewahrt bleibt: Nur einmal pro Jahr, am Tag der offenen Tür, ist die Öffentlichkeit eingeladen, den erhabenen Ort aus der Nähe zu betrachten. Absperrseile und Schilder mit der Aufschrift »Nicht berühren!« halten die Schaulust der Touristen in Schranken. Nur der auf derselben Etage befindliche Festsaal ist

*»Es ist gern geschehn ...«*

für besondere Veranstaltungen freigegeben: für Konzerte, Festsitzungen und die Immatrikulationsfeiern der Theologischen Fakultät der Universität Olmütz.

Mag sich in anderen Landesteilen Mährens und vor allem Böhmens in den Jahrzehnten nach Franz Josephs Thronbesteigung noch so massiver Widerstand gegen das Haus Habsburg formieren, im Umkreis der Olmützer Bischofsresidenz bleibt man dem Wiener Hof treu ergeben, und zum 40-Jahr-Jubiläum im Herbst 1888 bringt ein örtlicher Autor mit Namen Matouš Václavek sogar eine Huldigungsschrift in tschechischer Sprache heraus: »Náš Císař Pán František Josef První.«

Erst recht feiern die Olmützer ihre Erinnerung an den 2. Dezember 1848, als zehn Jahre darauf das halbe Jahrhundert voll ist: Vorm Rathaus wird eine Franz-Joseph-Statue aufgestellt, und die alte Olmützer Kunstuhr wird einer aufwendigen Generalsanierung unterzogen.

Zur 150-Jahr-Feier im Herbst 1998 bieten Erzbistum, Dompfarre, Magistrat, Universität, Heimatmuseum, Stadttheater und Mährische Philharmonie in bemerkenswerter Geschlossenheit alles an Geschichtswissen, Veranstaltungsenergie und Festesfreude auf, um einer Bevölkerung, für die nicht nur die Donaumonarchie, sondern inzwischen auch die Erste Republik ein Stück ferner Vergangenheit ist, die Ereignisse vom Herbst 1848 nahezubringen. Der Lehrstuhl für Geschichte an der heutigen Palacky-Universität versammelt die Historikerprominenz des Landes zu einem Symposion, das Stadttheater studiert die Gluck-Oper »Orpheus und Eurydike« ein, im Redoutensaal konzertiert die Mährische Philharmonie, in der Basilika zu St. Wenzel wird das Te Deum angestimmt, im Thronsaal eine weitere Gedenktafel enthüllt, in der Dom-Krypta eine repräsentative Ausstellung eröffnet.

21 000 Kronen schießt die Stadtverwaltung von Olmütz an Subvention zu, damit die Dom-Dechantei einen Monat lang all

*Nordmähren*

die mühevoll zusammengetragenen Schätze vor der interessierten Öffentlichkeit ausbreiten kann. Unter dem Titel »František Josef I. a Olomouc v roce 1848« bekommen die Besucher, unter die sich auch Touristen aus dem heutigen Österreich mengen, nicht nur die Original-Schreibgarnitur vom 2. Dezember 1848, all die vielen Dekrete und Manifeste, die Zeitungsblätter von damals, die Glückwunschadresse des Papstes und die Monstranz von der Inthronisierungsmesse zu sehen, sondern auch handfeste Hinweise auf die immensen Sicherheitsvorkehrungen, die ein Ereignis wie dieses erforderlich gemacht hat: die detaillierten Instruktionen für die »verstärkte Polizeiaufsicht« sowie die Übungszielscheibe für den Sondereinsatz der Olmützer Scharfschützen.

# Der Ölberg von Hohenseibersdorf

225 Jahre hat er Wind und Wetter getrotzt, zuletzt auch noch den Gefährdungen durch die schweren Maschinen des landwirtschaftlichen Kollektivbetriebs, die während der KP-Ära auf den Feldern ringsum im Einsatz waren, um dem kargen Boden neue Frucht abzugewinnen. Doch außer ein paar Schrammen hat er kaum etwas abbekommen, und auch die brüchigen Stellen an Einfriedung und Sockel gehen nicht auf gewaltsame Eingriffe von Menschenhand zurück, sondern auf das unterirdische Rumoren des Wurzelwerks vom benachbarten Baumriesen. Man wird es also wohl ein Wunder nennen dürfen, daß der steinerne Christus auf dem Ölberg zwischen Mährisch Neudorf und Hohenseibersdorf so gut wie unangefochten die Jahrhunderte überdauert hat, und seitdem der Steinmetz aus dem Tal am Werk ist, die ärgsten Schäden zu beheben, scheint auch seine weitere Zukunft gesichert.

Das einzige an Reparatur, was von Zeit zu Zeit anfällt, ist das behutsame Nachziehen der Schriftzeichen, die über Herkunft und Widmung des Monuments Auskunft geben, und das ist schon deshalb von Bedeutung, weil es nicht irgendein gottesfürchtiger Anonymus gewesen ist, der sich hier als Stifter hervorgetan hat, sondern Franz Schuberts Großvater: der Bauer Carl Schubert aus dem nahen Neudorf im Kreis Mährisch Schönberg. »Aufgerichtet von einem unwürdigen Liebhaber«, lesen wir auf einer der Schrifttafeln, die die mannshohe Statue umkleiden, und wir lesen es mit Rührung. Ein »unwürdiger Liebhaber« des Herrn Jesus Christus – schöner kann man es wohl kaum ausdrücken, als

*Nordmähren*

dies der siebenundfünfzigjährige Carl Schubert sieben Jahre vor seinem Tod getan hat.

Er ist kein Krösus, der aus dem Vollen schöpft, sondern ein Landwirt wie viele andere. Was ihn von diesen unterscheidet, ist lediglich sein Mut, gegen die Willkür der Obrigkeit aufzubegehren, die, wenn es ihr nötig erscheint, mit aller Härte die Leibeigenschaft ihrer Untergebenen verteidigt. Bei den Martern des Ölberg-Christus, die er dem Steinmetz darzustellen aufträgt, mag Carl Schubert tief im Innersten also wohl auch an sein eigenes Los und an das seiner Zeitgenossen denken: Der Boden, den er zu bewirtschaften hat, ist steinig, das Klima auf den in 600 Meter Seehöhe gelegenen Feldern an den Ausläufern des Altvatergebirges rauh, das Regiment der Grundherren, die über Wohl und Wehe der 42 Häuser und 253 Einwohner von Neudorf wachen, streng. Sein Sohn Franz Theodor, eines von elf Kindern und zu dieser Zeit ein Bursche von siebzehn Jahren, wird mit einundzwanzig den elterlichen Hof verlassen und im fernen Wien jene Elisabeth Vietz ehelichen, die am 31. Jänner 1797 ein Genie zur Welt bringt: den Komponisten Franz Schubert.

Den Ölberg-Christus von Hohenseibersdorf mag der »Franzl«, dem der Vater sicherlich ab und zu von der alten Heimat erzählt, vom Hörensagen kennen, selbst sehen wird er ihn nie. In den nicht einmal 32 Lebensjahren, die ihm beschieden sind, bleibt keine Zeit, sich im Land seiner Altvordern umzusehen: Man hat andere Sorgen, als Nostalgiereisen zu unternehmen, kommt ja kaum je aus Wien heraus. Es bleibt also den heutigen Kulturtouristen überlassen, Franz Schuberts nordmährischen Wurzeln nachzuforschen, ja vielleicht sogar die heikle Frage aufzuwerfen, ob dies ausschließlich familiäre, rein stammesgeschichtliche Wurzeln sind und nicht auch musikalische. Welche Lieder hat die Mutter ihrem »Franzl« vorgesungen, welche Melodien hat der Vater daheim auf seiner Geige gespielt? Waren es mährische

*Von Franz Schuberts Großvater gestiftet: der Ölberg-Christus von Hohenseibersdorf*

Volksweisen? Um 1830 kommt in Nordböhmen die Polka auf – da liegt Franz Schubert zwar schon zwei Jahre unter der Erde. Doch was ist mit ihren Vorläufern? Fragen über Fragen – und zugegeben: alle sehr hypothetisch. Der Wiener Musikwissenschaftler Gustav Danzinger hat sie vor einigen Jahren immerhin zur Diskussion gestellt.

Was klar auf dem Tisch liegt, sind die genealogischen Fakten, und die sind interessant genug. Seitdem Martha Böhm-Schubert, die hochbetagt in Wien lebende Urgroßenkelin von Franz Schuberts Bruder Ferdinand, alles Familiengeschichtliche akribisch aufgearbeitet, wiederholt auch die Stätten der mährischen Urheimat aufgesucht und ihre vielfältigen Funde in dem 1997 erschienenen Privatdruck »Franz Schuberts Großvater« niedergelegt hat, ist es ein Leichtes, sich trotz der inzwischen durchwegs veränderten Ortsnamen in der strittigen Gegend zurechtzufinden.

*Nordmähren*

Ich beginne – wie schon eingangs erwähnt – mit der von Großvater Carl Schubert gestifteten Christusfigur auf der Bergwiese
zwischen Neudorf und Hohenseibersdorf. Eine Gruppe einsa-
mer Wanderer, die mit vorzüglichem Kartenmaterial ausgerüstet
ist, zeigt mir die Richtung an, den Rest besorgen freundliche
Einheimische, die ich über den Gartenzaun ihrer Keusche hin-
weg ausfrage. Ich bewege mich in einer Streusiedlung ohne eigentlichen Ortskern, und Wegweiser – gar solche mit Schubert-
Bezug – gibt es nicht. Die Freude ist also groß, als ich schließlich
– nach einigen Irrwegen – tatsächlich vor der gesuchten Statue
stehe. Schönstes Spätbarock. Ringsum unbewirtschaftete Felder,
da ein Birkenwäldchen, dort ein einzelner Baumriese, dazwischen Wiesenblumen, üppig wucherndes Unkraut, Klee in allen
Varianten. Einer, der vor mir dagewesen ist, hat dem Heiland
einen mittlerweile vertrockneten Feldblumenstrauß auf den steinernen Arm gelegt. Sämtliche Inschriften, auch die einschlägigen Zitate aus dem Neuen Testament, die Sockel und Altartisch
schmücken, sind gut lesbar – hoffentlich werden sie es auch auf
den Fotos sein, die ich knipse.
An diesem Platz, den ich mit so viel Mühe ausfindig gemacht
habe, ist vor mehr als zwei Jahrhunderten Franz Schuberts Vater
Tag für Tag vorübergeschritten, als er vom elterlichen Bauernhof
den einstündigen Fußmarsch zur Schule zurücklegte, in der er
als Hilfslehrer sein erstes Geld verdiente. Es ist der nämliche
Weg, der ihm auch schon als Kind vertraut war, als er noch selber in Hohenseibersdorf zur Schule ging (ehe ihn die Eltern zum
Gymnasialunterricht ins Brünner Jesuitenkolleg schickten).
Die Schuberts in Neudorf waren also – bei aller Abhängigkeit von
der Liechtensteinschen Güterverwaltung, der sie unterstanden –
ambitionierte Ackerbauern von »gehobenem« Stand. Wie sonst
hätten sie ein so aufwendiges Denkmal wie den Ölberg-Christus
in Auftrag geben können? Für 237 Gulden haben sie ihren Hof
erworben; das alte Bauernhaus hat sich bis lange ins 20. Jahr-

*Der Ölberg von Hohenseibersdorf*

*Beide Elternteile Franz Schuberts kommen als Gastarbeiter nach Wien (hier die Schubert-Kapelle im ehemaligen Neudorf nahe Mährisch Schönberg)*

hundert erhalten, 1928 wurde neben dem Eingangstor sogar eine Gedenktafel angebracht. Heute steht von alledem nichts mehr; nur die Kapelle, deren Errichtung ebenfalls auf das Konto von Franz Schuberts Großvater geht, ist in jüngster Zeit erneuert worden.

Leichter zu finden als der auf seiner Bergwiese versteckte Christus, ist die Schubert-Kapelle inzwischen das eigentliche Ziel der Musikenthusiasten aus Tschechien, Deutschland und Österreich. Neudorf heißt heute Vysoká – schon von weitem sehe ich das strahlend weiße Kirchlein auf dem sattgrünen Wiesengrund. An dem schmalen Fußweg, der hinführt, ein paar Ferienhäuser, in deren Vorgärtchen die Wirtsleute mit ihren Sommergästen zum Nachmittagsplausch beisammensitzen. Die Familie, der die Obsorge für die Schubert-Kapelle aufgetragen ist, treffe ich zu meinem Bedauern nicht an, und von den Nachbarn verfügt keiner über den Schlüssel. Ich muß mich also mit einem Blick von außen begnügen, und die herrenlose Katze, die sich ins Innere der Kapelle verirrt hat und nun mit lautem Klagen um Befreiung bettelt, kann von mir keine Hilfe erwarten.

Einmal im Jahr wird hier eine Gedenkmesse gefeiert: Da rücken von überallher die Mitglieder der Tschechisch-Österreichischen Schubert-Gesellschaft an und halten in einem nahegelegenen Hotel auch gleich ihre Generalversammlung ab. Die am Ortseingang errichtete Schautafel weist ihnen den Weg zu den diversen Schubert-Gedenkstätten, während das auf dem Gelände vor der Kapelle angelegte Mahnmal mit den symbolischen Jahreszahlen 1914 und 1989 eine Art Brücke zu jenen politischen Umwälzungen schlagen soll, die das Land in neuerer Zeit teils heimgesucht, teils befriedet haben: In tschechischer, deutscher, polnischer und englischer Sprache wird »der Opfer der Kriege, des Terrors und der Unfreiheit« gedacht.

Das Hotel »Franz Schubert« im Nachbarort Vojtíškov, für das ein Hinweis auf der vorerwähnten Schautafel wirbt, existiert nicht; stattdessen lande ich in einer trübseligen Herberge mit der Aufschrift »Pension Sport« – es ist also wohl doch nicht ganz so leicht, in dem Land, in dem seit dem 16. Jahrhundert die Schuberts siedeln, den berühmten Namen zu vermarkten …

War es nicht schon schwierig genug, überhaupt zu klären, wo dieses Neudorf, aus dem Franz Schuberts Vater stammt, zu finden ist? Einer, der sich dafür brennend interessiert, ist um 1900 der Wiener Komponist Richard Heuberger, der gerade mit großem Erfolg seine Operette »Opernball« herausgebracht hat. Leiter des Akademischen Gesangvereins, Lehrer am Wiener Konservatorium und Nachfolger des berühmten Eduard Hanslick als Musikkritiker der »Neuen Freien Presse«, ist Heuberger ein leidenschaftlicher Bewunderer Schuberts, studiert sämtliche erreichbare Literatur über sein Vorbild. Heinrich Kreissle von

*Der Ölberg von Hohenseibersdorf*

Hellborns Biographie ist zu dieser Zeit das letztgültige Standardwerk. Doch es weist Lücken auf. Die einzige Auskunft, die der Autor bezüglich Schuberts Abstammung erteilt, lautet: »Sein Vater war der Sohn eines Bauern und Ortsrichters in Mährisch Neudorf.«

Heuberger will es genauer wissen: Einen Ort dieses Namens gibt es nicht weniger als 35 Mal! Welcher der 35 ist der richtige?

Es wird ein hartes Stück Arbeit. Zuerst einmal gilt es, all die vielen über Mähren verteilten Neudorf zu »orten«, ihre jeweilige pfarramtliche Zugehörigkeit zu klären und schließlich die einzelnen Postadressen zu eruieren. Sodann schreibt er eine Pfarrkanzlei nach der anderen an – »per Korrespondenzkarte mit angebogener, an mich rückadressierter Antwortkarte«. Das Unternehmen verläuft mühsam: Während die einen nach erfolgter Überprüfung der Taufregister mit – wie nicht anders zu erwarten – negativem Bescheid reagieren, bleiben etliche andere stumm: Es handelt sich um Vorsteher tschechischer Pfarrgemeinden, die es brüsk ablehnen, eine in deutscher Sprache abgefaßte Anfrage zu bearbeiten, ja zum Teil sogar die Annahme des Poststücks verweigern. Zum Glück ist der gesuchte Ort eine deutschsprachige Gemeinde, und so gelangt Richard Heuberger schließlich doch ans Ziel; Pfarradministrator Raphael Riml antwortet ihm am 22. August 1900:

»Euer Wohlgeboren! Carl Schubert, Bauer in Neudorf, Pfarre Hohenseibersdorf, ist gestorben 24. Dezember 1787 am Durchbruch des Leibes. Dessen Sohn Franz Theodor wurde geboren 11. Juli 1763 in Neudorf. Nachkommen dieser Familie leben bis jetzt in Neudorf. Zu weiteren Diensten stets bereit ...«

Die »weiteren Dienste« erübrigen sich: Franz Schuberts Abstammung aus Mährisch Neudorf, Gerichtsbezirk Altstadt, Bezirkshauptmannschaft Mährisch Schönberg, ist ein für allemal geklärt.

*Nordmähren*

Geklärt ist übrigens auch die Herkunft der Mutter. Ebenso wie der Vater ist diese Elisabeth Katharina Vietz keine Wienerin von Geblüt, sondern stammt aus dem mährischen Teil Schlesiens. Und obwohl ihr Geburtsort Zuckmantel von Vater Schuberts Geburtsort Neudorf nur 30 Kilometer entfernt ist, lernen die beiden Landsleute einander nicht in der gemeinsamen Heimat, sondern in Wien kennen. Doch davon später.

Ist Franz Theodor Schubert im bäuerlichen Milieu aufgewachsen, so gehören die Vietz dem Handwerkerstand an: Der Vater ist Schlossermeister und Büchsenmacher. Daß er 1772 – da ist Tochter Elisabeth Katharina ein Mädchen von knapp sechzehn – nach Wien »auswandert«, hat zwei Gründe: Erstens ist durch die Verheerungen der Schlesischen Kriege die Grenzregion am Nordrand des Habsburgerreiches verarmt, und zweitens hat sich Johann Vietz als Vorsteher seiner Gilde an deren Kasse vergriffen und ist in Schande geraten. Sein Plan, in der Reichshaupt- und Residenzstadt unterzutauchen und dort für sich und die Seinen eine neue Existenz aufzubauen, bedeutet also Flucht. Doch sein Plan schlägt fehl: Schon vor der Übersiedlung schwerkrank, stirbt Johann Vietz wenige Stunden nach seiner Ankunft im Wirtshaus zum Goldenen Lamm in der Naglergasse, wo er mit den drei Kindern Quartier bezogen hat. Noch schlimmer das Los seiner Frau: Sie ist schon unterwegs verschieden. Zum Glück finden die drei Vollwaisen in Wien Arbeit: Sohn Felix verdingt sich als Webergeselle, die Töchter Elisabeth Katharina und Maria Magdalena bringen sich als Köchin bzw. Hausmagd durch.

An Elisabeth Katharina, die 24 Jahre später die Mutter des Musikgenies Franz Schubert werden wird, erinnert in ihrem Geburtsort Zuckmantel eine Gedenktafel, die übrigens in besserem Zustand ist als das dazugehörige Haus: Hauptstraße 51. Außerdem hat man vor einiger Zeit eine dringend nötige Korrektur

*Der Ölberg von Hohenseibersdorf*

vorgenommen: Die schöne Plakette mit dem neobiedermeier-
lichen Dekor hing jahrelang am falschen Haus.

Das lebhafte Kleinstädtchen, das heute Zlaté Hory heißt, ist auch
sonst reich an Überraschungen: Beim Schlendern durch die
alten Gassen höre ich aus einem der neueren Gebäude kräftiges
Klavierspiel. Es ist ein merkwürdiges Klanggemisch, muß wohl
aus mehreren Räumen kommen. Ich verlangsame also meinen
Schritt, um dem Phänomen auf den Grund zu gehen. Die Tafel
am Hauseingang bringt die erhoffte Erklärung: Es ist die örtliche
Musikschule. Und nach wem ist sie benannt? Nach Franz Schubert. Zur Zeit meines Aufenthalts ist gerade ein internationaler
Klavierkurs im Gange.

Auch wer in Zuckmantel »nur« in Sachen Schubert unterwegs ist,
wird nicht versäumen, einen Abstecher zu jenem Sanatorium
Edelstein zu machen, das sich in luftiger Höhe auf einem der be-
waldeten Hänge am Ortsrand erhebt. Heute ein Kinderheim, ist
es 1905 eine jener Lungenheilstätten, in denen der zweiundzwanzigjährige Franz Kafka Linderung seines vor kurzem ausge-
brochenen Tbc-Leidens sucht.

Auch die Weiterfahrt durch die nähere Umgebung von Zuckmantel, zu der ich mich entschließe, lohnt sich: In Freiwaldau
stoße ich auf Spuren des »Wasserdoktors« Vinzenz Prießnitz, der
hier, ursprünglich ein einfacher Bauer, lange vor Kneipp die hei-
lende Kraft kalten Quellwassers entdeckt hat; im Schloß Johan-
nesberg bei Jauernig, einst die Sommerresidenz der Breslauer
Bischöfe, hat der in Wien geborene Carl Ditters von Dittersdorf
viele Jahre als Hofkomponist gewirkt; und in Reihwiesen, dem
höchstgelegenen Ort im ehemaligen Österreichisch-Schlesien,
kann man noch heute einen Teil jener rund 300 Sessel bestaunen,
die der Herbergswirt Alfred Brauner, nebenbei ein virtuoser
Holzschnitzer, für seine Stammgäste angefertigt und mit deren
Porträt versehen hat. In dem florierenden Wandererparadies mit
den idyllischen Waldwegen und den gemütlichen Blockhäusern

*Nordmähren*

sind auch Gäste aus unseren Breiten willkommen: »Hier schlafen Sie gut!« verkündet eines der deutschsprachigen Reklameschilder.

Zurück zu Franz Schubert. Seit 1772 ist seine spätere Mutter, die Dienstmagd Elisabeth Katharina Vietz, in Wien ansässig, seit 1783 der Schulgehilfe Franz Theodor Schubert, dem sein älterer Bruder eine Stelle als Hilfslehrer an der Karmeliterschule verschafft hat. 1784 lernen die Achtundzwanzigjährige und der sechs Jahre Jüngere einander in der Wiener Vorstadt Lichtenthal kennen, im Jahr darauf wird geheiratet. Franz Theodor, wohl der geborene Pädagoge, kann sich schon bald verbessern und wird zum ordentlichen Schullehrer am Himmelpfortgrund ernannt; Elisabeth Katharina bringt im Haus zum Roten Krebsen, das sowohl Schule wie Wohnung beherbergt, nicht weniger als vierzehn Kinder zur Welt, von denen freilich nur fünf das Erwachsenenalter erreichen. Das vorletzte, wieder ein Bub, wird am 31. Jänner 1797 geboren und am Tag darauf in der Pfarrkirche zu den vierzehn Nothelfern auf die Namen Franz Seraph Peter getauft. Es ist unser aller Franz Schubert.

# Der Ahnfrau dunkle Klause

Der Tod des Vaters trifft ihn schwer. Nicht, daß er ihn so sehr geliebt hätte – dafür war der Advokat Wenzel Grillparzer ein zu verschlossener, ja schroffer Mann. Die Lücke, die er hinterläßt, ist anderer, ist in erster Linie finanzieller Natur: Sohn Franz ist keine neunzehn, steckt mitten im Studium, Mutter Anna muß sehen, wie sie den Schuldenberg abträgt, den ihr Mann hinterlassen hat. Etliche Forderungen an seine Klienten sind uneinbringlich, von anderen geht »kaum der zehnte Teil« ein. Auch die Pension, die Dr. Grillparzer durch regelmäßige Einlagen bei der Fakultätskassa hat aufbessern wollen, beläuft sich auf schnöde 90 Gulden Papiergeld. »Auf uns Kinder kam beinahe nichts«, wird der Dichter später in seiner »Selbstbiographie« festhalten. Und Kinder sind sie vier.

Franz, dem Erstgeborenen, kommt immerhin zustatten, daß ihn die Professoren, bei denen er Jurisprudenz und Staatswissenschaften studiert, für einen tüchtigen Burschen halten und ihm »Informazionsstunden bei zwei jungen Kavalieren« verschaffen, die ihn so gut honorieren, daß davon sogar noch etwas für die Familie übrig bleibt. Außerdem entsinnt er sich eines Manuskripts, das er in der Schublade liegen hat: Vielleicht ließe sich auch mit dieser »Blanka von Kastilien« Geld verdienen?

Zusammen mit zweien seiner Freunde schreibt er den Text des fast schon vergessenen Erstlingswerkes ab und reicht das »Trauerspiel« beim Wiener Hofburgtheater ein – der Bruder seiner Mutter hat dort eine Stelle als Sekretär und Dramaturg. Doch den schreckt die »unmäßige Länge« des Stückes ab, vielleicht

auch die »nicht einladende Handschrift« eines der Kopisten –
Grillparzer erhält jedenfalls das Manuskript als »unanwendbar«
zurück (mit der Folge, daß er sich in seinem Entschluß bestärkt
fühlt, »der Poesie, vor allem der dramatischen, für immer den
Abschied zu geben«).

Auch ein weiterer Rückschlag bleibt ihm nicht erspart: Einer der
beiden Eleven, denen er Nachhilfeunterricht erteilt hat, gibt sein
Studium auf, und der andere muß zur Bewirtschaftung der el-
terlichen Güter in seine Heimat Wälschtirol zurückkehren. Zum
Glück sorgt einer von Grillparzers ehemaligen Professoren für
Ersatz: Im Schloß des reichen Grafen Joseph Johann von Seilern
in Aspang ist eine Stelle frei, ein Neffe des Hausherrn soll in den
»juridischen Gegenständen« unterwiesen werden. Da der junge
Mann einen eigenen Hofmeister um sich hat, erschöpft sich
Grillparzers Tätigkeit in ein paar Stunden Unterricht pro Tag.
Zwar ist das Gehalt, das er dafür bezieht, mäßig, doch zum Aus-
gleich wird ihm »glänzende Verpflegung« zugesichert, er braucht
also nicht länger seiner Mutter auf der Tasche zu liegen.

Ein »wunderliches Haus« – so wird Grillparzer später seine neue
Wirkungsstätte nennen: Der Schloßherr tritt nur in Erscheinung,
wenn er den abwechselnd von einem französischen oder einem
deutschen Koch erstellten Küchenzettel vorliest, die Gräfin verbringt den ganzen lieben Tag mit frommen Andachtsübungen,
und auch bei dem Unterricht, den der neue Hauslehrer seinem
Zögling erteilt, kommt nicht allzu viel heraus. Da ist es ein Trost,
daß das Schloß über eine ebenso wohlausgestattete wie un-
benützte Bibliothek verfügt, deren »tote Schätze« Grillparzer auf
sein Zimmer schleppt. Allerdings ist das meiste davon englisch,
und Grillparzers Fremdsprachenkenntnisse reichen nicht dazu
aus, sich den sehnlichen Wunsch zu erfüllen, Shakespeare im
Original zu lesen. Immerhin nimmt er sich vor, die diesbezüg-
lichen Lücken zu schließen, sobald er dazu Gelegenheit haben
wird.

*Der Ahnfrau dunkle Klause*

Im Winter 1811/12 hat er seinen neuen Posten angetreten, und als im folgenden Frühjahr die Familie Seilern Aspang verläßt und auf ihre ausgedehnten Güter in Mähren überwechselt, zieht Grillparzer mit und setzt seine Tätigkeit nunmehr auf Schloß Lukow fort, das sich in der Nähe von Zlín befindet, etwa 70 Kilometer östlich von Brünn. Der prachtvolle Besitz mit den ertragreichen Ländereien und jagdlich genutzten Wäldern, der auch hier vorzüglich bestückten Bibliothek und der in nächster Nähe befindlichen Wallfahrtskirche Maria Stiep macht zwar großen Eindruck auf den Gast aus Wien, andererseits hat sich mit dem Wechsel von Niederösterreich nach Mähren sein Aufgabengebiet »auf unangenehme Art verändert«: Der alte Hofmeister, der seinem Zögling zugeteilt war, ist entlassen worden, und so muß Grillparzer fortan dessen Stelle einnehmen, hat also den jungen Grafen »den ganzen Tag auf dem Halse«, muß ihn unter anderem auf dem täglichen Kirchgang begleiten. Immerhin kann er seine – obwohl nun knapper bemessene – Freizeit dazu nützen, »die böhmische Sprache zu lernen«. Zum Meister bringt er es darin zwar nicht, doch im Gegensatz zum alten Grafen, der trotz der sechs Monate, die er seit dreißig Jahren regelmäßig in Mähren zubringt, kein Wort Tschechisch kann, beherrscht Grillparzer wenigstens das für den Alltag Nötigste: die »Benennung der Speisen, die Schimpfnamen und die Jagdausdrücke«.

Auch im folgenden Jahr findet sich der nunmehr Zweiundzwanzigjährige auf Schloß Lukow wieder, und obwohl er inzwischen eine Stelle als unbesoldeter Praktikant bei der Wiener Hofbibliothek angetreten hat, gibt er die »Hofmeisterei« bei den Grafen Seilern nicht gänzlich auf, unternimmt mit seinen Gastgebern sogar eine Reihe von Ausflügen in die nähere und weitere Umgebung, so zum Beispiel auf »ein Jagdschloß im waldigten Teile des Hradischer Kreises«, dessen Name ihm, als er mit 62 seine Lebensgeschichte niederschreibt, nicht mehr einfallen will. »Wie ich das vereinigte, verstehe ich nicht.« Und er fährt fort:

*Nordmähren*

»Nun verwirren sich, wahrscheinlich durch die Langweiligkeit der Sache, meine Erinnerungen.«

Kein Wort also auch über den Besuch auf den Besitzungen der Grafen Žerotín, denen das zehn Kilometer nördlich von Mährisch Schönberg gelegene Renaissanceschloß Groß Ullersdorf gehört. Dabei ist dies der Ort, an dem Grillparzer entscheidende Impulse für jenes »Trauerspiel« empfangen haben dürfte, mit dem ihm vier Jahre später der große Durchbruch als Dichter gelingt: die »Ahnfrau«. Das Schlafgemach, an dessen Stirnwand das Porträt jener legendenumwobenen Gräfin Sybilla Galle geb. Žerotín hängt, hinter der manche Literaturhistoriker das Urbild der »schreckensvollen Warnerin« vermuten, trägt noch heute den Namen »Grillparzer-Zimmer«, und den wenigen Eingeweihten, die bei der Führung durchs Schloß (jetziger Name: Velké Losiny) ihr besonderes Interesse an dem in Tschechien nur mäßig populären österreichischen Dramatiker erkennen lassen, wird auf deren Ersuchen gern der Zutritt zu dem geheimnisumwitterten Raum gewährt, obwohl er zu jenem Trakt im zweiten Stock zählt, der im Gegensatz zu den Prunkräumen des übrigen Schlosses noch nicht wiederhergestellt ist und daher für »normale« Besucher verschlossen bleibt.

Dr. Spurny, meine Stütze in allen Fragen mährischer Landesgeschichte, hat mir Grüße an den Kastellan von Groß Ullersdorf aufgetragen, und so werde ich von František Fiala, dem Mann mit dem riesigen Schlüsselbund, aufs herzlichste empfangen, und damit es auch mit der Verständigung klappt, hat Fiala die Studentin Pavla Schwarz zur Seite, die während der Semesterferien im Schloß aushilft. Pavla studiert an der Universität von Ostrava Germanistik und Mathematik – eine seltene Fächerkombination; in der Germanistik ist man nur zu dritt.

Der gemeinsame Rundgang durch die vielen Säle des weitläufigen Renaissancepalastes, durch den arkadengesäumten Schloß-

*Hat dieses Porträt der Gräfin Sybilla Galle, geb. Žerotín, Grillparzer zu seiner »Ahnfrau« inspiriert? (hier ein Blick ins Grillparzer-Zimmer von Schloß Groß Ullersdorf)*

hof, über winkelige Stiegen und dunkle Gänge ist ein Erlebnis besonderer Art: Ich komme kaum nach, all die uralten Rüstungen und Waffen zu »verdauen«, all die hölzernen Lüster, ledernen Tapeten und kostbaren Gobelins, die Kachelöfen und Kredenzen, die anheimelnden Butzenscheiben und die kunstvoll verzierten Steinböden, und ich darf mir dabei vor allem nichts von meiner Ungeduld anmerken lassen, so rasch wie möglich den hinter mancherlei Gerümpelkammern versteckten Raum betreten zu dürfen, von dem ich mir jene Schauer erhoffe, die der Verfasser der »Ahnfrau« in die berühmten Worte gefaßt hat:»... und wenn Unheil droht dem Hause, steigt sie aus der dunklen Klause.«

*Nordmähren*

Da ist sie nun also, die »dunkle Klause«: das im Urzustand belassene Schlafgemach der Gräfin Angelika Sybilla Galle mit dem guterhaltenen Ölporträt überm Himmelbett. Die »weiße Frau« nennen sie sie im Schloß – es ist eine Spukgestalt, die an vielen Orten Böhmens und Mährens wiederkehrt. Hier, auf dem Besitz derer von Žerotín, nimmt sie eine besondere Stellung ein – und nicht gerade eine von der lieblichsten Art: Die Tochter des Fürsten Přemyslav II. ist als eine der grausamsten Hexenverfolgerinnen in die Geschichte des Landes eingegangen. 56 Inquisitionsopfer lastet man der überstrengen Katholikin an; die zwischen 1678 und 1692 im sogenannten Gerichtssaal des Schlosses abgewickelten Prozesse endeten fast durchwegs mit dem Feuertod auf dem im Hof errichteten Scheiterhaufen. Auf dem Faltblatt »Franz Grillparzer a Velké Losiny«, von dem Kastellan Fiala noch ein vergilbtes Exemplar für mich auftreibt, kann ich die näheren Details nachlesen – auch die Gründe, die für die Hypothese sprechen, der junge Grillparzer habe während seiner Hauslehrerzeit bei den Grafen Seilern auf Schloß Lukow dem Besitz der Žerotíns einen Besuch abgestattet, bei dieser Gelegenheit von der Spukgestalt der »weißen Frau von Groß Ullersdorf« erfahren und solcherart die maßgebliche Anregung zu seiner »Ahnfrau« empfangen.

Tatsächlich hat sich im Zusammenhang mit der Entstehung von Franz Grillparzers fünfaktigem Schicksalsdrama höchst Seltsames ereignet. Läßt der Dichter in der Urfassung des Stückes die Handlung noch im Schloß der Grafen *Žerotín* ablaufen, so ändert er in der endgültigen Version die Namen und verlegt die Fabel in den Umkreis der Grafen *Borotin*. Warum tut er das? Haben die Žerotíns, die von der Sache Wind bekommen haben, beim Verfasser Einspruch dagegen erhoben, ihren Namen für ein Theaterstück »mißbraucht« zu sehen, das von Mord und Selbstmord handelt, von Ehebruch und Inzest? Zwar hat es im alten Mähren auch ein Adelsgeschlecht namens *Borotin* gegeben, doch ist dieses zu Zeiten Grillparzers längst ausgestorben. Die *Žerotíns* hingegen sind am Leben, und auch wenn sie 1802 wegen Überschuldung ihres Besitzes diesen an die Liechtensteins haben abtreten müssen, ist ihr Familienstolz ungebrochen, und da können sie es schwerlich zulassen, daß ein Wiener Dichterling daherkommt und ihren hehren Namen in den »Schmutz« zieht ...

Der »Schmutz« wird übrigens ein Riesenerfolg: Die am 31. Jänner 1817 im Theater an der Wien stattfindende Uraufführung der »Ahnfrau« macht den sechsundzwanzigjährigen Autor mit einem Schlag berühmt. Auch alle großen deutschen Bühnen spielen das Stück nach: Einen solchen Erstlingstriumph hat es nur ein einziges Mal noch gegeben – dreieinhalb Jahrzehnte davor, mit Schillers »Räubern«.
Zur finanziellen Sanierung des schwer verschuldeten Dichters langt's allerdings nicht: Von den 500 Gulden, die ihm die »Ahnfrau« einträgt, muß Grillparzer eine Reihe von Darlehen zurückzahlen. »Dann hat er sich«, klagt seine Mutter in einem Brief an einen der anderen Söhne, »von den Hemden angefangt equipieren müssen; er konnte sich zwei Jahre schon nichts mehr schaffen, weil sein Geld bloß auf Zins, Holz und Kost aufgegangen.«
Ja, trifft ihn nicht sogar so etwas wie ein »Ahnfrau«-Fluch? Denken wir an die Handlung des Stückes: Jaromir, vom Schicksal dazu verdammt, sein eigenes Geschlecht zu vernichten, bringt – ohne es zu wissen – den eigenen Vater um und treibt damit seine Schwester in den Selbstmord.
Natürlich ist es abwegig, die Geschichte derer von Borotin mit Franz Grillparzers eigener Familiengeschichte zu verknüpfen. Und doch – gespenstisch bleibt es allemal, daß sich im Jahr der »Ahnfrau«-Uraufführung Grillparzers jüngster Bruder Adolf das Leben nimmt und – aus Furcht, ein schlechter Mensch zu werden – in der Donau ertränkt. Damit nicht genug, folgt ihm seine

*Nordmähren*

Mutter zwei Jahre darauf nach: Anna Grillparzer, immer wieder von Melancholieanfällen heimgesucht, erhängt sich; Sohn Franz entdeckt den Leichnam, als er in Mutters Zimmer treten will … Der Schock dieses vor der Öffentlichkeit sorgsam verschwiegenen Selbstmordes stürzt den Achtundzwanzigjährigen in eine tiefe Krise; Theatersekretär Joseph Schreyvogel, Gönner und väterlicher Freund der nunmehrigen Vollwaise, muß um deren »eigene Erhaltung« bangen …

# Kein Gärtchen wie jedes andere

Das zwei mal drei Meter große Rechteck mit den vierundzwanzig, von einem schmalen Gehweg und frischem Rasen gesäumten Erbsen- und Fuchsienbeeten ist kein Gärtchen wie jedes andere. Es befindet sich im Stiftshof der Augustinerabtei St. Thomas am Stadtrand von Brünn und ist die exakte Nachbildung jenes Versuchsfeldes, auf dem der Mönch und Hobbybotaniker Gregor Mendel um 1860 seine Experimente mit Pflanzenkreuzungen angestellt, die nach ihm benannten Vererbungsregeln entdeckt und damit die Grundlagen der Genetik geschaffen hat. Was für die Erfindung des Buchdrucks die Offizin des Mainzer Patriziersohnes Johannes Gutenberg oder für die Weiterentwicklung der Diagnosemedizin das Labor des Strahlenforschers Wilhelm Conrad Röntgen, ist für die moderne Naturwissenschaft dieses winzig-unscheinbare Gärtchen mit den streng in Reih und Glied angeordneten Miniaturbeeten: ein geheiligter Ort.

Ein solches Mekka ist der verwilderte Naturgarten, der Brigitte Mendels Wohnhaus in der kleinen niederösterreichischen Gemeinde Tulbing umschließt, *nicht*. Hier wächst und wuchert alles kreuz und quer durcheinander: Uralte Obstbäume stehen neben jungen Rosenstöcken, hinter den Sonnenblumen ducken sich Klatschmohn und Malve, aus dem Unkraut ragen Margerite und Rittersporn hervor. Die berühmten Mendelschen Erbsen fehlen überhaupt: Sie an diesem Ort anzupflanzen, würde an den gefräßigen Schnecken scheitern, die das Grundstück beherrschen.

Und statt der *Fuchsie*, der Lieblingsblume des »Vaters der
Genetik«, hat in Brigitte Mendels Paradies die *Narzisse* ihren
Ehrenplatz: Seitdem sie, als Kind von fünf Jahren vom Vater dazu
angehalten, im elterlichen Schrebergarten ihr eigenes Blumen-
beet zu »bewirtschaften«, das Wunder erlebt hat, daß pünktlich
zu ihrem Geburtstag die von ihr gepflanzte Narzisse ihre Blü-
tenblätter öffnete, ist dies für alle Zeiten ihr erklärter Favorit
geblieben.
Und doch: Es »mendelt« ganz gewaltig in diesem Kleinhäusler-
besitz am Rande des Tullnerfeldes, eine knappe Autostunde
westlich von Wien. Und das hat nicht nur damit zu tun, daß auch
die 1947 geborene Brigitte Mendel eine leidenschaftliche Gärt-
nerin ist, sondern da spielt wohl auch die Familientradition hinein: Man weiß, was man dem Namen des berühmten »Urahnen«
schuldig ist. Der Stammbaum, den Brigittes Vater Franz Mendel
in jahrelanger, mühevoller Kleinarbeit erstellt hat, beweist es
klipp und klar: Man ist mit dem aus der nordmährischen Klein-
gemeinde Heinzendorf stammenden Namensträger, dessen Lebenswerk in die Kulturgeschichte eingegangen ist, über tausend
Ecken verwandt.


Es ist das »klassische« Umsiedlerschicksal im alten Österreich.
Der Urgroßvater setzt den ersten Schritt, indem er von Brünn
nach Krems »auswandert«; Großvater Adolf, Perlmuttspezialist
in einer Wiener Knopfmanufaktur, nimmt die nächste Hürde
und zieht in die Hauptstadt; und Vater Franz, dieser bereits in
Wien geboren, macht sich in seinen letzten Berufsjahren als
Schriftsetzer daran, die Wurzeln seiner Sippe zu ergründen.
Die für die lückenlose Erstellung des Stammbaumes nötigen
Hilfsmittel bietet ihm sein Beruf: Er setzt, was er in seiner Frei-
zeit an genealogischem Wissen zusammengetragen hat, in fein
säuberlich gedruckte Tabellen um, und als er eines Tages von der
Gregor-Mendel-Gesellschaft den Auftrag erhält, für eine in Vor-

*Über tausend Ecken mit dem »Vater der Genetik« (Bild links) verwandt: Brigitte Mendel im niederösterreichischen Tulbing*

bereitung befindliche Ausstellung über Leben und Werk des »Vaters der Genetik« die erforderlichen Schautafeln zu erstellen, bleibt er nicht beim Stammesgeschichtlichen stehen, sondern vertieft sich auch in die Chronologie der wissenschaftlichen Leistungen des gefeierten Forschers.

Stolz auf seinen Anteil an der wohlgelungenen Ausstellung und wohl auch stolz darauf, den berühmten Namen geerbt zu haben, trifft Franz Mendel Vorsorge, daß nach Abschluß des Unternehmens die von ihm angefertigten Exponate nicht auf dem Müllhaufen landen, sondern in seinen Besitz übergehen. Im Gartenhaus seines kleinen Besitzes im Ortszentrum von Tulbing, Klostergasse 2, gleich gegenüber dem Schloß (zu dem das heutige Anwesen früher einmal gehört hat), hängt er all die Schautafeln an die Wand, und dort hängen sie, auch seitdem inzwischen Tochter Brigitte in Tulbing residiert, nach wie vor.

Hinter allerlei Gerümpel versteckt, entziffere ich Textrudimente wie »Klon-Unterlagen für Äpfel« oder »Bluterkranke fürstlicher Häuser«, und selbstverständlich hat neben all dem Hochwissenschaftlichen auch der Mendelsche Stammbaum seinen festen Platz. Er wird ihn weiterhin behalten, denn auch Tochter Brigitte ist sich ihrer Verpflichtung bewußt, die Familientradition hochzuhalten. Hat nicht ihre Cousine, die vor Jahren nach Dänemark geheiratet und durch ihre Eheschließung den Namen Jensen angenommen hat, im Taufschein ihrer Kinder Vorsorge getroffen, daß diesen der Zweitname Mendel erhalten bleibt?

Aber es kommt noch besser. Als Brigitte Mendel vor jetzt zehn Jahren nach einem neuen Job Ausschau hält, vermittelt ihr die Gregor-Mendel-Gesellschaft, deren Mitglied schon ihr Vater gewesen ist, eine Anstellung in der Forstlichen Bundesversuchsanstalt, die ihren Sitz im Wiener Vorortbezirk Mariabrunn hat und zwar – welch weiterer beziehungsvoller Zufall! – in den Räumen eines Klosters, das ehemals – so wie Gregor Mendels Wirkungsstätte in Brünn – dem Augustinerorden gehört hat. Hier also geht fortan die Fünfundvierzigjährige ihrer Arbeit nach, und wieder fällt es einem schwer, an Zufall zu glauben: Brigitte Mendel wird dem Institut für Waldbau zugeteilt, und ihr Tätigkeitsbereich ist das Samenlabor, in dem die Keimfähigkeit von Nadelhölzern getestet wird.

Noch näher rückt Brigitte Mendel an ihren berühmten »Namensvetter« heran, wenn sie der Reihe nach dessen Lebensstationen in Mähren aufsucht: Studienfahrten der Gregor-Mendel-Gesellschaft führen sie sowohl an den Geburtsort Heinzendorf (das heutige Hynčice) wie zum Augustinerstift in Brünn. Nur der Ausflug zur Walhalla enttäuscht sie: Wie konnte man der in der oberhalb von Regensburg gelegenen Ruhmeshalle vor einigen Jahren aufgestellten Mendel-Büste einen solch unförmigen Kopf aufsetzen, der eklatant von der Wirklichkeit abweicht?

*Kein Gärtchen wie jedes andere*

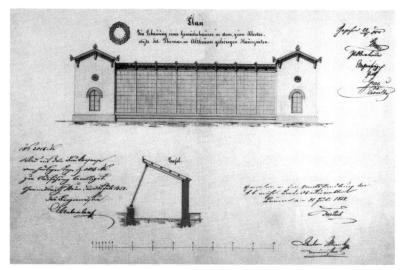

*Augustinerabtei St. Thomas am Stadtrand von Brünn (hier das von Gregor Mendel entworfene »Gewächshaus«)*

Umso glücklicher ist Brigitte Mendel über den engen Kontakt mit einem anderen aus ihrer Sippe: Der in Darmstadt lehrende Universitätsprofessor Walther Mann, dessen Großvater mütterlicherseits ein direkter Neffe Gregor Mendels gewesen ist, hat 1992 einen prachtvollen Faksimiledruck der Urhandschrift »Versuche über Pflanzen-Hybriden« herausgebracht und eines der wertvollen Exemplare seiner niederösterreichischen Verwandten zum Geschenk gemacht. Wieder und wieder blättert Brigitte Mendel in dem bibliophilen Druckwerk, bestaunt die vorzügliche Lesbarkeit der gestochen scharfen Handschrift des historischen Dokuments, auf dem die moderne Vererbungslehre gründet, und erfährt nebenbei nicht nur Familien-, sondern auch allerlei Zeitgeschichtliches – etwa, wie Herausgeber Walther Mann als Schulbub, im fünf Kilometer von Heinzendorf entfernten Odrau aufwachsend, den Namen Mendel hassen lernt, weil ihm seine Mutter jedes Mal, wenn er schlechte Schulnoten

heimbringt, den berühmten Ahnen als Idol vorhält, oder wie
er 1946 im Zuge der Vertreibung der Sudetendeutschen seine
Heimat verlassen muß und bei dieser Gelegenheit auch die
Mendel-Briefe verloren gehen, die die Familie über viele Jahrzehnte wie einen kostbaren Schatz gehütet hat.
Ja, Heinzendorf. Der kleine Ort am Oberlauf der Oder ist heute
ein Teil der Verbandsgemeinde Vražné; die einstigen deutschen
Siedler nannten die Gegend »Kuhländchen«. Als im Sommer
2002 Gen-Forscher aus aller Welt des 180. Geburtstages ihres
verehrten Pioniers gedenken, wird man endlich auch hier aktiv:
Das Geburtshaus wird vor dem Verfall bewahrt, indem man es zu
einer internationalen Begegnungsstätte ausbaut; auch das Feuer-
wehrhaus, das Mendel in späteren Jahren seiner Heimatgemeinde gestiftet hat, wird saniert; nur der von ihm gepflanzte Kasta-
nienbaum ist vor geraumer Zeit einer Sturmkatastrophe zum
Opfer gefallen.
In Leipnik, Troppau und Olmütz kann der einschlägig interes-
sierte Tourist sich nach den Schulen umsehen, an denen der am
22. Juli 1822 als einziger Sohn eines leibeigenen Kleinbauern geborene Johann (den Namen Gregor wird er erst annehmen,
wenn er ins Kloster eintritt) seine Ausbildung empfangen hat,
und in Brünn, wo er zum Priester geweiht, in den Augustinerorden aufgenommen, an die k.k. Oberrealschule als Lehrer
für Naturgeschichte verpflichtet, schließlich gar zum Abt von
St. Thomas ernannt und ab 1856 ganz in seinen erbbiologischen
Experimenten aufgehen wird, steht nicht nur sein Denkmal, sondern auch die erwähnte Nachbildung von Mendels Versuchs-
gärtchen, dem in Bälde das beheizte Glashaus, das ebenfalls von
ihm betriebene Bienenhaus sowie einiges mehr folgen werden.

Kleinkarierte Pedanten werden gern mit dem Schmähwort »Erb-
senzähler« bedacht. Im Fall *Mendel* wäre es ein *Ehrentitel*: Die
Kreuzungsversuche mit dem *pisum sativum*, denen der Augusti-

*Kein Gärtchen wie jedes andere*

nermönch Gregorius Mendel im Alleingang das Geheimnis der Erbregeln abgerungen hat, werden zwar erst 16 Jahre nach seinem Tod von der Fachwelt anerkannt, dafür aber nun in ihrer vollen Tragweite gewürdigt, und heute, wo Gen-Technik und Gen-Manipulation zu den großen Themen der Zeit zählen, kann kein Lexikon zwischen Wladiwostok und Timbuktu darauf verzichten, den botanisierenden Klostervorstand von Brünn als jenes Genie zu preisen, das die Naturwissenschaft des 20. Jahrhunderts revolutioniert hat.

Zum Glück kann Mendel die Resultate seiner Forschungsarbeit – es handelt sich um sein Hauptwerk »Versuche über Pflanzen-Hybriden« – zu einer Zeit niederschreiben, da er noch im Vollbesitz seiner physischen Kräfte ist: 1863. Nimmt ihn in der Folgezeit schon sein Amt als Stiftsoberer über Gebühr in Anspruch, so ist es bald auch seine angeschlagene Gesundheit, die den Mittvierziger an der Fortführung seiner Experimente hindert. Mendels Sehkraft läßt nach, auch die zunehmende Fettleibigkeit macht ihm zu schaffen. Das Mittel gegen die Korpulenz, das ihm sein Leibarzt empfiehlt, ruiniert ihn vollends: 20 schwere Zigarren pro Tag. Sein Pulsschlag steigt auf 120 an. Der vormals so Bewegliche, dem für seine botanischen Exkursionen kein Fußmarsch zu weit, keine Bergwanderung zu anstrengend gewesen ist, wird zum Gefangenen der Klosterzelle. Könnte er da nicht wenigstens Kleintiere in seinem Zimmer halten, graue mit weißen Mäusen kreuzen und so seine Versuche aufs Kreatürliche ausdehnen? Nein, befindet der vorgesetzte Bischof und pfeift Mendel zurück: Das hieße ja dem Herrgott ins Handwerk pfuschen!

Wie mag da die kirchliche Obrigkeit gar erst urteilen, als von Beobachtungen zu hören ist, die Mendel an Menschen anstellt, um die Vererbung von Eigentümlichkeiten wie Haarfarbe, Haarwuchs oder Körpergröße zu ergründen? Sowohl in seiner eigenen wie in einer Reihe ihm bekannter Brünner Familien stellt er einschlägige Erhebungen an, auch bei Obduktionen in Spitälern wird Mendel gesichtet, und von einem seiner Verwandten, der Humanmedizin studiert hat, läßt er sich zum Thema Erbkrankheiten informieren.

Selbst als Mendel schon ans Krankenbett gefesselt ist, gibt er nicht auf: Er beobachtet das Spiel der Wolken und zieht daraus meteorologische Schlüsse zum Nutzen der Landwirtschaft – so wie er in früheren Jahren Grundwassermessungen durchgeführt und dreimal täglich den Ozongehalt der Luft errechnet hat.

Am 6. Jänner 1884 stirbt der begnadete Forscher; Wassersucht und Nierenversagen – so lautet die ärztliche Diagnose. Unter lebhafter Anteilnahme der Bevölkerung wird der Abt des Brünner St. Thomas Konvents auf dem städtischen Centralfriedhof beigesetzt; der Komponist Leoš Janáček dirigiert das Requiem in der Stiftskirche. Doch in den Nachrufen, die ihm die örtliche Presse widmet, ist mit keinem Wort von den umwälzenden naturwissenschaftlichen Erkenntnissen die Rede, die Mendel der Nachwelt hinterläßt: Nur seine Verdienste als Klostervorstand werden gewürdigt. Ja, es kommt noch schlimmer: Ein Studienkollege aus jungen Jahren, in dessen Hände ein Teil von Mendels Originalmanuskripten gelangt ist, wirft diese in einem Anfall von Eifersucht und Neid ins Kaminfeuer.

Erst 1910, ein Vierteljahrhundert nach Mendels Tod, geht jene Saat auf, die das Forschergenie von Brünn in den zehn Jahren seines Experimentierens mit Pinzette und Mikroskop gelegt hat: Die Botaniker Hugo de Vries, Carl Correns und Erich von Tschermak-Seysenegg entdecken – gleichzeitig, doch unabhängig voneinander – die in Vergessenheit geratenen Mendelschen Gesetze wieder und erkennen deren überragende Bedeutung für die Kunst der Pflanzenzüchtung. Und weitere zehn Jahre später gelingt es dem amerikanischen Zoologen Thomas Hunt Morgan mit seinen aufsehenerregenden Versuchen an Taufliegen, auch

*Kein Gärtchen wie jedes andere*

ihre Gültigkeit fürs Tierreich nachzuweisen: Die moderne Vererbungsforschung ist etabliert. Ihre Urzelle aber ist und bleibt ein Erbsenbeet in einem kleinen Stiftsgarten am Stadtrand von Brünn.

# Das »glückliche Freiberger Kind«

Uns Touristen kann man es wohl nie recht machen. Geht der mit seinem »großen Sohn« prunkende Ort von Souvenir-kitsch über, mokieren wir uns über zu Ikonen aufgemotzte Sofakissen und Bierkrüge. Und gibt es zu wenig davon, heißt es sofort: Wie undankbar, was für Banausen, die Kerle haben ihren »Promi« nicht verdient.

Sigmund Freuds Geburtsstadt Freiberg (heute Příbor) ist dies-bezüglich schwer einzuordnen. Es gibt einen Freud-Platz, eine Freud-Straße, ein Freud-Denkmal und sogar so etwas wie ein Freud-Museum, doch die Kaufwütigen, die ihren Besuch in der ältesten Stadt Nordmährens mit dem Erwerb einschlägiger Mit-bringsel krönen wollen, müssen sich mit einer einzigen Ansichts-karte begnügen, die überdies bei jeder Qualitätskonkurrenz auf einem der hintersten Plätze landen würde. Noble Zurückhaltung oder schlicht Trägheit?

Sagen wir es so: Daß die Aschenbecher, die ich in der Auslage eines schäbigen Souvenirshops entdecke, nicht mit einem Freud-Porträt aufwarten, sondern nur mit einer Ansicht des Freiberger Hauptplatzes, ist zu verschmerzen, und auch der Wimpel mit dem Stadtwappen und der Aufschrift: »Ich steh auf Essen, Trinken, Fernsehen und Sex« wäre vollends unerträglich, versuchte er eine Verbindung zum »Vater der Psychoanalyse« herzustellen. Dies bleibt (und zwar auf sinnvolle Weise) dem Schaukasten neben dem Freud-Denkmal vorbehalten, der im-merhin von einem örtlichen Schülermalwettbewerb zum Thema »Mein Traum« kündet.

*Das »glückliche Freiberger Kind«*

Das knapp 9000 Einwohner zählende Freiberg macht den Eindruck eines mäßig attraktiven Provinzstädtchens, das vor allem Mühe hat, sich die Abgase des benachbarten Industriegebietes von Ostrava vom Leibe zu halten. An heutigen Betrieben sind eine Strumpffabrik, eine Waschmaschinenerzeugung und eine Zulieferfirma für Škoda-Tatra zu nennen; daß die Stadt, obwohl schon damals überwiegend tschechisch besiedelt, nach dem Münchner Abkommen von 1938 dem Sudetenland eingegliedert worden ist, ist heute nur noch in Spuren zu erkennen. Die Pläne, die rund um die große Landesausstellung von 1900 aufkamen und das verschlafene Freiberg in ein Dorado modernster Verkehrstechnik verwandeln sollten, sind allesamt Luftschlösser geblieben: Weder hat die Lubina, die in Nordsüdrichtung die Stadt durchfließt, den erträumten Freihafen samt Schiffsbetrieb erhalten, noch wurden, wie projektiert, Straßenbahnlinie und Flugplatz errichtet – die voreilig gedruckten Grußpostkarten vom »Freiberg der Zukunft« mußten eingestampft werden.

Bleibt also als Hauptsehenswürdigkeit Sigmund Freuds Geburtshaus. Es steht in einer der Seitengassen nahe dem Stadtzentrum, befindet sich heute in Privatbesitz und beherbergt Wohnung und Ordination eines Heilpraktikers, der sein Geld mit Reflextherapie, klassischer Massage und Akupressur verdient; auch mit Paraffin-Magnet-Behandlung und Energieerneuerung lockt das Geschäftsschild am Eingang. Die Freud-Gedenktafel neben einem der Fenster des zweistöckigen Hauses und der in die Vorderfront eingelassene schmiedeeiserne Schlüssel, der an die seinerzeitige Nutzung als Schlosserwerkstatt erinnert, bieten dem fotografierwilligen Touristen immerhin ein Minimum an Orientierung. Doch der Eindruck von Kontinuität, auch durch das therapeutische Gewerbe des Hausherrn scheinbar verstärkt, täuscht: Jaroslav Matula – so sein Name – hat das Anwesen fast bis zur Unkenntlichkeit »modernisiert«. Im Hof lagert Gerümpel, der Garten ist verwildert, der Vorplatz von parkenden Autos

185

*Vom heutigen Eigentümer, einem geschäftstüchtigen Heilpraktiker, pietätlos »modernisiert«: Sigmund Freuds Geburtshaus*

verstellt. Daß das Schild mit der historischen Hausnummer – Zámečnická ulice 117 – nicht mehr wie in früheren Jahren aus dem Erdreich des Vorgärtchens lugt, ist wohlbegründet: Es wäre längst von Souvenirjägern entwendet worden. Daß dieses Schicksal jener gußeisernen Puffersäule erspart geblieben ist, die links vom Hausportal aus dem Trottoir ragt, ist nur der allgemeinen Unkenntnis zuzuschreiben: Noch hat sich in Freiberg nicht herumgesprochen, daß manche Freud-Forscher in dem die Gehsteigabgrenzung markierenden Objekt ein Phallussymbol erblicken.

Tadellos das 1986 errichtete Freud-Denkmal hinterm Hauptplatz; es setzt sich aus drei steinernen Säulen unterschiedlicher Größe zusammen, deren kleinste mit einer ansprechenden Freud-Büste gekrönt ist. Auch der Gedenkraum im früheren Piaristenkloster kann als würdiger Versuch angesehen werden,

*Das »glückliche Freiberger Kind«*

jener Jahrhundertgestalt zu huldigen, die hier am 6. Mai 1856 das Licht der Welt erblickt hat. Der magistratische »Aufnahmsbogen«, der eines der hinter Glas gesicherten Exponate darstellt, beweist eindrucksvoll, mit welcher Akkuratesse die Behörden im alten Österreich ihre Bürger registriert haben: »nach der Religion, nach dem Berufe, dem Erwerbe oder der Unterhaltsquelle, nach dem Alter, nach dem Geschlechte und nach dem Stande«.

Freiberg, 240 Kilometer von der Metropole Wien entfernt, ist zu dieser Zeit eine Gemeinde von 4956 Einwohnern. Die Zahl der Häuser beläuft sich auf 628, das Wahrzeichen des zu 96 Prozent von Katholiken besiedelten Städtchens ist die Marienkirche mit ihrem über 60 Meter hohen Turm und ihrem weithin berühmten Glockenspiel. Protestanten und Juden bilden verschwindende Minderheiten; die vorherrschende Sprache ist Tschechisch. Die Familie Freud ist seit 1844 in Mähren ansässig; Vater Jakob zählt zu jenen »Wanderjuden«, die vorwiegend mit gefärbter Wolle handeln. Die eine Hälfte des Jahres verbringt er in Freiberg, das über eine Reihe florierender Textilmanufakturen verfügt, die übrige Zeit reist er durch Galizien, Ungarn, Sachsen und das österreichische Kernland, um seine Ware feilzubieten. Die Wurzeln der Freuds, deren Name auf eine Eindeutschung des hebräischen »Simcha« zurückgeht, also eine fromme Anspielung auf den jüdischen Festtag Simchath Torah (Freude an der Lehre) darstellt, liegen im Rheinland; im Zuge eines Pogroms im 14. oder 15. Jahrhundert fliehen sie in Richtung Osten, um im Laufe des 19. Jahrhunderts via Litauen und Galizien im nördlichen Teil des Habsburgerreiches ansässig zu werden. Sigmund Freuds Eltern heiraten 1855; für Vater Jakob, 40, ist es die zweite, für dessen 20 Jahre jüngere Frau Amalie, geborene Nathanson, die erste Ehe. Man wohnt im Haus des Schlossermeisters Zajíc in der Schlossergasse 117, muß mit einem Zimmer im Obergeschoß sein Auslangen finden. Dem am 6. Mai 1856 zur

*Nordmähren*

Welt kommenden Sigismund (der seinen Namen erst mit 22 auf Sigmund verkürzen wird) werden sieben weitere Kinder nachfolgen. Altem Brauch entsprechend, erhält Sigismund auch einen jüdischen Vornamen, dessen Wahl sich übrigens als weitblickend erweisen wird: Schlomo bedeutet »der Weise«. Die rituelle Beschneidung des Erstgeborenen nimmt Samson Frankl aus Ostrau vor; Lippa und Mirl Horowitz, beides Kinder des Rabbiners von Czernowitz, sind die Paten. Da der Bub mit Kraushaar zur Welt kommt, nennt ihn die Mutter »meinen kleinen Mohren«; eine alte Bäuerin aus der Gegend prophezeit den Eltern, sie hätten der Menschheit einen bedeutenden Mann geschenkt ...

Zunächst einmal ist der »bedeutende Mann« jedoch ein rechter Satan: Als seine Mutter erneut niederkommt, verfolgt der einjährige »Sigi« sein Brüderchen mit gnadenloser Eifersucht – und wird sich deswegen als Erwachsener schwere Vorwürfe machen, denn Julius erreicht nur ein Alter von acht Monaten. Den Zorn des Vaters zieht er sich zu, weil er – kaum hat er gehen gelernt – ständig bei den gemeinsamen Waldspaziergängen davonläuft; außerdem bleibt er über die Zeit hinaus Bettnässer. Als er zwei Jahre geworden ist, wird ihm ein harmloser Streich zum Verhängnis: In der Absicht, einen in der Speisekammer vermuteten Leckerbissen zu ergattern, klettert er auf einen Schemel, und der kippt mit ihm um und trifft ihn mit seiner Kante am Unterkiefer. Die vom Gemeindearzt behandelte Verletzung hinterläßt eine tiefe Narbe – sie wird in späteren Jahren der Grund dafür sein, daß Sigmund Freud zum Vollbartträger wird.

Den ersten Unterricht erhält der Heranwachsende von seiner Mutter, auch wird er frühzeitig mit den jüdischen Gebräuchen und Festtagen vertraut gemacht. Von streng-orthodoxer Erziehung kann gleichwohl keine Rede sein: Der Vater hat sich mit den Jahren zum Freigeist entwickelt. Nur in Sachen Antisemitismus schärft er »Sigi« ein, sich in kritischen Situationen stets be-

*Das »glückliche Freiberger Kind«*

sonnen zu verhalten. Er erzählt ihm dazu einen Vorfall, den er selber als junger Mensch in Freiberg erlebt hat: Es ist an einem Samstag, Jakob Freud geht – festlich gekleidet und eine nagelneue Pelzmütze auf dem Kopf – über die Straße. »Da kommt ein Christ daher, haut mir mit einem Schlag die Mütze in den Kot und ruft: ›Jud, herunter vom Trottoir!‹« Und wie reagiert der Attackierte auf den gemeinen Insult? Er wechselt auf den Fahrweg, hebt wortlos die Mütze auf.

Das »Elternhaus« in Sigmund Freuds Geburtsort Freiberg ist zwar nur ein einzelner Wohnraum, dennoch fühlt sich der Kleine im Anwesen des Schlossermeisters Zajíc wohl: In der ebenerdig gelegenen Werkstatt darf er aus den herumliegenden Abfällen Blechspielzeug basteln. Besonders aber hängt er an seiner Kinderfrau: Monica Zajícova, wohl eine Verwandte des Hausherrn, ist eine häßliche alte Tschechin, ebenso gutmütig wie tüchtig. Von ihr lernt er ein paar Brocken Tschechisch, und da sie eine fromme Katholikin ist, nimmt sie ihren Schützling auch zum Gottesdienst in die Kirche mit – mit der Folge, daß der altkluge Bub das dort Erfahrene in einer Art Predigtstil an die verdutzten Eltern weitergibt. Zu seinem Leidwesen wird ihm, als er zweieinhalb Jahre alt ist, die gute Monica entrissen: Als Diebin entlarvt, wird sie aus dem Dienst entlassen und landet im Gefängnis.

Es kommt das Schicksalsjahr 1859. Jakob und Amalie Freud sind 44 bzw. 24 Jahre alt, Sohn Sigismund drei. Im bis dato so beschaulichen Freiberg beginnt es unbehaglich zu werden: Durch die aufkommende maschinelle Fertigung verliert die Handarbeit an Boden, die in wachsender Zahl arbeitslos werdenden Weber müssen sich nach neuen Erwerbsquellen umsehen. Da die großen Industriebetriebe entweder in deutsch-österreichischer oder in jüdischer Hand sind, werden diese beiden Volksgruppen zu Sündenböcken gestempelt und für die allgemeine Misere ver-

189

*Nordmähren*

antwortlich gemacht. Auch hat der Ort darunter zu leiden, daß die in den Vierzigerjahren eröffnete Nordbahn, die Mähren mit Wien verbindet, weitab an Freiberg vorbeiführt.
Auch die Familie Freud ist von der neuen Entwicklung betroffen: Das bißchen ersparte Vermögen schmilzt weg; um nicht völlig zu verarmen, bleibt nur die Übersiedlung in eine verheißungsvollere Gegend. Leipzig scheint eine gute Wahl. Es wird eine lange Reise – zuerst mit dem Pferdefuhrwerk, dann mit der Bahn. Doch schon nach wenigen Monaten ist klar: Auch in Sachsen kann Jakob Freud seine angeschlagene Firma nicht sanieren; man zieht weiter nach Wien. In die Stadt, die für 77 Jahre Sigmund Freuds Lebensmittelpunkt werden wird …

Ist das kleine Freiberg in Nordmähren damit ein und für allemal für ihn »gestorben«? Nein. Im Sommer 1872, ein Jahr vor der Matura, kehrt der Sechzehnjährige für ein paar Wochen in seinen Geburtsort zurück, um im Hause seines ehemaligen Schulfreundes Emil Fluß die Ferien zu verbringen, und dort kommt es zu einem aufwühlenden Erlebnis, über das er 27 Jahre später berichten wird:
»In der gastlichen Familie war eine fünfzehnjährige Tochter, in die ich mich sofort verliebte. Es war meine erste Schwärmerei, intensiv genug, aber vollkommen geheim gehalten. Das Mädchen reiste nach wenigen Tagen ab in das Erziehungsinstitut, aus dem sie gleichfalls auf Ferien gekommen war, und diese Trennung nach so kurzer Bekanntschaft brachte die Sehnsucht erst recht in die Höhe. Ich erging mich viele Stunden lang in einsamen Spaziergängen durch die wiedergefundenen herrlichen Wälder.«
Aus der ersehnten Beziehung mit der ein Jahr Jüngeren wird also nichts, dennoch will ihm die Sache nicht aus dem Kopf gehen. Als Sigmund Freud dreißig Jahre später, nun schon ein berühmter Mann und Autor solcher Jahrhundertwerke wie »Die Traum-

Das »glückliche Freiberger Kind«

In Sigmund Freuds Elternhaus in Freiberg herrschen ärmliche Verhältnisse
(hier Vater Jakob und sein Zweitgeborener)

deutung« und »Psychopathologie des Alltagslebens«, nach einer Behandlung in seiner Ordination die üblichen Notizen macht, unterläuft ihm eine beziehungsvolle Fehlleistung: Unter den Namen, die in dessen Krankengeschichte eine Rolle spielen, erwähnt der betreffende Patient eine gewisse Gisela. Und was trägt Freud in sein Arbeitsprotokoll ein? Den Namen Gisela Fluß ...

1931 wäre ein weiterer, ein letzter Besuch in Freiberg fällig: Die Heimatgemeinde widmet Dr. Sigmund Freud zu dessen 75. Geburtstag eine Gedenktafel. Doch der Jubilar, seit acht Jahren an Zungenkrebs leidend, kann zu der geplanten Feier nicht anreisen, schickt an seiner Stelle Tochter Anna nach Mähren, Vaters Dankrede im Gepäck. Sie also, seine Jüngste (und engste Vertraute), ist es, die vor den versammelten Honoratioren und Fachkollegen den Text verliest:
»Ich danke dem Herrn Bürgermeister, den Veranstaltern dieser Feier und allen Anwesenden für die Ehre, die sie mir erweisen, indem sie mein Geburtshaus durch diese Gedenktafel aus Künstlerhand auszeichnen – und dies schon zu meinen Lebzeiten und während die Mitwelt in der Würdigung meiner Leistung noch nicht einig ist.« Und schließlich der Satz, der seinen ehemaligen Landsleuten wohl ganz besonders unter die Haut geht: »Tief in mir überlagert, lebt noch immer fort das glückliche Freiberger Kind, der Erstgeborene einer jugendlichen Mutter, der aus dieser Luft, aus diesem Boden die ersten unauslöschlichen Eindrücke empfangen hat ...«

# Der Weltstar aus der Getreidemühle

Das Ferienhäuschen, das ich zum Spottpreis von 20 Euro pro Tag gemietet habe, liegt in einer verkehrsarmen Seitengasse hinter der Pfarrkirche. Weder die schmächtige Glocke, die im Viertelstundentakt die Zeit anzeigt, noch die Straßenarbeiter, die um 6.30 Uhr ihr Tagwerk beginnen, stören meinen Schlaf. Noch ruhiger ist es an den Abenden: Verirren sich späte Heimkehrer in eine der Gassen ringsum, ist es mit Sicherheit eines jener Pärchen, die engumschlungen von ihrem abendlichen Umtrunk zurückkehren – und zwar so leichtgeschürzt, daß man sie schon halb im Bett wähnt. Älteren Menschen begegne ich nur am Vormittag auf dem Weg zu ihren Einkäufen: Die übrige Zeit sitzen sie in ihren Gärten oder vorm Fernsehschirm. Mährisch Schönberg atmet die Stille der Provinz.

Die 30 000-Einwohner-Stadt am Fuß des Altvatergebirges, die heute Šumperk heißt, schmort im eigenen Saft, was nicht heißt, daß sie sich Fremden gegenüber abweisend verhielte: Man nimmt sie nur nicht zur Kenntnis. Natürlich hängt das auch damit zusammen, daß im heutigen Tschechien die Neigung, auf fremdsprachliche Idiome einzugehen, nur sehr schwach entwickelt ist: Weder mit Deutsch noch mit Englisch ist viel anzufangen. Da ist es ein Glück, daß ich mit Freundin J. angereist bin, die seit einem Jahr wie eine Besessene tschechische Vokabeln büffelt, und daß Frau Šanovcova, die Vermieterin des Ferienhäuschens, zu jenen rund 150 Mitgliedern der deutschen Sprachgemeinschaft zählt, die auch nach der Vertreibung der Sudetendeutschen in der alten Heimat geblieben sind. Wenn es mich, vor der Übermacht der Landessprache kapitulierend, nach letzten Überbleibseln der einstigen Amtssprache verlangt, muß ich also den Weg zur Barbara-Kapelle antreten, an deren Außenfront nach wie vor jene feierlichen Epitaphe ins Mauerwerk eingelassen sind, deren Inschriften die Erinnerung an eine lange versunkene Zeit wachhalten: Tote mit vertrauten Namen, deren mit schaurig-schönen Grabsprüchen wie »Hier modert und reift zu einem neuen Leben ...« gedacht wird. Ja, Friedhöfe sind wie aufgeschlagene Geschichtsbücher – das gilt auch (und vor allem) für eine Stadt wie Mährisch Schönberg.

Doch es gibt auch Ausnahmen, und eine dieser Ausnahmen ist das Denkmal für den österreichischen Kaiser Josef II., das seit dem Jahr 2002 auf einem der meistfrequentierten Plätze des Stadtzentrums steht. Die lebensgroße Bronze des »Císař«, die man überall, nur nicht hier vermuten würde, wird sogar nachts angestrahlt, und wer sich ein wenig bückt, erfährt aus der am Fuß der Figur angebrachten Plakette den Grund, wieso Maria Theresias Erstgeborener zumindest bei den geschichtsbewußteren Einheimischen zu neuen Ehren gelangt ist: Josef II. ist es gewesen, der 1781 auch in Böhmen die Leibeigenschaft der bäuerlichen Bevölkerung abgeschafft und mit dem von ihm verkündeten Toleranzpatent die freie Religionsausübung garantiert hat.

Der Schönberger Historiker Dr. František Spurny, den ich in seiner mit Büchern vollgestopften Sozialwohnung in einem der nach 1945 errichteten Plattenbauten am nördlichen Stadtrand aufsuche, schildert mir die Odyssee des im ausgehenden 19. Jahrhundert angefertigten Kaiserdenkmals. Ursprünglich im Hof des ehemaligen Schlosses von Mährisch Schönberg aufgestellt, wandert der Koloß nach dem Zusammenbruch des Habsburgerreiches ins Depot des städtischen Museums, wo er erst recht versteckt bleibt, als nach dem Zweiten Weltkrieg die Kommunisten die Macht im Land übernehmen. Daß das verpönte Objekt gleichwohl noch vor der Wende des Jahres 1989 wieder-

*Heldentenor, Filmkomiker und begnadeter Geschichtenerzähler: Leo Slezak*

aufgestellt wird, grenzt an ein Wunder: Die Stadt Weißwasser, in der man nicht vergessen hat, daß Josef II. sie einst mit seinem Besuch beehrt hat, meldet bei den Schönbergern ihr Interesse an dem Besitz der Statue an und verschafft ihr im Park der dortigen Psychiatrischen Anstalt einen neuen Platz. 2002 holt man sie nach Mährisch Schönberg zurück, und siehe da, nun regt sich keinerlei Protest mehr.

Auch Schiller ist wohlgelitten im heutigen Šumperk: Seine Büste prangt an der Vorderfront des nach ihm benannten Restaurants, wenige Schritte von der Kaiserstatue entfernt. Nur *einer* fehlt – und er hätte (im Gegensatz zu dem deutschen Dichterheros, dessen Beziehung zu Schönberg sich darauf beschränkt, daß er am dortigen Stadttheater besonders oft und gern gespielt worden ist) wohl den mit Abstand größeren Anspruch auf öffentliche Präsenz: Leo Slezak. Denn der legendäre Heldentenor, Star der führenden Opernhäuser der Welt und erklärter Liebling der Wiener Musikfreunde zwischen 1901 und 1926, ist in Mährisch Schönberg zur Welt gekommen. Sind seine Triumphe als Wagner-Sänger und Liedinterpret, seine zweite Karriere als Filmkomiker und seine dritte als Autor hinreißender autobiographischer Bücher überall unvergessen – außer in seiner Vaterstadt?

Dabei sind doch schon die Umstände seiner *Geburt* höchst ungewöhnlich: Slezak kommt wie Kaiser Franz Joseph an einem 18. August zur Welt, mit Papst Leo XIII. feiert er den Namenstag, und eine »Königin« (die Hebamme heißt Frau König) nimmt die Entbindung vor. »Strahlende Vorbedeutung« nennt der Fünfzigjährige, als er 1923 unter dem selbstironischen Titel »Meine sämtlichen Werke« seine Lebenserinnerungen herausbringt, diese kuriosen Koinzidenzen. Und er fährt fort: »In der kleinen Mühle bin ich zur Welt gekommen; durch das letzte Fenster im ersten Stock habe ich das Licht der Welt erblickt. Eine Gedenktafel ist noch nicht dort, aber man hat mir versprochen: So wie ich tot bin, kommt eine hin.«

Jetzt ist Leo Slezak bald sechzig Jahre tot – und noch immer keine Gedenktafel?

Gemach, gemach. Die Tafel existiert – allerdings im Depot. Ehe die Rathausbeamten sie von dort hervorholen und an der berühmten Adresse applizieren werden, muß erst die Restaurierung des Hauses abgeschlossen sein, und die ist derzeit in vollem Gange.

Was Slezak »die kleine Mühle« nennt, ist in Wahrheit ein stattlicher dreistöckiger Bau mit herrschaftlichem Portal, der sich von seinen Nachbarhäusern eindrucksvoll abhebt. Nur den Bach, der die Mühle betrieben hat (und der auf den heutigen Stadtplänen unter dem Namen Bratrušovský potok zu finden ist), muß man sich hinzudenken: Er wird inzwischen über weite Strecken un-

*Die Getreidemühle in Mährisch Schönberg, in der Leo Slezak am 18. August 1873 zur Welt kommt*

terirdisch geführt. Daß sich auch Slezak nicht an das »rauschende Wasser« erinnern kann, hat freilich andere Gründe: Die Getreidemühle, in deren Wohntrakt der kleine Leo als Flaschenkind aufgezogen wird, schlittert, als der Müllerssohn das dritte Lebensjahr erreicht hat, in die Pleite, und Vater Slezak übersiedelt mit den Seinen nach Brünn, wo er nochmals ganz von vorn anfangen muß: als Lohnarbeiter in einer Tuchmanufaktur. Mutter Anna, ihrerseits einer Müllersippe aus der näheren Umgebung von Mährisch Schönberg entstammend, bessert das nunmehr knappe Familienbudget mit Heimarbeit als Näherin und Stickerin auf. »Not und Elend«, so notiert Leo Slezak in seinen Memoiren, begleiten seine Kinderjahre: »Mutter Sorge stand an meiner Wiege.«

Auch das weitere Schicksal des Slezak-Geburtshauses ist wechselvoll – und mit ihm das Schicksal der ihm zugedachten Gedenktafel. Als die ehemalige Mühle – heutige Adresse: Ecke Tratanska/Kasparova – in einen Betrieb für Metallverarbeitung umgewandelt wird und das Geld für die überfällige Rundumerneuerung ausgeht, kommt die Idee auf, der Plakette an anderer Stelle einen würdigen Platz zu geben: an der Vorderfront des Stadttheaters. Doch der imposante Bau, der aus dem 1901 mit großem Pomp eröffneten Vereinshaus hervorgegangen ist, wird gegen Ende des vorigen Jahrhunderts ein Raub der Flammen, und so wartet man jetzt die Generalrenovierung der ehemaligen Mühle ab, um dortselbst des großen Sohnes der Stadt zu gedenken – freilich zu einem Zeitpunkt, da den meisten Bürgern von Mährisch Schönberg der Name Leo Slezak nichts mehr sagt.

Damit er nicht zur Gänze in Vergessenheit gerät, hält das im Paulinenhof untergebrachte Heimatmuseum in einer eigenen Vitrine eine Handvoll Erinnerungsstücke bereit, die allerdings nicht auf Slezaks frühe Kindheit in Mährisch Schönberg anspielen, sondern auf die spätere Glanzzeit des Weltstars, der immerhin dreimal in seine Vaterstadt zurückkehrt, um auch seinen engeren Landsleuten mit Proben seines Könnens aufzuwarten. Am 4. Dezember 1903 kommt er zum ersten Mal. Die örtliche Konzertagentur Eduard Wanke veranstaltet im »großen Saale des Deutschen Vereinshauses« zu Eintrittspreisen zwischen 60 Heller und 6 Kronen einen Lieder- und Arienabend mit Werken von Schubert, Brahms und Liszt, von Verdi, Puccini, Wagner. Slezaks Begleiter ist der »Klaviervirtuose Emil Dachs aus Wien«. Als Slezak, inzwischen zum Kammersänger der Wiener Hofoper nobilitiert, sieben Jahre später wiederkehrt, verschafft er zugleich der in Vaters Fußstapfen tretenden Tochter Margarete einen Auftritt in Schönberg; er selber singt diesmal Lieder von Richard Strauss, Anton Bruckner und Max Oberleithner. Vor allem Letzteres rechnet ihm das Publikum hoch an: Oberleithner ist Sproß einer berühmten Schönberger Industriellensippe. Sein »Abschiedskonzert« gibt Slezak am 4. Juli 1928. In Mährisch

*Der Weltstar aus der Getreidemühle*

Schönberg bleibt er dennoch weiterhin präsent, denn kaum ist er von der Opernbühne abgetreten, hat der Film das Komikertalent des inzwischen Neunundfünfzigjährigen entdeckt, und so strömt das Publikum nunmehr ins Kino, um sich an jenen Lustspielen zu ergötzen, bei denen vor allem Paul Hörbiger und Hans Moser zu seinen Lieblingspartnern zählen.

Worin Slezak unerreicht ist, ist die (heute nur mehr von ganz wenigen Bühnendarstellern der älteren Generation beherrschte) Kunst des »Böhmakelns«. Dieses vor allem von Komikern gern eingesetzte Idiom geht auf jene tschechischsprachigen Bevölkerungsteile der Habsburgermonarchie zurück, die vom Land in die deutsch dominierten Städte ziehen, sich der neuen Umgebung anzupassen versuchen und die so entstehende Sprachfärbung schließlich auch nach Wien »exportieren«, wenn sie ihres beruflichen Fortkommens wegen den Sprung in die Reichshaupt- und Residenzstadt wagen. Mährisch Schönberg ist eines der Zentren dieser fürs deutsche Ohr kurios klingenden Sprachvermischung: Bei der Volkszählung von 1930 kommen auf 16 000 Deutsche 4000 Tschechen.

Leo Slezak wächst deutschsprachig auf, ist aber – schon durch den Umgang mit Personal und Gesinde des elterlichen Unternehmens – gleichermaßen mit dem Tschechischen vertraut. Seine eigene Annäherung an Wien geht in Etappen vor sich – und ebenso seine Annäherung an den Beruf, in dem er es eines Tages zu Weltruhm bringen wird.

Zunächst einmal stecken ihn die Eltern, als sie mit dem Dreijährigen nach Brünn übersiedeln, in den Kindergarten, schließlich in die Realschule. Er soll es einmal besser haben als sie, entweder die Offiziers- oder die Beamtenlaufbahn einschlagen. Doch wegen seiner Lausbubenstreiche der Schrecken aller Lehrer, fliegt er von der Schule. Was tun mit dem Flegel? Auf einem Adelsbesitz in Gmunden findet der Halbwüchsige Unterschlupf als Gärtnerlehrling. Und als auch dies – die noble Salzkammer-

*Nordmähren*

gut-Villa wechselt plötzlich den Besitzer – vor der Zeit endet, holt ihn der Vater zurück nach Brünn und bringt ihn in einer Schlosserwerkstatt unter.

Ob es bloß der Wunsch ist, seinen kärglichen Lohn aufzubessern, oder aber schon das Erwachen des in ihm schlummernden Theaterblutes: Leo macht sich in seiner Freizeit als Statist am Brünner Stadttheater nützlich, und hier entscheidet sich sein künftiger Lebensweg: Der Heldentenor Adolf Robinson ist es, der auf die vielversprechende Stimme des Zwanzigjährigen aufmerksam wird und ihm spontan Gratisunterricht offeriert.

Auch während der Militärzeit – Slezak dient beim 17. Jägerbataillon in Brünn – wird das Musikstudium fortgesetzt. Als er bei der Truppe abrüstet, hat er sich zu einem solchen Hünen entwickelt, daß von den alten Kleidern keines mehr paßt: Er muß weiterhin die Soldatenuniform anbehalten. Schreiber in einer Anwaltskanzlei und Handelsreisender für Powidl sind die beiden nächsten Versuche, sich seinen Lebensunterhalt zu verdienen. Doch inzwischen hat Slezaks Sängerausbildung solche Fortschritte gemacht, daß er einen Vorsingtermin am Stadttheater erhält. Vom Fleck weg wird er engagiert und erhält eine für seine Verhältnisse phantastische Gage, ja sogar einen Vorschuß darauf! Das Debüt des Dreiundzwanzigjährigen gestaltet sich zum Triumph: Das Brünner Opernpublikum feiert seinen neuen Lohengrin. Alles Weitere ist ein glanzvolles Kapitel Theatergeschichte: Berlin, Breslau, Wien. Es folgen Auftritte in allen wichtigen Konzertsälen und Opernhäusern Europas, auch in New York steigt Slezak zum Publikumsliebling auf. Ja, sogar Mährisch Schönberg – wir haben es gehört – bekommt sein Teil davon ab: Dreimal kehrt er mit Konzertabenden in seine Heimatstadt zurück, erweist der Provinz seine Reverenz.

Zu einer nach ihm benannten Straße bringt er es zwar nicht, doch immerhin zu einer Gedenktafel, auch wenn diese momentan noch auf ihre Wiederanbringung warten muß. Übrigens kommt es über die Schreibweise seines Namens eines Tages zu einem öffentlich ausgetragenen Disput: Ein aufgebrachter Zeitgenosse glaubt beanstanden zu müssen, daß dem a in Slezak der im Tschechischen obligate Akzent fehlt. Um die Angelegenheit einer Klärung zuzuführen, wird eigens die Geburtsmatrikel von 1873 ausgehoben – mit dem Resultat, daß die dortige Eintragung tatsächlich *Slezák* lautet. Unser Held hat also, als die ersten Theaterplakate mit seinem Namen gedruckt wurden, eine kleine Korrektur vorgenommen – doch gewiß nicht aus Deutschtümelei. Es ist zu hoffen, daß den Verlagen, die noch heute Slezaks Schallplatten und Bücher im Programm haben, die Zumutung erspart bleibt, ihre Bestände einzustampfen und bei künftigen Neuauflagen *Slezak* gegen *Slezák* auszutauschen.

*Schlesien*

# Kaltes Wasser, altes Brot

Priester leben keusch, Komiker reißen auch als Privatmenschen ununterbrochen Witze, und Ärzte werden niemals krank – so sah mein Weltbild aus, solange ich Kind war. Wie jeder von uns mußte ich es in späteren Jahren Stück für Stück revidieren: Schauerberichte von sündigen Kaplänen drangen an mein argloses Ohr, und in den illustrierten Blättern las man von so manchem Profi-Spaßvogel, der sich, sobald er Bühne oder Kamera hinter sich gelassen hatte, in einen Ausbund an Grämlichkeit verwandelte. Nur das Idealbild vom Onkel Doktor geriet nach wie vor nicht ins Wanken: Wie könnte er, der Herr über Leben und Tod, selbst elend dahinsiechen?

Als ich dann, Jahrzehnte später, mit ansah, wie mein eigener Hausarzt erkrankte, mehr und mehr zum hilflosen Patienten wurde und schließlich unter ärgsten Qualen starb, war ich von meinem naiven Irrglauben gründlich und für alle Zeiten kuriert. Ärzte, so wußte ich nun, sind um nichts weniger krankheitsanfällig und sterblich als ihre Patienten. Daß allerdings ausgerechnet zwei solche Naturheilgenies wie Vinzenz Prießnitz und Johann Schroth in erschreckend jungen Jahren von dieser Welt haben abtreten müssen, war auch für den Realisten, der ich inzwischen geworden war, nur schwer zu begreifen: 58 wurde der eine, gar nur 52 der andere.

An das Schicksal dieser beiden Männer wurde ich erinnert, als ich bei den Recherchen für das vorliegende Buch mein Gedächtnis in jene Phase der Kindheit zu lenken versuchte, da ich

*Kaltes Wasser, altes Brot*

unter den Fittichen meiner mährischen Großmutter aufgewachsen war: In den alten Hausbüchern und Kalendern der Region, auf die ich im Bücherschrank stieß, waren immer wieder diese beiden Namen zu lesen. Vinzenz Prießnitz und Johann Schroth waren nicht nur Landsleute meiner Großmutter, sondern hatten auch untereinander mancherlei auffällige Gemeinsamkeiten: Sie waren fast zur selben Zeit zur Welt gekommen (1798 der eine, im Jahr darauf der andere), und beide stammten aus derselben Gegend (aus Gräfenberg der eine, aus dem benachbarten Lindewiese der andere). Es ist jenes ehemals österreichische Schlesien, das dicht an der Grenze zu Polen liegt und dessen Zentrum das frühere Freiwaldau bildet.

Zwar ist, was ihre Heilmethoden betrifft, die Zeit seit langem über die beiden hinweggegangen, doch in den Lexika sind ihre Namen nach wie vor verzeichnet: Über zwei Gesundheitsgurus, die zu ihrer Zeit so immensen Zulauf gehabt haben, ja fast wie Heilige verehrt worden sind, kann man auch trotz allen medizinischen Fortschritts, der in den vergangenen anderthalb Jahrhunderten die Welt verändert hat, nur schwer hinweggehen. Und außerdem: Sowohl Prießnitz-Umschlag wie Schroth-Kur sind nach wie vor – selbst im Zeitalter von Laserspektroskopie und Computertomographie – ein fester Begriff.

Vinzenz Prießnitz, der ein Jahr Jüngere (und um vieles Berühmtere), kommt am 4. Oktober 1799 auf einem Gräfenberger Bauernhof zur Welt; auch er selbst soll Landwirt werden. Schon als Bub ein eifriger Beobachter aller Naturvorgänge, bleibt sein Blick eines Tages an einem hinkenden Reh hängen, das seinen lädierten Lauf in einem Quelltümpel badet. Tag für Tag wiederholt sich die geheimnisvolle Prozedur, bis das Gebrechen des Tieres zuerst gelindert und schließlich behoben ist.

Als Vinzenz einige Zeit später selbst einen Rippenbruch erleidet, folgt er dem Beispiel des Rehs und unterzieht sich der gleichen

*Schlesien*

»Kur« – und mit dem gleichen Erfolg. Die Sache spricht sich herum, und sobald nun einer der Bauern aus dem Ort mit einer Verstauchung, Verrenkung oder Verletzung von der Feldarbeit heimkehrt, sucht er den jungen »Wunderheiler« auf, der seine Behandlungsmethoden unterdessen um Luft- und Sonnenbäder, kalte Wickel und künstlich erzeugtes Fieber erweitert hat und somit eines Tages auch zur Heilung innerer Leiden übergehen kann.

Prießnitz kommt ohne Medikamente aus, propagiert dafür vegetarische Kost und Vollkornbrot; streng untersagt sind der Genuß von Kaffee, Alkohol und Tabak. Als »Spital« dient dem »Wasserdoktor«, der niemals einen Universitätshörsaal von innen gesehen und auch sonst keinerlei medizinische Ausbildung genossen hat, der eigene Bauernhof im kleinen Gräfenberg, und da bei dem rapid wachsenden Zustrom Scheune, Stall und Dachboden schon bald nicht mehr ausreichen, all die Patienten unterzubringen, errichtet der erst Dreiundzwanzigjährige 1822 sein erstes Kurhaus. 40 000 Heilungssuchende werden es am Ende seines kurzen Lebens sein, die Vinzenz Prießnitz behandelt hat, darunter Prominenz wie Bayernkönig Ludwig I., der österreichische Erzherzog Franz Karl, Mitglieder der Familien Esterházy, Schwarzenberg und Liechtenstein, der Dichter Gogol und der Komponist Chopin.

Burgtheaterdirektor Heinrich Laube ist unter den ersten, die sich dem meistens in einen »napoleongrauen Rock« gehüllten und mit »Wasserstiefeln« ausgerüsteten Medizinmann anvertrauen; er nennt ihn einen »mit unerschütterlicher Gelassenheit Zuhörenden«, der eisernes Schweigen wichtigtuerischer Vielrednerei vorzieht und insgesamt wie ein Mittelding zwischen »städtischem Bauern« und Propheten anmutet. Von Laube (der insbesondere als der große Förderer von Grillparzer und Hebbel in die Theatergeschichte eingegangen ist) stammt übrigens auch

Von 40 000 Patienten gepriesen: »Wasserdoktor« Vinzenz Prießnitz. Er selbst wird nur 52 Jahre alt ...

eine amüsante Schilderung jenes Aufenthaltes, der noch in die Frühzeit des Kurortes Gräfenberg zurückreicht:
»Der Ort war damals noch ein Indianerdorf, in welchem kein Weißer sich angesiedelt. Ein steinernes Haus gab's, in welchem Prießnitz die Aristokratie seiner Patienten wohnen ließ. Wenn es voll war, wurden Neuankömmlinge in die Bauernhäuser geschickt. Ein solcher war ich, und mein Zimmer war die Ecke einer Bauernstube; dort sollte ich schwitzen und gedeihen. Die anderen Ecken und die Mitte der Stube verblieben der Bauernfamilie

*und dem Gesinde. Dazu rauhes Frühlingswetter, welches sich hier am Abhang des Gebirges um einen Monat verspätet hatte und des Morgens zuweilen mit sauberem Schnee aufwartete. Mein kaltes Bad lag im sogenannten Garten beim Bauernhause, und wenn ich des Morgens unter einem Berge von Decken kurmäßig in strömenden Schweiß gelangt war, hatte ich, kärglich eingehüllt in ein dünnes Laken, hinauszuwandeln in jenen Garten und mich in das lockende Bad zu senken.«*

Erstaunlich, was die Prießnitz-Patienten an Torturen auf sich zu nehmen bereit sind; Laube berichtet darüber:

*»Zum Frühstück kaltes Wasser, so viel wie möglich, dann kalte Milch mit schwarzem Brot, wieder immerfort kaltes Wasser, hernach kalte Dusche im freien Walde bei Wind und Regen und Schnee, dann endlich Mahlzeit im steinernen Hause – einige Jahrhunderte vor Erfindung der Kochkunst. Und schließlich abermals kaltes Wasser, so viel wie möglich.«*

Das kalte Wasser kommt aus rund 40 Brunnen, die über das Ortsgebiet verteilt sind. Von manchen zur Bequemlichkeit neigenden Patienten, die sich den rigorosen Prozeduren zu widersetzen versuchen, wird erzählt, Prießnitz habe sie, um ihr »träges Blut« in Wallung zu bringen, mit der Peitsche ums Haus gejagt. Auch andere Schauergeschichten machen die Runde – kein Wunder, daß der »Wasserdoktor von Gräfenberg« wieder und wieder mit den örtlichen Behörden in Konflikt gerät. Auch unter der Ärzteschaft macht er sich Feinde; vielfach der Kurpfuscherei angeklagt, muß er einmal sogar einen mehrtägigen Arrest absitzen. Die von der Wiener Regierung eingesetzte Prüfungskommission sieht jedoch – schon mit Rücksicht auf die namhaften Patienten aus dem Hause Habsburg – keinen Grund zum Einschreiten, sondern erteilt dem Umstrittenen die von ihm begehrte Konzession, und Kaiser Ferdinand I. dekoriert ihn mit einem hohen Orden.

Als Vinzenz Prießnitz am 28. November 1851 an den Spätfolgen eines Unfalls und wohl auch an dem übermäßigen Streß, den er

*Kaltes Wasser, altes Brot*

sich zugemutet hat, nur zweiundfünfzigjährig stirbt, ist seine »Hydrotherapie« so fest etabliert, daß der Gräfenberger Kurbetrieb von seinen Jüngern ohne Einschränkung fortgeführt, ja weiter ausgebaut wird, und auch heute, wo Naturheilverfahren wieder hoch im Kurs stehen, zieht das nunmehrige Jesenik Lazne mit seinem »Kurhaus Prießnitz« nach wie vor Patienten von nah und fern an. Zu seinem 200. Geburtstag im Oktober 1999 wird in einer repräsentativen Ausstellung der Verdienste des »Wasserdoktors« gedacht, und die UNESCO würdigt das Lebenswerk des Autodidakten, indem sie dessen Erfolgsgeschichte in ihre offizielle Datensammlung aufnimmt.

Wer sich in Jesenik Lazne ein Bild vom einstigen Renommee des Kneipp-Vorläufers machen will, sei auf die dortigen Kurwege verwiesen: eine Ruhmesallee von einzigartiger Internationalität. Die Tschechen huldigen Prießnitz mit einer lebensgroßen Skulptur der antiken Gesundheitsgöttin Hygieia, der Tochter des Asklepios, die Ungarn mit einem von dem berühmten Münchner Bildhauer Schwanthaler entworfenen Löwen, die Polen mit einem gekrönten Obelisk, die Deutschen mit einem marmortafelgeschmückten Findling, die Franzosen mit einer Granitpyramide »au génie de l'eau froide«.

Auch in Wien ansässige Anhänger der Hydrotherapie, die den Weg ins tschechisch-polnische Grenzland scheuen, können ihrem Idol huldigen: Das bombastischste aller Prießnitz-Denkmäler steht im Türkenschanzpark und zeigt eine nackte Frauengestalt, zu deren Füßen sich Wasser in ein steinernes Becken und von dort kaskadenartig in den darunter liegenden Teich ergießt. Während des Zweiten Weltkrieges zu Rüstungszwecken eingeschmolzen, hat man den metallenen Koloß 1958 erneuert. Und auch die Prießnitzgasse im Unterbezirk Donaufeld bezeugt, daß der »Vater der Wasserheilkunde« in seiner ehemaligen Hauptstadt keineswegs vergessen ist.

Anders verhält es sich mit dem eingangs erwähnten *zweiten* Gesundheitsguru, den das alte Mährisch-Schlesien hervorgebracht hat. Wie sein Altersgenosse und Nachbar Vinzenz Prießnitz ist auch der 1798 in Lindewiese geborene Johann Schroth von Haus aus Bauer, doch zum Unterschied von dem ein Jahr jüngeren »Kaltwasserapostel« schwört Schroth auf die Regenerationskraft trockener Semmeln: Die nach ihm benannte und bis heute in Gestalt der Mayr-Kur fortlebende Entschlackungstherapie zielt in erster Linie auf die Beseitigung von Übergewicht, wobei Schroth seine Patienten nicht nur mit altbackenem Weißbrot und einem Brei aus Reis, Grieß, Hirse und Buchweizengrütze füttert, sondern erstaunlicherweise auch zu massivem Weingenuß anhält.

*Ein einfaches Bäuerlein aus Mährisch-Schlesien: Entschlackungsspezialist Johann Schroth*

*Altbackenes Weißbrot und Getreidebrei – und zum »Lohn« für die Tortur ein tüchtiges Quantum Wein: die Schroth-Kur von Lindewiese*

Daran hat sich, als seine Jünger 1945 aus Lindewiese vertrieben werden, sich im Allgäu niederlassen und die gute alte Schroth-Kur in ihre neue Heimat »mitnehmen«, mancherlei geändert: Wer sich zu einer Stoffwechseltherapie in Oberstaufen entschließt, ist zwar nicht zu strikter Alkoholabstinenz verurteilt, doch das »Vierterl« hat sich in der Zwischenzeit zum »Gespritzten« reduziert.

# Lokalaugenschein in Hotzenplotz

Wer hätte gedacht, daß man in der zweiten Hälfte des 20. Jahrhunderts noch mit einer ganz normalen Kasperlgeschichte einen Welthit landen kann? Wohl am wenigsten Otfried Preußler selbst. Gut, schon seine Erstlinge »Der kleine Wassermann«, »Die kleine Hexe« und »Thomas Vogelschreck« hatten Furore gemacht. Doch erst die Millionen, die der »Räuber Hotzenplotz« einspielte, stellten alles andere, was es zu dieser Zeit auf dem deutschen Kinderbuchmarkt gab, in den Schatten. 1962 erschien das 120-Seiten-Bändchen zum ersten Mal; inzwischen sind es 7 Millionen Kinder, die das Märchen von Kasperl und seinem Freund Seppel, die den Diebstahl von Großmutters Kaffeemühle aufklären und dabei in die Fänge des wilden Räubers Hotzenplotz und des bösen Zauberers Petrosilius Zwackelmann geraten, verschlungen haben, und es werden ihrer immer noch mehr.

Dem Buch folgen Schallplatte und Kassette, der Kindertheaterfassung die Verfilmung mit Gert Fröbe und Josef Meinrad; es hagelt Preise und Auszeichnungen für den Autor, Schulen werden nach ihm benannt, und die Republik Österreich spendiert sogar einen Professorentitel. In 34 Sprachen wird der »Räuber Hotzenplotz« übersetzt, und da mit dem komischen deutschen Namen in anderen Ländern wenig anzufangen ist, verwandelt er sich in Italien in einen Brigante Pennastorta, in Spanien in einen Bandito Saltodemata, in Dänemark in einen Röveren Runkeldunk, in Finnland in einen Ryöväri Hurjahanka, in der Ukraine in einen Gutzik-Butzik und in China in einen Ta Tao Tsai Huo

Tschen Po. Nur in England, Rußland und Schweden bleibt's bei Hotzenplotz. Mit der Variante Hossekloss nähern sich die Holländer, mit der Variante Hotzenpurotzo die Japaner dem Original an.

Natürlich bleibt es dem Autor in späteren Jahren, als die Harry-Potter-Welle die Welt überschwemmt, nicht erspart, in Interviews auch nach seiner Meinung über die noch weit spektakuläreren Erfolge der Engländerin Joanne Rowling gefragt zu werden. »Über die Arbeit von Kollegen spreche ich nie«, antwortet Otfried Preußler lakonisch und läßt durchblicken, daß er mit dem, was er selbst erreicht hat, durchaus zufrieden ist: Altersweisheit eines Achtzigjährigen.

Und doch: *Eine* Sache gibt es, die ihn wurmt. Oder besser: die er nicht versteht. Wieso ist der »Räuber Hotzenplotz« in so viele Idiome übersetzt worden, nur in eines nicht – ins Tschechische? Dabei gibt es durchaus einiges von ihm in der Sprache des Nachbarlandes: »Das kleine Gespenst« zum Beispiel. Oder »Die kleine Hexe«, den »Kleinen Wassermann«, das Meisterwerk »Krabat«. Nur nicht das mit Abstand erfolgreichste: den »Räuber Hotzenplotz«. Könnte es damit zusammenhängen, daß Preußler für seine Titelfigur einen Namen gewählt hat, mit dem die heutigen Tschechen ein Problem haben?

Hotzenplotz – so heißt ein kleines Städtchen im äußersten Nordosten ihres Landes. Oder genauer: So hieß es bis 1945. Nach der Vertreibung der Deutschen aus der Tschechoslowakei wurde es wie unzählige andere umbenannt, und unter seinem neuen Namen Osoblaha findet man es heute auf jeder der aktuellen Landkarten: nördlich von Krnov, dem früheren Jägerndorf, wenige Kilometer von der polnischen Grenze entfernt. Könnte es sein, daß man in der Republik Tschechien nicht an die alten Zeiten erinnert werden will, da Hotzenplotz überwiegend von Deutschen besiedelt gewesen ist? Oder was vielleicht noch mehr ins Gewicht fällt: Könnte es das tschechische Nationalgefühl verlet-

*Schlesien*

*Otfried Preußlers Kinderbuchfigur »Räuber Hotzenplotz« war eine Erinnerung an seine verlorene Heimat (hier eine Grußkarte von Hotzenplotz um 1900).*

zen, daß Otfried Preußler, im nordböhmischen Reichenberg geboren und aufgewachsen, also selbst ein Sudetendeutscher, einen Ortsnamen des heutigen tschechischen Staatsgebietes ausgerechnet mit einer *Räuberfigur* in Verbindung gebracht hat?

Ich werde mich hüten, eine Bewertung des auf jeden Fall ungewöhnlichen Sachverhalts vorzunehmen. Auch dem Autor selbst, zu der heiklen Causa befragt, ist nicht das leiseste Wörtchen Kritik zu entlocken: Weder das Verdikt »Kleinlichkeit« kommt ihm über die Lippen noch gar der Verdacht eines Racheaktes. Belassen wir es also bei den nüchternen Fakten: Hotzenplotz ist kein Phantasiename, sondern ein Stück geographisch-ethnographischer Realität, und der kann und darf man nachforschen. Ich entschließe mich also zu einer Reise an den Ort, der Preußlers weltberühmter Kinderbuchfigur ihren Namen gegeben hat.

*Lokalaugenschein in Hotzenplotz*

Doch zuvor noch ein paar Worte zur Person des Autors – und zwar aus dessen eigenem Mund. In der 1978 erschienenen Anthologie »Hier lebe ich« schreibt er:

*»Ich bin Jahrgang dreiundzwanzig, wohne jetzt in Haidholzen bei Rosenheim und war bis vor einigen Jahren Volksschullehrer. Unsere drei Töchter sprechen ein waschechtes Oberbayerisch, aber meiner Frau und mir hört man es noch unschwer an, daß wir ›Zugereiste‹ sind. Wir stammen beide aus Reichenberg in Böhmen, und in Reichenberg wären wir vermutlich auch geblieben, wenn nicht die Weltgeschichte es anders gewollt hätte.*

*Reichenberg liegt auf dem Grund eines weiten Talkessels zwischen dem Jeschken- und dem Isergebirge. Die Stadt und ihre Nachbarorte bildeten zusammen ein einziges großes Textilindustriegebiet. An den Ufern der Görlitzer Neiße und ihrer Zuflüsse reihten sich, Schornstein an Schornstein, die Tuchfabriken. Wer aber einem der steinigen Bachgründe aufwärts folgte, der brauchte nur wenige Stunden zu wandern und war in der Wildnis; dem tat sich im Herzen des Isergebirges, mit Knieholzwiesen und einsamen Hochmooren, eine verwunschene Welt auf: erfüllt vom Gebrause der Wipfel und Wasser, vom Falkenschrei und vom Röhren der Hirsche.«*

Als Junge, so erinnert sich der erwachsene Otfried Preußler, sei er mit seinem Vater viel in jenem Gebirge herumgekommen:

*»Der Vater hat sich dort oben ausgekannt wie nur selten einer. Er hat mir die Raubschützenfelsen im Dickicht gezeigt und die Mauerreste verfallener Glashütten. Zu den Goldgruben hat er mich hingeführt, wo vorzeiten die Walen, die zauberkundigen Schatzsucher aus Venedig, nach Gold und Edelsteinen geschürft haben sollen. Wir sind in die halbverschütteten Erzstollen hineingekrochen, die Wallenstein einst im Gebiet um die ›Schöne Marie‹ hatte anlegen lassen, und wo nun die Fledermäuse gleich Tropfsteinen von der Decke herabhingen.«*

An all das denkt Otfried Preußler von Zeit zu Zeit – auch jetzt

*Schlesien*

noch, wo ihn das Schicksal in eine ganz andere Gegend verschlagen hat: in seine zweite Heimat am Fuße des Wendelsteins. Und auch die alten Geschichten aus der Kindheit fallen ihm wieder ein: »die Geschichten von Raubschützen, Hexen und Werwölfen und – nicht zuletzt – die Geschichten vom Wassermann, der in mondhellen Nächten ans Ufer geschwommen kam.«

Preußler, im Sommer 1949 aus sowjetischer Kriegsgefangenschaft entlassen, findet in seinem nunmehrigen oberbayerischen Domizil seine Braut Annelies wieder und gründet mit ihr eine Familie, aus der drei Töchter hervorgehen. Wenn der Vater vom täglichen Schuldienst aus Rosenheim heimkehrt, bedrängen ihn Renate, Regine und Susanne, er möge ihnen doch vorm Einschlafen Geschichten erzählen, und der also Geforderte entscheidet sich für Geschichten, deren er sich entsinnt, sobald seine Gedanken um die Kindheitsheimat Böhmen kreisen.

Was bei den Kleinen besonders einschlägt, sind die Erzählungen vom Wassermann und dessen Sohn, und so läßt sich Preußler immer wieder neue Abenteuer um die geliebten Sagengestalten einfallen – bis ihm eines Tages die Idee kommt, man könnte diese Geschichten doch auch niederschreiben, vielleicht gar als Buch herausbringen. Das ist Otfried Preußlers Start als Kinderbuchautor – ein Start, der sich freilich verzögert: Einer der Verlage, bei dem er sein Manuskript eingereicht hat, läßt den Autor neun Monate auf Antwort warten, ein zweiter lehnt es als »nicht zeitgemäß« ab und rät Preußler, von Kasperlgeschichten auf Umweltthemen umzusteigen.

Als der »Kleine Wassermann« dann 1956 doch erscheint, gerät das Debüt des Dreiunddreißigjährigen allerdings zum Triumph, und Otfried Preußler sieht sich von Stund an vor die Aufgabe gestellt, am laufenden Band neue Kinderbücher auf den Markt zu werfen: Auf dem langen Fußmarsch zu seiner Schule (deren Rektor er später werden wird) schaltet er das Diktiergerät in seiner Jackentasche ein, und abends daheim schreibt er das auf

216

*Lokalaugenschein in Hotzenplotz*

Tonband Gesprochene ab und feilt es aus. Der zweifache Umgang mit Kindern – als Lehrer und als Familienvater – hilft ihm, den richtigen Ton zu treffen:»Da muß man höllisch aufpassen, Kinder sind enorm aufmerksame Leser, sie liegen immer auf der Lauer, einem eine Ungenauigkeit nachzuweisen. Sie fragen zum Beispiel argwöhnisch, ob Hexen wirklich auf Besen reiten und nicht vielmehr auf Staubsaugern.«

Die meisten seiner Stoffe, seiner Charaktere holt sich unser Autor aus der Erinnerung an die eigene Kindheit im Böhmerland. Da gibt's den k.k. Bezirksschulinspektor Richter, den armen slowakischen Rastlbinder oder den Bäcker-Ferdl aus Reichenberg. Und schließlich, 1962, die Figur, die Otfried Preußlers Weltruhm begründet: den Räuber Hotzenplotz. Bei ihm ist es freilich nur der *Name*, der eine Brücke schlägt zur verlorenen Heimat: Er leitet ihn von einer Ortschaft ab, deren so lustig klingende Bezeichnung er von früher her im Gedächtnis hat. Es ist ein Name, der allerdings inzwischen von den Landkarten verschwunden ist, denn Hotzenplotz heißt heute Osoblaha. Und dieses Osoblaha will ich kennenlernen. Auf zum Lokalaugenschein!

Ausgangspunkt meiner Exkursion ist das mährisch-schlesische Bezirksstädtchen Krnov, das frühere Jägerndorf. Horst Westphal, der dem mitten auf dem Hauptplatz errichteten »Haus der Tschechisch-Deutschen Verständigung« vorsteht und die Interessen der wenigen in der Region verbliebenen Deutschen vertritt, weiß zwar nichts von Preußlers Räuber Hotzenplotz, kann dafür aber mit einer älteren Variante aufwarten, die in der Gegend große Popularität genießt: dem Räuberhauptmann Hunzaches, der der Sage nach auf der nahen Schellenburg sein Unwesen getrieben hat. Das dessen Andenken gewidmete Theaterstück ist im Rahmen der Deutsch-Tschechischen Woche, die seit einigen Jahren die deutsche Restbevölkerung, die von weit

217

*Schlesien*

her anreisenden Heimatvertriebenen und manche der Neusiedler zusammenführt, mehrmals im Jägerndorfer Schützenhaus aufgeführt worden – es ist eine der seltenen Gelegenheiten, da in den Straßen, Geschäften und Gasthöfen des heutigen Krnov deutsche Umgangssprache zu vernehmen ist.

Nach Hotzenplotz/Osoblaha sind es 15 Kilometer. Die einfache Landstraße führt durch dünn besiedeltes Land; an den Radfahrern, die mir in aller Unbefangenheit auf meiner Fahrspur entgegenkommen, ist zu erkennen, daß es in der Gegend kaum Autos gibt. Noch in Jägerndorf hat man mich darüber aufgeklärt, daß es eine der Regionen mit Rekordarbeitslosigkeit ist: 29 Prozent.
Es ist müßig, sich an Hand der Fotos vom alten Hotzenplotz orientieren zu wollen: Hier ist, seitdem es Mitte März 1945 Frontgebiet war und die letzten schweren Kämpfe zwischen der Deutschen Wehrmacht und der heranrückenden Roten Armee tobten, kein Stein auf dem anderen geblieben. Zur Strafe für den erbitterten Widerstand ist die Stadt von den Russen niedergebrannt worden; dem 1975 im Ortszentrum errichteten Mahnmal hat man eines jener Sowjet-Geschütze zur Seite gestellt, die hier 1945 im Einsatz gestanden sind.
Früher ein beliebtes Ausflugsziel mit nicht weniger als dreizehn florierenden Gastwirtschaften, ist das heutige Osoblaha eine trostlose Ansammlung von Plattenbauten, verlotterten Lagerhallen und auf den Trottoirs improvisierten Verkaufsständen fahrender Händler. Die zwei einzigen Attraktionen, die den wenigen Durchreisenden wert erscheinen, im Bild festgehalten zu werden, sind der hinter einer Kleingartenkolonie versteckte, unter Denkmalschutz stehende Judenfriedhof (der zusammen mit dem Gottesacker der Christen der einzige Ort ist, an dem noch der alte Ortsname Hotzenplotz zu finden ist) und der kleine Bahnhof mit dem Schmalspurzug, der acht Mal täglich die

*Gottverlorenes Nest an der tschechisch-polnischen Grenze: Osoblaha (bis 1945 Hotzenplotz)*

20-Kilometer-Strecke nach Třemešná und retour zurücklegt. Das Bähnchen, das demnächst mit Hilfe einer ausrangierten, aus Rumänien angekauften Lok auf Dampfbetrieb umgestellt und so zur Touristenattraktion aufgewertet werden soll, ist ein Relikt aus jenen lange vergangenen Tagen, da der wichtigste Wirtschaftsfaktor von Hotzenplotz dessen weithin berühmte Zuckerfabrik gewesen ist. Zum Heranschaffen der Zuckerrüben verlangte man nach einer eigenen Bahnverbindung – als Zubringer zum 10 Kilometer Luftlinie entfernten Anschlußbahnhof. Die Eisenbahnverwaltung stimmte dem Projekt zwar zu, bestand jedoch auf einem Streckenminimum von 20 Kilometer. Was also taten die listigen Hotzenplotzer in ihrer verzweifelten Lage? Sie verbündeten sich mit den Planern und ließen die Strecke so kurvenreich anlegen, daß dabei 20,2 Kilometer herauskamen ...

*Schlesien*

Daß ich diese schöne Episode und all das Übrige über Hotzen-plotz/Osoblaha erfahre, dessentwegen ich die umständliche Reise in diesen toten Winkel der Republik Tschechien auf mich genommen habe, verdanke ich einem Mann von über achtzig, den man mir als einen der letzten hier Lebenden genannt hat, die nicht nur die Ortschronik im Kopf haben, sondern auch des Deutschen mächtig sind: dem Rentner Antonín Tvrdý.

Mittelsmänner haben ihm mein Kommen avisiert, und da es unterblieben ist, einen fixen Zeitpunkt für unser Treffen zu ver-einbaren, geht er an dem bewußten Tag nicht aus dem Haus, son-dern wartet geduldig auf mich, und seine Frau, wie er ein Muster an Gastfreundschaft, tut ein Übriges und schiebt Kolatschen ins Backrohr, setzt Kaffeewasser auf.

Antonín Tvrdý hat in jungen Jahren – teils in Troppau, teils in Ratibor – die Landwirtschaftsschule besucht, und das damals erworbene Deutsch hat er bis heute nicht verlernt. In der Pro-tektoratszeit wurde er zwangsläufig zur Deutschen Wehrmacht eingezogen, und da er in Baden bei Wien gedient und in Trais-kirchen den Heeresführerschein gemacht hat, empfindet er nach wie vor starke Sympathie für Österreich. Hätte sein Vater sich nicht der Aufforderung der Protektoratsherren widersetzt, sei-nen Familiennamen einzudeutschen, hieße er heute Hartmann oder Hart. In den Jahren nach dem Krieg fand er im Staatsgut von Osoblaha Arbeit; jetzt leben er und seine Frau, die im städtischen Altersheim die Buchhaltung betreut hat, von ihren bescheidenen Renten.

Antonín Tvrdý kennt also beides: das alte Hotzenplotz und das neue Osoblaha. Und was er *nicht* weiß, schlägt er in seinen Büchern nach: in der zerfledderten, aus dem Jahr 1890 stam-menden Chronik des »Hotzenplotzer Schulbezirks« oder in den zwischen 1946 und 1970 in Westdeutschland erschienenen »Pfarrbriefen für das Dekanat Hotzenplotz und Umgebung«, die ihm die nach dem Krieg ausgesiedelten Altbürger in unver-

*Lokalaugenschein in Hotzenplotz*

brüchlicher Anhänglichkeit zugeschickt haben. Von ihnen durften ja nur drei oder vier Familien dableiben – darunter ein Installateur, der wegen der Wartung der öffentlichen Wasserleitung unentbehrlich war.

Natürlich hat sich ein heimatkundlich interessierter Mann wie Tvrdý auch mit der Geschichte des im 12. Jahrhundert gegründeten Ortes befaßt: Hotzenplotz gehörte zum Fürstentum Troppau, und Troppau war während der Habsburgerzeit die Hauptstadt von Österreichisch-Schlesien. Daß der so kurios klingende Ortsname auf die Initiative einiger Landadeliger zurückgeht, die ihrem Fürsten bei einem gemeinsamen Jagdausflug die Zustimmung abgerungen haben, an dieser Stelle eine Stadt zu errichten (»Hot's en Plotz!«), ist natürlich nur eine Anekdote: Hotzen ist nichts anderes als eine Verballhornung von Ossa, und die Ossa ist das Flüßchen, das am Ortsrand des heute 1500 Einwohner zählenden Städtchens vorbeifließt.

Vermutlich ist Antonín Tvrdý auch der einzige Bürger im heutigen Osoblaha, der davon weiß, daß der alte Ortsname Hotzenplotz in die Literatur eingegangen, ja durch Otfried Preußlers weltweit verbreitete Räubergeschichte zur Berühmtheit geworden ist. Freund Alfred H., der selber 1945 aus Hotzenplotz vertrieben worden ist, heute in Berlin lebt und – so wie viele andere seiner Landsleute – ab und zu in die alte Heimat auf Besuch kommt, hat ihm schon vor Jahren ein Exemplar des Preußler-Buches mitgebracht, und wenn sich die beiden alten Männer im einzigen Gasthaus von Osoblaha zum Wiedersehensumtrunk treffen, spielt sich regelmäßig das gleiche Begrüßungsritual ab: Sie fallen einander mit den Worten »Na, wie geht's dir, alter Räuber?« in die Arme.

*Südmähren*

# Der pflügende Kaiser

Jeder kennt sie bis zum Überdruß: die Fernsehbilder von den Politikern, die – auf Stimmenfang im Wahlkampf – Baustellen und Fabriksbetriebe heimsuchen und sich bei Betreten des Einsatzortes den unvermeidlichen Schutzhelm überstülpen. Besonders Eifrige legen gar die branchengerechte Arbeitsmontur an, lassen sich an Werkbank oder Gerüst die nötigsten Handgriffe erklären und vollführen, von den Umstehenden devot bewundert, mit mehr oder weniger Glück, wovon sie nicht die geringste Ahnung haben. Das Wichtigste dabei sind die Kameramänner und Fotoreporter, die den hehren Moment im Bild festhalten, um die Kollegen von der PR-Abteilung mit popularitätssteigerndem Material zu versorgen: Seht her, wie volksnah, wie leutselig unser Kandidat doch ist!

Wenn Ihnen diese Art von Reklame zuwider ist, ist die folgende Geschichte für Sie ungeeignet, und Sie brauchen gar nicht weiterzulesen. Höchstens Nostalgiker mit ausgeprägter Neigung zu »déjà-vu«-Erlebnissen werden daran ihre Freude haben. Und natürlich alle monarchistisch Angehauchten, die den alten Zeiten nachtrauern.

Österreich-Ungarn an der Schwelle des 18. zum 19. Jahrhundert. Jeder brave Untertan des mächtigen Habsburgerreiches kennt die berühmte Szene: Kaiser Josef II. führt einen Pflug über einen Acker und zieht damit eine tiefe Furche ins Erdreich. Zwei Rösser sind vor das Gerät gespannt; Seine Majestät, beherzt die hölzernen Haltegriffe umklammernd, lenkt, als täte er nie etwas

*Der pflügende Kaiser*

anderes, ohne fremde Hilfe die eiserne Pflugschar übers Feld; das Bäuerlein, dem der Pflug gehört, tritt ergriffen zur Seite und lüpft verehrungsvoll den Hut; auch der kaiserliche Troß versinkt in Bewunderung.

Kaum ist dieser 19. August 1769 vorüber, da läuft auch schon die Propagandamaschinerie des Wiener Hofes an: Der pflügende Kaiser wird in allen erdenklichen Varianten unters Volk gebracht – von Malern im Bild, von Kupferstechern in Druckgraphik, von Graveuren in Medaillen festgehalten. In Amtsstuben, Dorfschulen, Vereinshäusern und Wohnzimmern hängt die berühmte Szene an der Wand; auch eine Spieluhr mit Halbstundenschlagwerk, die mit dem genannten Motiv versehen ist, kommt in den Handel; und noch hundert Jahre nach dem Ereignis legt die österreichische Notenbank einen 50-Gulden-Schatzschein auf, auf dessen Rückseite Josef II. munter drauflos ackert, auch wenn er seit 70 Jahren tot ist.

Ja, in etlichen Gemeinden des nördlichen Niederösterreich – so etwa in Waidhofen an der Thaya, Zissersdorf und Zwettl – kann man noch heute an öffentlichen Gebäuden einschlägige Gedenktafeln finden, ganz zu schweigen vom Originalschauplatz, dem südmährischen Dorf Slawikowitz, dessen Bürger es im Lauf der Zeit auf nicht weniger als fünf Denkmäler des pflügenden Kaisers gebracht haben – das letzte Mal Anno 1996.

Auch das Objekt höchstselbst, der historische Pflug, ist bis heute erhalten geblieben: Er bildet eines der Prunkstücke des Ethnographischen Museums von Brünn. Andreas Trnka, jener Bauer aus Slawikowitz, dem er gehört hat, hatte es nicht zu bereuen, daß er das von Kaiserhand »geadelte« Gerät den mährischen Ständen zu Ausstellungszwecken überlassen hat: Er wird dadurch zur Berühmtheit, muß so manchem Maler Modell stehen, wird von Besuchern mit Geschenken überhäuft, bringt es zu ungewohntem Wohlstand. Sogar das führende deutsche Familienblatt »Gartenlaube« veröffentlicht ein Bild des »Leihgebers«,

225

*Südmähren*

und auf der Wiener Weltausstellung von 1873 ist Trnkas Pflug eine der Attraktionen im Pavillon des Österreichischen Ackerbauministeriums. Daß ich ihn nicht an seinem heutigen Aufbewahrungsort, dem Ethnographischen Museum im Stadtzentrum der mährischen Landesmetropole Brünn, zu sehen bekomme, liegt einzig daran, daß das fragile, inzwischen 250 Jahre alte Gerät zur Zeit meines Besuches ins Depot ausgelagert ist, um von Expertenhand restauriert zu werden.

Meine Enttäuschung ist dennoch nur von kurzer Dauer: Der Bürgermeister von Rousínov, dem 25 Kilometer von Brünn entfernten Landstädtchen, in dem vor Zeiten das Dorf Slawikowitz aufgegangen ist, zeigt sich, von der Brünner Tourismuszentrale in aller Eile informiert, bereit, mich an den Ort des illustren Geschehens zu geleiten, holt mich binnen einer Stunde vom vereinbarten Treffpunkt ab und bringt mich in vierzigminütiger Fahrt ans Ziel.

František Havíř ist im Hauptberuf Agronom, ein Kommunalpolitiker modernen Typs, 46 Jahre alt, zupackend und sympathisch. Ich kann mich mit ihm auf deutsch unterhalten; schon die Geschichte, wie er zu seinen Fremdsprachenkenntnissen gelangt ist, nimmt mich für ihn ein. Es ist Mitte der Achtzigerjahre, František Havíř erwirbt für die von ihm geleitete Produktionsgenossenschaft eine pneumatische Sämaschine. Das gerade erst auf den Markt gekommene Modell ist allerdings nicht leicht zu handhaben, ist deutsche Exportware – was fehlt, ist eine Gebrauchsanweisung auf tschechisch. Was also tut František Havíř? Er besorgt sich in der Buchhandlung einen deutsch-tschechischen Sprachführer und bringt sich das ihm fremde Idiom im Selbstunterricht bei. Vom Erfolg beflügelt, beläßt er es bald nicht mehr beim bloß Landwirtschaftlich-Technischen, sondern erweitert seinen Wortschatz Zug um Zug zum Allgemeinen hin, und so ist er nun, wo ich vom Beifahrersitz seines Wagens aus seiner

*Der pflügende Kaiser*

*Prunkstück des Ethnographischen Museums Brünn: der historische Pflug, mit dem »Bauernkaiser« Josef II. auf der Durchreise durch Südmähren »seine« berühmte Furche zieht*

Erzählung lausche, ohne wesentliche Abstriche imstande, zu rekapitulieren, was sich da an jenem 19. August 1796 in seinem heutigen Gemeindegebiet zugetragen hat ...

Maria Theresias Ältester ist seit kurzem 28; vor vier Jahren hat er die Kaiserwürde empfangen und ist von seiner Mutter zum Mitregenten bestimmt worden. Jetzt, im Sommer 1769, steht eine hochpolitische Mission, eine mehrtägige Reise nach Preußisch-Schlesien auf dem Programm: Josef II. soll in Neiße mit König Friedrich II. zusammentreffen, also jenem Widersacher Österreichs, dem Maria Theresia unversöhnlich gegenübersteht. Erst nach langem Zögern und unter dem Druck aktueller politischer Ereignisse stimmt die Mutter den Plänen ihres Sohnes zu, der seinerseits den Preußenkönig bewundert und ihn davon überzeugen will, daß Österreich an seinem Bündnis mit Frankreich festhalten und überhaupt alles tun werde, um den Völkerfrieden zu erhalten.

Da es ein Geheimtreffen sein soll, reist Josef II. unter dem Decknamen Graf von Falkenstein; in seiner Begleitung befinden sich Herzog Albrecht von Sachsen-Teschen, Oberststallmeister von Dietrichstein, Feldmarschall Graf Lacy, die Generäle Colloredo, Laudon, Althan, Siskowitz und Nostitz sowie mehrere Kammerherren.

Am Abend des 19. August will man, von Brünn kommend, noch die Zwischenstation Olmütz erreichen. Doch kurz vor Wischau, bei dem Dorf Slawikowitz, bringt eine Panne den kaiserlichen Troß zum Halten: An der Kutsche Seiner Majestät ist eine Achse gebrochen. Der Kaiser steigt aus, und während er sich am Straßenrand die Füße vertritt und die Bediensteten sich daranmachen, den Schaden zu beheben, fällt sein Blick auf einen Mann, der auf der benachbarten Parzelle mit seinem Pflug am Werk ist.

Kurz entschlossen geht Josef II. auf den Fremden zu, nimmt ihm die Pflugsterze aus der Hand und macht sich daran, höchstselbst einige Furchen zu ziehen. Die Umstehenden, allen voran der völlig verdatterte Jan Kartoš, Knecht des Slawikowitzer Bauern Andreas Trnka, trauen ihren Augen nicht: Ein ackernder Kaiser – so etwas hat noch keiner von ihnen gesehen! Ganz Mähren und bald auch das übrige Österreich hat sein Tagesgespräch, die Bauern von Slawikowitz setzen am Schauplatz des Geschehens zur Erinnerung an den großen Tag einen Feldstein ins Erdreich, und schon bald verbreitet sich die Kunde, Kaiserin Maria Theresia habe den Wunsch geäußert, das einfache Provisorium sogar durch einen »richtigen« Gedenkstein zu ersetzen.

Tatsächlich ergeht in diesem Sinne ein Sendschreiben des Leiters der Hofkanzlei, Graf Blümegen, an den Präsidenten des mährischen Guberniums, Graf Schrattenbach, der daraufhin eilends zwei Entwürfe in Auftrag gibt. Mit Geschützsalven und Standmusik wird die vom Slawikowitzer Grundherrn Fürst Wenzel Liechtenstein gestiftete Vierkantsäule enthüllt, der, mit

*Der pflügende Kaiser*

den Jahren von der rauhen Witterung angegriffen, 1804 ein weiteres Denkmal folgt. Diesmal ist es ein aus Sandstein errichteter, 17 Meter hoher Obelisk, der in seiner prunkvollen Ausgestaltung fast ein Schlachtendenkmal sein könnte. Ob das nicht doch ein bißchen übertrieben ist? Keineswegs, drückt sich darin doch symbolhaft der Dank der ländlichen Bevölkerung dafür aus, daß es Kaiser Josef II. gewesen ist, der 1781 mit der Aufhebung der Leibeigenschaft die Bauern von ihrer Knechtung durch den allmächtigen Landadel befreit hat.

Auch dieses Denkmal ist zwar nicht von Dauer, erhält jedoch gleichfalls einen würdigen Nachfolger: Es ist jenes 1836 enthüllte, mit Relieftafel und Reichsadler geschmückte gußeiserne Monument, das, von einem quadratischen Gatter eingesäumt und nur über Treppenstufen erreichbar, bis zum Ende der Donaumonarchie die Erinnerung an den pflügenden Kaiser wachhalten (und sogar in Gestalt von Ansichtskarten in Umlauf kommen) wird.

Als es 1921 abgerissen wird, gelingt es einem weitblickenden Denkmalschützer, zumindest die mit dem Widmungstext versehene Relieftafel zu retten und den Beständen des Mährischen Landesmuseums in Brünn einzuverleiben. Wie klug! Denn als man in den Jahren nach der »sanften Revolution« von 1989/90 darangeht, im heutigen Slavikovice (oder genauer: in Rousínov) Überlegungen anzustellen, wie dem »Bauernkaiser« auch zwei Jahrhunderte nach seinem Tod gehuldigt werden könnte, holt man die alte gußeiserne Platte hervor, läßt sich davon ein Duplikat anfertigen (das die Herstellerfirma bereitwillig sponsert) und fügt es in einen wuchtigen Steinbrocken ein, der nun seit 1996 die Blicke der auf der Cisarská (der historischen Kaiserstraße) Vorüberfahrenden auf sich zieht, ja den einen oder anderen vielleicht sogar zu kurzem Verweilen einlädt.

*Slawikowitz, 19. August 1769. Das große Ereignis ist in tausenderlei Gest*

stgehalten: in Denkmälern, Kupferstichen, Medaillen und Banknoten

*Südmähren*

František Havíř und ich bleiben länger: Natürlich muß die Sache im Bild festgehalten werden; außerdem will der Herr Bürgermeister sich übers Mobiltelefon vergewissern, ob die von ihm eilends einberufene Konferenz »steht«. Der Unermüdliche hat doch wahrhaftig den örtlichen Heimatforscher, die Leiterin der Gemeindekanzlei und eine Dolmetscherin zusammengetrommelt, die im Sitzungssaal des Rathauses von Rousínov dem Gast aus Wien Rede und Antwort stehen sollen. Schließlich kommt es nicht alle Tage vor, daß sich ein Schriftsteller aus dem Nachbarland für das südmährische 5000-Seelen-Städtchen interessiert – da will man sich nicht lumpen lassen.

Hier also erfahre ich bei Kaffee und Mineralwasser (das immer noch – oder wieder? – den altösterreichischen Markennamen Mattoni trägt), was mir noch an Insiderwissen fehlt. Ich erfahre, daß auch der tschechische Bevölkerungsteil dem pflügenden Kaiser gehuldigt, ja der Dorfrichter František Vavák sogar ein Bänkellied über die Episode von 1769 geschrieben hat, das sowohl im Druck erschienen wie auch vielerorts gesungen worden ist. Ich erfahre weiters, daß sich beim Bauernaufstand von 1775 die Landbevölkerung von einem eigenen »Bauern-Vaterunser« Hilfe erhofft habe, das Seiner Majestät gewidmet war. Und manche, so erzählte man sich nach dessen Tod, hätten gar die Kunde verbreitet, Josef II., dank des Opfermutes eines seiner Soldaten den Nachstellungen von Giftmischern entzogen und irgendwo im fernen Ausland versteckt, werde eines Tages als »Erlöser« zu seinem Volk zurückkehren – eine Art moderner Messias.

Auch, was die nachkaiserliche Zeit und da insbesondere das weitere Schicksal jenes Getreideackers betrifft, auf dem Josef II. seine Furchen gezogen hat, werde ich lückenlos aufgeklärt. Ist der Ort zur Zeit des denkwürdigen Ereignisses die letzte Pferdewechselstation vor Brünn und infolgedessen eine blühende Gemeinde mit nicht weniger als 40 Gasthöfen, so wird Raussnitz/Rousínov 100 Jahre später ans Eisenbahnnetz angeschlos-

*Der pflügende Kaiser*

sen. Daß der Bahnhof genau an jener Stelle errichtet wird, wo Seine Majestät den Pflug geführt hat, hat allerdings Gründe, die damit nichts zu tun haben: Manche der Einheimischen, von der neuen technischen Errungenschaft und der mit ihr verbundenen Lärmentwicklung verschreckt, setzen sich mit ihrer Forderung durch, die Station an den äußersten Ortsrand zu verlegen. Das wird sich allerdings in späteren Jahren als kurzsichtig erweisen – einmal, als sich um die Mitte des 20. Jahrhunderts Rousínov zu einem Zentrum der Möbelmanufaktur entwickelt, was ein beträchtlich erhöhtes Verkehrsaufkommen zur Folge hat, und ein weiteres Mal, als mit dem Niedergang der Industrie zwei Generationen danach ein Heer von Pendlern entsteht, die darauf angewiesen sind, in Städten wie Vyškov oder Brünn neue Arbeitsplätze zu finden.

Heute, wo auch hier jeder zweite seinen eigenen Pkw fährt, hat die Eisenbahn stark an Bedeutung verloren, und der dreisprachige Ortsprospekt von Rousínov, der für die Sehenswürdigkeiten der Region – das dreistöckige Renaissancerathaus, die ehemalige Synagoge, den alten Judenfriedhof, die barocke Nepomuk-Statue, das Denkmal für die gefallenen Sowjetsoldaten und vor allem das nahegelegene Gelände der Dreikaiserschlacht von Austerlitz – wirbt, ist auf Touristen zugeschnitten, die per Auto oder Fahrrad anreisen. Das reich bebilderte Faltblatt mit dem üppigen Anzeigenteil der örtlichen Handels- und Gewerbebetriebe kann es sowohl textlich wie drucktechnisch mit jedem »westlichen« Werbeträger aufnehmen. Und auch das zu Zeiten des Kommunistenregimes Undenkbare hat darin sein Plätzchen gefunden: der Hinweis auf den pflügenden »Bauernkaiser« und die Ackerfurchen von Slawikowitz.

233

# Franz heißt die Kanaille

Damit da nichts durcheinander gerät: Es gibt *zwei* Trenck. Den Friedrich und den Franz. Kündigt das Fernsehen eine neue Trenck-Serie an, so handelt es sich immer um den *Friedrich*. Zwar fließt auch bei ihm eine Menge Blut, aber dem Grobian *Franz* hat der sechzehn Jahre jüngere Cousin voraus, daß es bei ihm auch *erotisch* knistert. Die Geschichte vom stürmischen Liebhaber, der sich mit dem Preußenkönig anlegt, weil er gegen dessen Willen Prinzessin Amalie, die Schwester des Alten Fritz, zu freien gedenkt, enthält alles, was des TV-Konsumenten Herz begehrt.

Das war schon 1973 so, als Mathias Habich für den Zweiteiler über das Abenteurerleben des Frauenhelden Friedrich von der Trenck vor der Kamera stand, und es wiederholte sich, als 2003 Ben Becker dessen Nachfolge antrat. »Zwei Herzen gegen die Krone« hieß es diesmal: Da weiß man doch gleich, woran man ist. Nur bei dem alten Kinofilm von 1940, bei dem Hans Albers die Hauptrolle spielte, ging es um den weniger romantischen und dafür umso blutrünstigeren *Franz*: »Trenck, der Pandur« lautete der Titel des von dem frühverstorbenen Regisseur Herbert Selpin gedrehten Tobis-Thrillers. Und eben der – »Franz heißt die Kanaille« ist man versucht, den »Räuber«-Autor Schiller zu zitieren – ist es auch, der uns in der folgenden Geschichte interessiert.

Von Geburt zwar ebenso wenig Österreicher wie sein liebestoller Vetter Friedrich, steht der sechzehn Jahre Ältere jedoch in österreichischen Diensten, zählt, wiewohl später von ihr fallen-

*Mumie mit falschem Kopf: Pandurengeneral Franz von der Trenck in der Brünner Kapuzinergruft*

gelassen, zu Kaiserin Maria Theresias besonderen Günstlingen, und auch sein schmachvolles Ende spielt sich auf habsburgischem Boden ab: in den Kasematten von Brünn …
Was den Frankreich-Touristen die Gefängnisinsel des Grafen von Monte Christo, das der Hafenstadt Marseille vorgelagerte Château d'If, ist den Horror-Fans im Raum Deutschland-Österreich-Tschechien die Kerkerfestung auf dem Spielberg und die eine halbe Gehstunde von dort entfernte Kapuzinergruft im Stadtzentrum von Brünn.
Sein Bild ist in der mährischen Landeshauptstadt allgegenwärtig: Die Farbpostkarte des Freiherrn Franz von der Trenck zeigt ein von einer Schießpulverexplosion zernarbtes Gesicht mit verkniffenem Mund und gepuderter Perücke, über der breiten Brust der silberverbrämte Waffenrock, darüber die mit Schachbrett-

*Südmähren*

muster gesäumte Jacke aus blutrotem Samt und die Piraten-
schärpe, aus der Pistole und Dolch drohend hervorlugen – alles
in allem ein schreckenerregender Anblick, ein durch und durch
unsympathischer Patron.

Am Neujahrstag 1711 kommt er in Reggio di Calabria zur Welt:
Sein Vater, Johann Heinrich Freiherr von der Trenck, aus Ost-
preußen stammend, doch seit 1683 in österreichischen Diensten
stehend, ist der Garnison der vorübergehend unter habsburgischer Herrschaft stehenden süditalienischen Provinz Kalabrien
als Oberstleutnant zugeteilt.
Schon mit 17 entscheidet sich der Filius für den Dienst mit der
Waffe und tritt als Fähnrich in die österreichische Armee ein.
Was dem Hitzkopf freilich fehlt, sind die für die militärische
Karriere unabdingbare Disziplin und Unterordnung: Schon vier
Jahre nach seinem Debüt fliegt er aus dem Heer hinaus, schließt
sich als Freischärler den gegen die Türken kämpfenden Russen
an, wird jedoch auch dort wegen Unbotmäßigkeit gefeuert, ja
sogar zum Tod verurteilt. Voraussetzung für seine Begnadigung:
Er muß Rußland verlassen.
Die einzige, die ihm jetzt noch helfen kann, ist »seine« Kaiserin.
Und tatsächlich gelingt es dem knapp Dreißigjährigen, von Maria
Theresia in Wien empfangen zu werden. Im soeben aufflam-
menden Erbfolgekrieg braucht die junge Regentin Haudegen
wie diesen Trenck: Sie ermächtigt ihn, auf eigene Kosten ein
Pandurenkorps von zunächst 1000, später sogar 5000 Mann auf-
zustellen, das an der Seite ihrer »regulären« Truppen gegen die
Preußen kämpft.
Das tun sie, die tollkühnen Reiter des Freiherrn von der Trenck,
nur tun sie es mit solcher Brachialgewalt und Barbarei, daß Maria
Theresia sich schon bald genötigt sieht, mit scharfer Rüge einzuschreiten: Zu erschreckend sind die Berichte über Plündereien,
Unterschlagungen und Vergewaltigungen, die sich die Panduren,

*Franz heißt die Kanaille*

darunter zahlreiche ehemalige Häftlinge, unter der Zivilbevölkerung der jeweiligen Front zuschulden kommen lassen. Zwar gelingt es Trenck, für sein marodierendes Freiwilligenkorps die Umwandlung in ein reguläres Regiment zu erwirken, doch mit deren Ausschreitungen hat es auch in der Folgezeit kein Ende, und so landet der alles andere als zimperliche Kommandant vor dem Kriegsgericht. Auch hier nicht im mindesten einsichtig, ja sogar den Vorsitzenden tätlich angreifend, wird Trenck neuerlich zum Tod verurteilt. Daß ihm die Hinrichtung erspart bleibt, hat er nur dem Revisionsverfahren zu verdanken: Die Strafe wird in lebenslange Festungshaft umgewandelt, und das bedeutet Kerker in den berüchtigten Kasematten des Staatsgefängnisses von Brünn …

Es ist ein ruhiger Tag auf dem Spielberg: Die Aufseherinnen rotten sich zusammen und nützen die Zeit zum Plaudern. Für den Besucher stellen sie sowieso kaum eine Hilfe dar: Fremdsprachlich nicht geschult, überlassen sie den Wißbegierigen den beim Eingang ausgeteilten Faltblättern und den in den einzelnen Räumen angebrachten Schautafeln. Bei einer so gigantischen Anlage wie dem Spielberg verlaufen sich die Touristen auch an starken Tagen: An der Kasse, an der man seine Eintrittskarte löst, stehen fünf verschiedene Preiskategorien zur Wahl – je nachdem, für welche Sektionen des auf 1200 Insassen zugeschnittenen Gebäudekomplexes sich der Besucher entscheidet. Ich verlange »žalář« (Kerker) und »kasematy«.
Der erwartete Schauder bleibt freilich aus. Liegt es an der allzu perfekten Restaurierung der Gänge, Stiegen und Zellen, die man in den letzten Jahren vorgenommen und die dem Ganzen etwas Aseptisch-Steriles verliehen hat? Oder liegt es an unserer Gewöhnung an die tagtäglich durchs Fernsehen verbreiteten Schreckensnachrichten, daß unsere Reizschwelle so maßlos überhöht ist? Auch der Horrorfilm-Boom hat uns abgestumpft.

Und Mitleid mag sich angesichts der Greueltaten eines Trenck, der hier für sein Sündenregister gebüßt hat, schon gar nicht einstellen. Hat er nicht in Wahrheit auch hier eine ganze Reihe von Privilegien genossen? Aus einem in der Münchner »Ordinaren Postzeitung« vom 14. September 1748 erschienenen Bericht erfährt man, daß der »Staatsgefangene Nr. 1« Anspruch gehabt hat auf einen Bedienten, auf den Gebrauch von »Feder und Dinte« sowie auf täglich einen Dukaten Bargeld »zu seinem Unterhalt«. Auch durfte er, wenngleich unter strenger Aufsicht durch die Festungskommandantur, Besucher empfangen.

Die »ungemeine Abhärtung gegen alle Beschwerden«, die ihm einer seiner frühen Biographen attestiert, ist allerdings trügerisch: Die in den Brünner Verliesen herrschende Feuchtigkeit, zusammen mit der sommers wie winters immergleichen Temperatur von 8 Grad Celsius, ist eine Folter, die auch den Stärksten umbringt: Freiherr Franz von der Trenck hält es knapp drei Jahre aus, dann ist es mit ihm vorbei. Diagnose: Wassersucht. 38 Jahre und 287 Tage – so lautet letztlich seine armselige Lebensbilanz. Was er in seiner Kerkerzelle hinterläßt, sind seine Memoiren; unter dem nicht gerade bescheidenen Titel »Merckwürdiges Leben und Thaten des weltberühmten Herrn Francisci Frey-Herrns von der Trenck, von ihm selbst bis zu Ende fortgesetzt« erscheinen sie in Leipzig im Druck. In dem heutigen »Gedenkraum« auf dem Spielberg hängt ein Faksimile seines »Lebenslänglich« an der Wand; bei der Verkündung des Urteils soll der »Held«, der übrigens nicht nur ein skrupelloser Krieger, sondern auch ein in sieben Sprachen sattelfester Gelehrter gewesen ist, in Ohnmacht gefallen sein.

Wie Kaiser Josef II., der sechzehn Jahre nach Trencks Tod sein Amt antritt, über den Mitstreiter seiner Mutter Maria Theresia denkt, entzieht sich unserer Kenntnis. Was wir hingegen wissen, ist, daß er sich eines Tages dazu entschließt, Österreichs Staatskerker persönlich in Augenschein zu nehmen – und zwar so

*Franz heißt die Kanaille*

konkret wie möglich: Seine Majestät läßt sich selber in einer der Zellen die Ketten anlegen. Zwei Stunden, so läßt er wissen, wolle er auf diese Weise ausharren. Doch nach nur einer halben Stunde ruft er die Wachen. Kaiser Josef II. hat genug – und verfügt die Schließung. Der Spielberg hat als Gefängnis ausgedient, findet fortan nur noch als Waffenarsenal Verwendung.

Wie geht es nun mit dem toten Trenck weiter? Sein Testament weist die Kapuzinermönche von Brünn als Erben seines Vermögens aus, und das heißt als erstes, daß die frommen Männer sich des Leichnams annehmen und für dessen angemessene Bestattung sorgen. In den Annalen der »böhmischen Kapuziner-Provinz« lesen wir darüber:

*»Den 4. October um ¼ auf 1 Uhr bei Nacht hat General Trenck das Zeitliche mit dem Ewigen vertauschet, und als Todter hat Er in diesem Tag auf die Nacht ½ 8 Uhr sein Quartier bei uns genommen, und weilen er verlangt hat, in Banden und Ketten aus der Festung getragen zu werden, ist es auch also geschehen bis zu dem sogenanden Brüner Thor. Hernach ist er auf einem Wagen bis zu unseren Closter geführt worden, wo er von Uns empfangen und von denen Layen-Brüdern zum Grab getragen worden.«*

Grab – das bedeutet in diesem Fall *Gruft*: Die Kapuzinermönche von Brünn pflegen seit dem ausgehenden 17. Jahrhundert den Brauch, ihre Toten in den unterirdischen Gewölben der ihrem Kloster angeschlossenen Kirche zur Auferstehung des Heiligen Kreuzes beizusetzen und zwar ohne jede Einsargung. Einem raffinierten Lüftungssystem ist es zuzuschreiben, daß die hier aufbewahrten Leichen nicht verwesen, sondern mit der Zeit zu Mumien erstarren. Anders als im Wiener Gegenstück, der dortigen Kapuzinergruft auf dem Neuen Markt, wo man Zinnsärge verwendet, kann man sich hier damit begnügen, die in ihre Kutte gehüllten Toten auf den bloßen Boden zu betten – für jeden heutigen Besucher ein schauriger Anblick. Und der Anblick

*Südmähren*

wird *noch* schauriger, wenn man die Deckenlampen ins Visier nimmt, die diesen makabren Totentanz in ein düsteres Licht hüllen: Es sind Luster aus menschlichen Gebeinen und Schädeln ...

Auch Freiherr von der Trenck, der »Star« der »Kapucínská Hrobka«, ist zur Mumie geworden, zu einem fragilen Gebilde aus stumpfem Grau, dessen gekreuzte Arme erste Auflösungsmerkmale aufweisen. Und auch das Gewand, das den Korpus umhüllt, und die Tücher, auf die er gebettet ist, wirken brüchig – nur der Kopf weist keinerlei Schäden auf. Allerdings ist dessen Echtheit umstritten: Die Überlieferung besagt, Trencks Schädel sei vierzehn Tage nach dem Tod von unbekannten Eindringlingen abgetrennt und anschließend durch den Kopf eines gerade verstorbenen Kapuzinermönchs ersetzt worden.

Doch wie auch immer es sich damit verhalten mag: Ob nur aus Gründen der Pietät oder aber, um weiteres Ungemach von dem Leichnam abzuwenden, stiftet 1872 der k.k. Major Heinrich von der Trenck, ein Großneffe des Pandurengenerals und dessen »letzter Descendent in Österreich«, einen hölzernen Sarg, der in späterer Zeit, als die Krypta für die Öffentlichkeit zugänglich gemacht und als Touristenattraktion genutzt wird, durch einen gläsernen ersetzt wird. Der reichverzierte und mit einer Widmungsplakette versehene Deckel des Holzsarges hat sich erhalten: Er hängt, dem Schausarg zur Seite, an der Wand der Gruftkammer. Der Glassarg selbst ist, um dessen Inneres vor dem Zugriff übermütig-skrupelloser Besucher zu schützen, fest verschlossen, und daß es dafür triftige Gründe gibt, zeigt einer der rückwärtigen Räume der Krypta, in dem eine Gruppe von Mönchsmumien ausgestellt ist: Um die Touristen davon abzuhalten, in die Leichenkammer – wie es sich in neuerer Zeit eingebürgert hat – Münzen einzuwerfen, hat man an der gläsernen Schutzwand, die den Besuchergang von der eigentlichen Stätte abtrennt, ein Piktogramm angebracht, wie es wohl an keinem

240

zweiten Ort der Welt zu finden sein wird: ein den gängigen Nichtraucherzeichen nachempfundenes Spendeverbot.

Ein einziges Mal wurde Trencks Totenruhe in neuerer Zeit *doch* gestört – allerdings nicht von Touristen –, sondern von Expertenhand: Zum 250. Sterbetag des Pandurengenerals anno 1999 erteilte der Prior des Kapuzinerklosters den Anthropologen der Universität Brünn die Erlaubnis, den Sarg zu öffnen und die jahrhundertealten Gebeine einer DNA-Analyse zu unterziehen. Auch Zeugnisse dieser postposthumen Prozedur hängen an der Fotowand: Wissenschaftler, die mit den einschlägigen Geräten am Werk sind, Spezialhandschuhe über den Händen, Mundschutz im Gesicht. Die Kapuzinergruft von Brünn ist reich, überreich an Makabrem. Doch das Makaberste sind diese Bilder vom auseinander genommenen und wieder zusammengesetzten Trenck.

## Taßwitzer Brotfest oder:
## Der Schutzpatron von Wien

Taßwitz, sechs Kilometer östlich von Znaim. Obwohl das Dorf am Nordufer der Thaya nicht viel mehr als 1200 Einwohner zählt und auch diese 1200 nur zum Teil Katholiken sind, besitzt es *zwei* Kirchen: auf einer Anhöhe am Ortsrand den prachtvollen Barockbau mit dem schmucken Zwiebelturm, drunten am Dorfplatz den betont schlichten Neubau von 1933. Und beide sind in Betrieb, letzterer sogar in besonderer Weise. Betritt man die Kapelle, die sich links vom Eingang ans Kirchenschiff anschließt, fallen dem Besucher als erstes zwei große Tische ins Auge, auf denen sich Brotlaibe türmen: Es sind Brote von unterschiedlicher Größe und unterschiedlicher Gestalt, allesamt mit verschiedensprachigen Aufschriften aus Salzteig verziert.

Nichts davon ist zum Verzehr bestimmt, alles ist hart wie Stein, Monate, vielleicht Jahre alt. Bäckerware, zur Devotionalie erstarrt. Nur einmal im Jahr, am 15. März, gibt es *frisches* Brot: wenn in hellen Scharen die Pilger aus Tschechien, aus der Slowakei, aus Polen, aus Deutschland und aus Österreich anrücken, Körbe voller Wecken und Laibe in ihrem Gepäck, ihre Gaben vom Ortspfarrer segnen lassen und nach Abschluß der Feier unter den Einwohnern von Taßwitz aufteilen.

Fast könnte man es ein Volksfest nennen, was sich da alljährlich am Todestag des Schutzpatrons von Wien abspielt – und das nicht etwa in Wien, sondern hier in dem kleinen südmährischen Dorf Taßwitz, wo Clemens Maria Hofbauer am Stefanitag des Jahres 1751 das Licht der Welt erblickt hat.

Da er, der große Heilige, als Halbwüchsiger das Bäckerhandwerk erlernt und auch in späteren Jahren wieder und wieder ausgeübt hat, huldigt man ihm logischerweise mit dem Gegenstand, der zu einer Art Symbol für ihn und sein Wirken geworden ist: mit Brot. Und man tut es demonstrativ dort, wo vor über 250 Jahren seine Wiege gestanden ist: Die Clemens-Kapelle von Taßwitz befindet sich nicht nur an der Stelle, wo bis zu dessen Abriß im Jahr 1932 Clemens Maria Hofbauers Elternhaus gestanden ist, sondern sie hat auch exakt die gleichen Maße wie das Geburtszimmer. So jedenfalls hat man es dem Architekten, der mit der Planung der Gedächtniskirche betraut worden ist, aufgetragen, und getreu nach diesen Anweisungen hat er seinen Plan ausgeführt. Es ist übrigens ein *zweiter* berühmter Clemens, der hier am Werk gewesen ist: kein Geringerer als der österreichische Stararchitekt Clemens Holzmeister. In seinem 673 Bauten zählenden Werkverzeichnis nimmt die Clemenskirche von Taßwitz die Nummer 291 ein und rangiert somit zwischen dem vom selben Künstler entworfenen Salzburger Festspielhaus und der Christ-König-Kirche auf dem Vogelweidplatz im Wiener Bezirk Fünfhaus.

Wer wie ich aus Österreich anreist, weiß, auch wenn er kein praktizierender Katholik ist, daß Clemens Maria Hofbauer seit 1914 der Schutzpatron der Bundeshauptstadt ist: der Stadtheilige von Wien. Seine Gebeine ruhen in der Kirche Maria am Gestade im I. Bezirk; die Patronisierungsfeier vom 14. Jänner 1914, fünf Jahre nach seiner Heiligsprechung durch Papst Pius X., geht als besonderes Ereignis in die Geschichte des österreichischen Katholizismus ein.
Nichts ist leichter, als Clemens Maria Hofbauer in Wien zu huldigen: Die Kirchen der Metropole gehen über von Hofbauer-Bildnissen und Hofbauer-Statuen, und seine Reliquien sind über zahlreiche Gotteshäuser verteilt. Eines von diesen, die Pfarrkirche auf dem Gatterhölzl in Obermeidling, trägt sogar seinen

*Südmähren*

Namen, und in dem idyllisch-verstaubten Clemens-Museum in einem der Seitentrakte von Maria am Gestade kann man Beicht-stuhl und Eßtisch, Chorhemd und Kolar, Verseh-Täschchen und Bußgürtel des Stadtheiligen bestaunen.

Weniger einfach verläuft die Spurensuche in Hofbauers Her-kunftsort Taßwitz: Im heutigen Tasovice, noch bis 1945 ein zu 90 Prozent deutsches Dorf, ist die Umgangssprache Tschechisch; ich bin also auf ortskundige Hilfe angewiesen. Pavel, der junge Assistent an der Znaimer Stadtbücherei, hat bei seiner zweispra-chig aufgewachsenen Großmutter Deutsch gelernt; auch Jiří und Rádek, die im Nachbarort Hodonice den »Libera Club« betrei-ben, ein Mittelding zwischen Teestube, Weinkeller, Herberge und Radfahrerstützpunkt, gehen mir bereitwillig als Fremden-führer zur Hand. Auch der seit Tagen niedergehende Regen, der das notorisch hochwassergefährdete Dorf in eine einzige Pfütze verwandelt hat, vermag sie nicht davon abzuhalten, mich an alle jene Plätze zu geleiten, die mit Hofbauers frühem Wirken ver-knüpft sind: das ehemalige (und seit 1933 durch die Wallfahrts-kirche ersetzte) Elternhaus, wo er am 26. Dezember 1751 als neuntes von zwölf Kindern des tschechischen Fleischhauer-gesellen Pavel Dvořák und der deutschen Dorfrichterstochter Maria Steer zur Welt kommt; das Gemeindeamt, wo der Vater um die Eindeutschung seines Familiennamens ansucht; das auf einem nahen Acker errichtete Marterl mit dem Gekreuzigten, in dessen Angesicht die Mutter nach dem frühen Tod des Vaters den Sechsjährigen belehrt, daß fortan er, der Heiland, sein Vater sei; die frühere Bäckerei Dobsch auf dem Wenzelsplatz im Stadtzentrum von Znaim, wo er nach Verlassen der Grundschule als Lehrling Aufnahme findet; das hoch über dem Ufer der Thaya errichtete und heute nur noch als Ruine fortbestehende Prämon-stratenserstift Klosterbruck, dessen Abt ihm seine Dienste als Kammerdiener und Tafeldecker mit einem Freiplatz am haus-eigenen Gymnasium entlohnt.

*Taßwitzer Brotfest oder: Der Schutzpatron von Wien*

Auch die devastierte Wallfahrtskirche von Mühlfrauen (das heute – nach der tschechischen Bezeichnung des Flüßchens Thaya – Dyje heißt) bekomme ich zu sehen: In dem kleinen Waldstück am gegenüberliegenden Ufer, das nur über eine Fußgängerbrücke zu erreichen ist, lebt Hofbauer nach seiner ersten Fußwallfahrt nach Rom einige Monate als Eremit, ehe er sein Einsiedlerdasein in einer selbstgezimmerten Holzhütte in Tivoli, nördlich von Rom fortsetzt, dort den Namen Clemens annimmt (sein eigentlicher Taufname lautet Johannes) und schließlich nach Wien überwechselt, wo er, inzwischen dreißig, also mit beträchtlicher Verspätung, zum Katecheten ausgebildet wird und mit Hilfe wohlhabender Gönner endlich sein Theologiestudium aufnehmen kann.

Heilige brauchen Legenden. War es damals, als der noch Halbwüchsige beim Bäcker in Znaim arbeitete und beim täglichen Brotaustragen das ihn begleitende Söhnchen des Meisters auf den Arm nahm, der freundliche Zuruf der Passanten »Schaut, da kommt der heilige Christophorus!«, so ist es nun, vierzehn Jahre später in Wien, die schöne Geschichte von den drei frommen adeligen Damen, deren Bekanntschaft Hofbauer macht, als er eines Tages gleichzeitig mit ihnen die Domkirche verläßt. Die drei in einem und demselben Haushalt lebenden Geschwister haben der Messe in St. Stephan beigewohnt, Hofbauer selber hat ministriert. Draußen geht in diesem Augenblick ein Unwetter nieder, es regnet in Strömen. Um den Heimweg antreten zu können, müssen sich die drei Damen unterstellen und das Ende des Wolkenbruchs abwarten. Da greift Hofbauer ein: Er stürzt beherzt ins Freie, läuft von einem Fiakerstandplatz zum anderen und schafft es tatsächlich, einen Wagen für seine Schützlinge aufzutreiben. Gerührt von so viel Obsorge, laden ihn die drei zur Mitfahrt ein, und als sich im Laufe des Gespräches, das man unterwegs führt, herausstellt, daß der hilfsbereite junge Mann

*Ein Bäckergeselle aus Znaim, der zum Schutzpatron von Wien aufsteigt: Clemens Maria Hofbauer*

davon träumt, Priester zu werden, jedoch zu arm ist, die Mittel für das nötige Studium aufzubringen, greifen sie, die über ein ansehnliches Vermögen verfügen, ihrem »Retter« unter die Arme und finanzieren ihm die weitere Ausbildung. Auch die Stelle beim Bäcker Weyrig in der Johannesgasse, die er gleich nach seiner Ankunft in Wien angenommen hat, um seinen Lebensunterhalt zu bestreiten, kann Hofbauer aufgeben: Der Weg des künftigen Seelsorgers, Predigers und Klostergründers ist geebnet.

1784 schließt er sein Universitätsstudium ab, im folgenden Jahr tritt er in Rom in die noch junge Ordensgemeinschaft der Redemptoristen ein, am 29. März 1785 wird er zum Priester geweiht. Nach Wien zurückkehrend, muß der inzwischen Fünfunddreißigjährige zur Kenntnis nehmen, daß für Ordensgeistliche wie ihn im Österreich des Reformkaisers Josef II., der eine Klosterschließung nach der anderen verfügt, kein Platz ist: Hofbauer übersiedelt nach Warschau, wo er sich vor allem um die Armen- und Waisenfürsorge verdient macht. Weniger erfolgreich verlaufen seine Bemühungen, in Deutschland und in der Schweiz weitere Niederlassungen seines Ordens zu gründen.

Um sich in seinem Heimatland Österreich etablieren zu können, muß er zwei Jahrzehnte zuwarten: Erst 1808 kehrt Hofbauer nach Wien zurück, wirkt zunächst als Hilfspriester in der Minoritenkirche, wird sodann zum Rektor der Pfarre St. Ursula in der Annagasse ernannt, wächst nach und nach als Prediger in die Rolle eines zweiten Abraham a Sancta Clara hinein und macht sich schließlich in engem Zusammenwirken mit dem Romantikerkreis um Friedrich und Dorothea Schlegel, Zacharias Werner und Joseph von Eichendorff einen Namen als Glaubenserneuerer. Als er am 15. März 1820 achtundsechzigjährig stirbt, ist er eine der führenden Gestalten des österreichischen Reformkatholizismus: Zum Trauergottesdienst in St. Stephan strömen solche Menschenmassen, daß die Domkirche zu klein ist, sie alle zu fassen. 1888 wird Clemens Maria Hofbauer selig-, 1909 heiliggesprochen, 1914 folgt seine Ernennung zum Schutzpatron von Wien.

Auch in der alten Heimat Mähren lebt die Erinnerung an ihren »großen Sohn« wieder auf, und mit der Einweihung der Holzmeister-Kirche Anno 1933 wird aus dem vormals stillen Taßwitz ein betriebsamer Wallfahrtsort. Erst nach dem Zweiten Weltkrieg hat es damit ein Ende: In einer kommunistischen Diktatur wie der ČSSR ist kein Platz für einen Heiligen, der noch dazu im kapitalistischen Wien als Stadtpatron verehrt wird. Erst mit der »Wende« von 1989/90 setzen die Pilgerströme aus Tschechien und den Nachbarländern aufs neue ein, und als im Spätjahr 2001 an der Hausfront des ehemaligen Bäckerladens am Wenzelsplatz von Znaim eine zweisprachige Gedenktafel für den einst vom Bäckerlehrling zum modernen Apostel Aufgestiegenen enthüllt

*Südmähren*

wird, deren Text demonstrativ das Gemeinsame von Tschechen und Deutschen, ja das Europäertum Clemens Maria Hofbauers herausstreicht, sind nicht nur der örtliche Klerus und der Bischof von Brünn unter den Festgästen, sondern auch der Bürgermeister von Znaim und Vertreter der um Völkerversöhnung bemühten Sudetendeutschen Landsmannschaft.

Ich beschließe meinen Rundgang in dem kleinen Informationsbüro im Stadtzentrum von Znaim, wo sich die Touristen mit Wegweisern zu den Kunstdenkmälern der Region eindecken, mit Vorschlägen für Fußwanderungen und Radtouren, mit Quartierlisten, mit Prospekten fürs bevorstehende Weinlesefest. Und siehe da, auch ich gehe nicht leer aus: Unter den vielen Ansichtskarten von Znaim und Umgebung, die die Frau hinter dem Schalter der örtlichen Touristeninformation für die Besucher von auswärts bereithält, finde ich auch ein Clemens-Maria-Hofbauer-Motiv: links die Wallfahrtskirche von Taßwitz, rechts der Stephansdom und dazwischen, wie es sich gehört, das Porträt des Schutzpatrons von Wien.

# Wie aus Matej Šindelář
# Matthias Sindelar wurde

Dr. Vlastimil Svěrák ist um die vierzig, zählt zum Typus des uneitel-unauffälligen Intellektuellen mit Bodenhaftung und arbeitet als Referent im Bezirksarchiv von Iglau. Da viele der Akten, die durch seine Hände gehen, noch in die Zeit zurückreichen, da die einstige königliche Bergbaustadt im südwestlichen Mähren das Zentrum einer deutschen Sprachinsel gewesen ist, ist ihm das Idiom des Nachbarlandes wohlvertraut. Daß er zu unserem Gespräch dennoch einen Dolmetscher hinzuzieht, wäre daher im Grunde überflüssig: Als Beamter, dem es auf äußerste Genauigkeit ankommt, will er halt Vorsorge treffen, daß ihm kein Fehler unterläuft.

Wenn Dr. Svěrák frühmorgens seine Dienststelle aufsucht, benützt er den Bus: Sein Wohnort Kozlov liegt 15 Kilometer östlich von Iglau, ist ein schmuckloses Dorf von einigen hundert Einwohnern; am Ortsrand führt die Autobahn Brünn-Prag vorbei. Heute wie ehemals ist Kozlov eine durch und durch tschechische Siedlung, ihre erste urkundliche Erwähnung datiert aus dem Jahr 1668. Gemeindeamt und Feuerwehr sind in einem und demselben Haus untergebracht, von den vormals drei Gastwirtschaften hat nur eine überdauert, die durchwegs einfachen Häuser sind um den malerischen Dorfteich gruppiert. Nur in einem einzigen Punkt hebt sich Kozlov von den benachbarten Orten gleicher Größe ab: Trotz seiner geringen Bevölkerungszahl verfügt es über nicht weniger als *drei* Fußballmannschaften. Im TJ Kozlov sind ein Senioren-, ein Jugend- und ein Schülerteam vereinigt. Auch Vlastimil Svěrák war vor Jahren als

Fußballer aktiv, jetzt hilft er im Bedarfsfall beim Nachwuchstraining aus.

Sein großes Aha-Erlebnis verdankt Svěrák der Zeit nach der politischen Wende von 1989/90, als sich nicht nur die Grenzen zu den Nachbarstaaten der Republik Tschechien öffnen, sondern auch so etwas wie Weltluft in den an und für sich unbedeutenden Ort einströmt: In Kozlov spricht sich herum, daß vor langer, langer Zeit einer der ihren einer der berühmtesten Fußballspieler Europas gewesen ist – allerdings nicht in seinem Geburtsort, sondern in Wien. Matthias Sindelar war der Superstar des legendären österreichischen »Wunderteams«.

Dr. Svěrák wäre ein schlechter Archivar, ginge er nicht sogleich mit aller ihm zu Gebote stehenden Akribie der aufregenden Neuigkeit nach: Er läßt sich von den Dorfältesten, die die Zwanziger- und Dreißigerjahre des vorigen Jahrhunderts noch persönlich miterlebt haben, die zunächst noch vagen Angaben bestätigen, wühlt sodann in den alten Geburtsmatrikeln und Taufbüchern, vertieft sich in die Geschichte des internationalen Fußballsports und organisiert, als er schließlich alle nötigen Details beisammen hat, zum Kirtag 1995 ein Spektakel, wie es das kleine Kozlov in seiner gesamten Geschichte nicht erlebt hat: Svěrák nimmt mit dem hochbetagt in Prag lebenden Torschützenkönig und einstigen Sindelar-Kollegen Pepi Bican Kontakt auf, lädt den seinerzeit als »World's Best Goal Scorer of the Century« Gefeierten samt seinem Biographen nach Kozlov ein und schafft es tatsächlich, den hohen Gast für den verwegenen Plan einzuspannen, das Altherren-Team von Bicans Stammverein Slavia Prag für ein Freundschaftsspiel gegen die örtlichen Veteranen nach Kozlov zu holen.

Die Sensation ist perfekt: Am 25. Juni 1995 treten auf dem schlichten Sportplatz des 430-Seelen-Dorfes die beiden so ungleichen Mannschaften gegeneinander an, und da sie dies nicht aus Jux und Tollerei tun, sondern zu Ehren Matthias Sindelars, ist auch ein Emissär der Österreichischen Botschaft unter den Zuschauern, und an der Außenwand der Mannschaftskabine wird eine eilends in Auftrag gegebene Gedenktafel enthüllt, die die Erinnerung an den großen Sohn von Kozlov festhält. Daß das Match 7:0 für Slavia Prag ausgeht (und bei besserer Kondition der von zu vielen Einsätzen geschwächten Gäste wohl *noch* drastischer verlorengegangen wäre), ist den Kozlovern einerlei: Was für *sie* zählt, ist der Triumph, für einen kurzen Moment die Augen der Fußballwelt auf sich gerichtet zu sehen. Und vor allem: ihrem berühmten Mitbürger posthum gehuldigt, ihn symbolisch »heimgeholt« zu haben.

Wieso hat das derart lange gedauert – bis zum Sommer 1995? Mag es damit zusammenhängen, daß sowohl im Tschechien der Ersten Republik wie auch in der Zeit des kommunistischen Regimes als verpönt galt, wer seine Heimat verlassen und im Nachbarland Österreich Karriere gemacht hat? Hinzu kommt, daß die Sindelars komplett ausgewandert sind, keinen der ihren in Kozlov zurückgelassen haben: Im Gegensatz zur Bezirkshauptstadt Iglau, wo das örtliche Telefonbuch nach wie vor von Trägern des berühmten Namens übergeht, ist dieser aus den Einwohnerverzeichnissen von Kozlov radikal verschwunden. In späteren Jahren tut dann noch der allgemeine Gedächtnisschwund ein übriges: Auch Sindelars Wahlheimat Österreich besinnt sich erst zu dessen hundertstem Geburtstag seines legendären Champions und bringt 2003 eine Sonderbriefmarke heraus, die den Superstar des »Wunderteams« in voller Aktion zeigt: beim Schuß aufs gegnerische Tor.

Nun aber, fünf Jahre nach der politischen Wende, die auch bei vielen Tschechen den Blick nach »außen« geschärft hat, gehen die Kozlover mit aller Gründlichkeit ans Werk, die »Causa Sin-

*Südmähren*

delar« zu klären. Sie haben dabei das Glück, unter ihren Einwohnern einen Fachmann zu haben, der dafür die idealen Voraussetzungen mitbringt: Dr. Vlastimil Svěrák ist, wie schon erwähnt, gelernter Archivar, hat also den direkten Zugriff zu allen einschlägigen Dokumenten und weiß diese präzis zu deuten. Resultat seiner Nachforschungen: Die Sindelars sind aus Trebitsch zugewandert – es ist jenes Städtchen zwischen Iglau und Znaim, aus dem auch die Vorfahren des früheren österreichischen Bundeskanzlers Bruno Kreisky stammen.

1835. Die Gemeinde Kozlov hält für ihre verwaiste Hufschmiede nach einem Nachfolger Ausschau; Jan Šindelář und Sohn František offerieren ihre Dienste und treten gemeinsam die offene Stelle an. Die Folgegeneration, abermals ein Jan, heiratet eine Einheimische, und diese Marie Šindelář, eine geborene Svengrová, bringt drei Kinder zur Welt: zwei Mädchen und einen Buben.

Der Bub, auf den Namen Matej getauft, ist drei Jahre alt, als sich die Familie, der inzwischen miserablen Arbeitsbedingungen wegen, dazu entschließt, ihrer Heimat den Rücken zu kehren, und 1905 nach Wien auswandert. Als »Wirtschaftsflüchtlinge«, wie wir heute sagen würden, fassen sie wie unzählige ihresgleichen in der Hauptstadt Fuß: der Vater als Lohnarbeiter im Baugewerbe, die Mutter als Betreiberin einer kleinen Wäscherei.

In der Quellenstraße 75 im Bezirk Favoriten wohnen sie auf engstem Raum. Man paßt sich den örtlichen Verhältnissen an: Das tschechische Šindelář (das wie Schindelarsch auszusprechen wäre) wird unter Eliminierung der diversen Häkchen (Hatscheks) eingedeutscht, und aus Matej, dem am 10. Februar 1903 in Kozlov geborenen Stammhalter, wird ein Matthias. Doch während der Bub, insbesondere ab Schuleintritt, deutschsprachig aufwächst, hält Mutter Marie an ihrer Muttersprache fest,

*Armeleutekind aus der Gegend um Iglau: Österreichs berühmtester Fußballer*

wird sich bis ans Ende ihrer Tage »böhmakelnd« durchs Leben bringen.

Matthias, wohl auch der zeitbedingt unzulänglichen Ernährung wegen ein schmächtiges Bürscherl, ist kein besonders guter Schüler. Umso mehr hängt sein Herz am Fußballsport: Jede freie Stunde verbringt er mit seinen Kameraden auf der sogenannten Steinmetzwiese – einer jener zahlreichen Favoritner »Gstetten«, auf denen man, mangels »richtiger« Fußbälle, dem »Fetzen-laberl« hinterherläuft. Einer jener Talentsucher, die ständig hinter brauchbarem Nachwuchs her sind, vermittelt Matthias an den Jugendkader des Fußballklubs Hertha, worüber insbesondere Mutter Sindelar überglücklich ist: Dort bekommt der Heranwachsende regelmäßig ein warmes Essen und vor allem festes Schuhwerk. Auch steht die vierköpfige Familie seit dem 20. August 1917 ohne Ernährer da: Vater Jan Sindelar ist an der Isonzo-Front gefallen.

Als Matthias 18 wird, steigt er von der Juniorenmannschaft zur »Ersten« auf, im Jahr darauf wechselt er zur renommierten »Austria«, weitere zwei Jahre später probiert man ihn bereits für die Nationalmannschaft aus, und 1931 ist er deren umju-

belter Star. Der »Papierene«, wie Matthias Sindelar – seiner
überschlanken Statur wegen – mit Spitznamen gerufen wird,
führt als Mittelstürmer das legendäre »Wunderteam« an, trägt
56 Mal den österreichischen Nationaldreß, zählt seines arti-
stischen Umgangs mit dem Ball und seines Trickreichtums
wegen zur Weltspitze, ist dabei, wenn Österreich die »unschlag-
baren« Schotten mit 5:0, die Deutschen mit 6:0, die Schweizer mit 8:1, die Franzosen mit 5:1 und die Ungarn mit 8:2 be-
siegt.

25 000 Pfund bieten englische Profi-Clubs, um Österreichs Tor-
schützen Nr. 1 abzuwerben, doch der hält allen Anfechtungen
wacker stand und bleibt seiner Wahlheimat treu, geht sogar unverändert seinem bürgerlichen Beruf nach – sei es als Auto-
schlosser, als Angestellter in einem Sportartikelgeschäft oder als
Inhaber eines Delikatessenladens. Auch der Film möchte Sindelars Ruhm nützen: Kurz vor seinem 35. Geburtstag läuft in den
österreichischen Kinos das Lustspiel »Die entführte Braut« an, in
dem er eine kleine Nebenrolle innehat.

Noch im selben Jahr steht unser Champion zum letzten Mal auf
dem grünen Rasen: Mit dem Klubspiel »seiner« Wiener Austria
gegen Hertha Berlin nimmt Matthias Sindelar am 26. Dezember
1938 Abschied vom Aktivsport, will sich fortan ins Privatleben
zurückziehen. Hier aber unterlaufen dem sonst so Besonnenen
zwei verhängnisvolle Fehler: Um seine Zukunft abzusichern, läßt
er sich im Frühsommer des »Anschluß«-Jahres 1938 auf einen
unschönen Deal mit den seit drei Monaten auch in der »Ost-
mark« agierenden NS-Behörden ein und gelangt so in den Besitz
des »arisierten« Kaffeehauses »Annahof« Ecke Laxenburger
Straße/Dampfgasse. Leopold Simon Drill, der jüdische Vorbesit-
zer des gutgehenden Lokals, wird ins »Sammellager« Theresienstadt deportiert, wo er alsbald stirbt.

Doch auch Sindelar kann sich seines neuen Eigentums nur kurze
Zeit erfreuen: Im Jänner 1939 macht der notorische Junggeselle

## Wie aus Matej Šindelář Matthias Sindelar wurde

*»Wunderteam«-Stürmer Matthias Sindelar*

die Bekanntschaft einer übelbeleumundeten Frau, mit der es alsbald auch zu intimem Verkehr kommt. Bei einem dieser Stelldicheins mit der drei Jahre älteren Camilla Castagnola, die in der Annagasse im I. Bezirk eine von Nachtschwärmern frequentierte Gulaschhütte betreibt, fallen Sindelar und seine Kurzzeitgeliebte einer Rauchgasvergiftung zum Opfer, die vermutlich auf einen in der Wohnung der Frau aufgetretenen Kamindefekt zurückzuführen ist. Als am Morgen des 23. Jänner die Rettung am Unfallort eintrifft, ist Matthias Sindelar, der in knapp drei Wochen seinen 36. Geburtstag hätte feiern sollen, tot; Camilla Castagnola, die zwecks Wiederbelebung ins Allgemeine Krankenhaus eingeliefert wird, stirbt am Tag darauf.
Die Presse, für die das ruhmlose Ende eines der gefeiertsten Sportler des Landes ein Sensationsstoff sondergleichen ist, überschlägt sich nicht nur in Trauer, sondern auch in den wildesten Spekulationen. Ein banaler Haushaltsunfall – das kann doch

*Südmähren*

nicht wahr sein! Ständig tauchen neue Versionen auf: Hat Camilla Castagnola angesichts des Scheiterns ihres Versuches, Sindelar an sich zu binden und sich mit seiner Hilfe zu »sanieren«,
ihren Freier vergiftet? Oder haben die beiden – sie als Halbjüdin,
er als erklärter Nazi-Gegner – gemeinsam Selbstmord verübt?
Vor allem die Schriftsteller Alfred Polgar und Friedrich Torberg
machen sich diese Hypothese zu eigen – ersterer in einem von
dem Emigrantenblatt »Pariser Tageszeitung« veröffentlichten
Nachruf, letzterer mit einem die Auslöschung der »Wiener
Schule« durch die NS-Gleichschaltung anklagenden zehnstro-
phigen Gedicht.

Heute wissen wir, daß Torberg geirrt hat. Die von ihm als Erklärung herangezogene »neue Ordnung« im nunmehr »ostmärki-
schen«, den Berliner Zentralstellen unterstellten Fußballbetrieb
scheidet als Selbstmordmotiv definitiv aus: Matthias Sindelar, in
seinem Rang als Spitzensportler weltweit und für alle Zeiten
unbestritten, ist in punkto Politik als Mitläufer entlarvt. Ja, es
könnte sogar der Fall eintreten, daß man aus diesem Grund das
Ehrengrab auf dem Zentralfriedhof, das ihm seinerzeit die Stadt
Wien gewidmet hat, in naher Zukunft streitig macht.
Diese Gefahr besteht in seinem Geburtsort Kozlov *nicht*. Sollten
die 64 Jahre nach Sindelars Tod ermittelten Fakten eines Tages
auch in das kleine mährische Dorf dringen, wird man sich dort
kaum darauf einlassen, die eben erst enthüllte Gedenktafel mir
nichts dir nichts wieder zu entfernen. Wer will sich schon seinen
großen Lokalmatador, dem man im Sommer 1995 mit einer über-
schwenglichen Heimholungsaktion gehuldigt hat, wieder weg-
nehmen lassen?

## »Aufhören, das ist ja furchtbar!«

Der Grabstein aus schwarzem Granit überragt an Höhe alle seine Nachbarn, und die vor kurzem erneuerte Silberschrift bezeugt, daß auch in punkto Instandhaltung und Pflege mustergültig vorgesorgt ist. Ich stehe vor der letzten Ruhestätte von Bernard und Marie Mahler auf dem jüdischen Friedhof von Iglau, die Gustav Mahler in jenem Unglücksjahr 1889 hat errichten lassen, in dem er dicht hintereinander Vater, Mutter und Schwester Leopoldine verloren hat. Auch an einer Reihe weiterer Gräber kehrt der Familienname des zu dieser Zeit Neunundzwanzigjährigen wieder, der seit einigen Monaten Direktor der königlich-ungarischen Oper in Budapest ist und in wenigen Tagen die Uraufführung seiner Ersten Symphonie erleben wird. Friedhöfe gleichen aufgeschlagenen Geschichtsbüchern: Mein Rundgang über den jüdischen und den gleich nebenan befindlichen Zentralfriedhof von Iglau erinnert mich auf Schritt und Tritt an all die vielen anderen Berühmtheiten aus dem alten Österreich, die in und um Gustav Mahlers Kindheitsstadt ihre Wurzeln haben: der Komponist Johann Stamitz, der Architekt und Designer Josef Hoffmann, der Nationalökonom Joseph Schumpeter, der Sozialreformer Julius Tandler. Auch weniger erfreuliche Gestalten sind darunter – etwa der im Zuge der Nürnberger Prozesse hingerichtete Wiener NS-Reichsstatthalter Arthur Seyss-Inquart. Und eine vorzüglich deutsch sprechende ältere Frau, mit der ich ins Gespräch komme, klärt mich mit verschmitztem Lächeln darüber auf, daß auch ihr Fernsehliebling Harald Schmidt mährisches Blut in seinen Adern hat:

*Südmähren*

Seine Eltern stammen aus der ehemaligen deutschen Sprach-insel Iglau.

Gustav Mahler kommt erst als Kleinkind von drei Monaten in die mit ihren 17000 Einwohnern drittgrößte Stadt Mäh-rens: Sein Geburtsort ist das 40 Kilometer entfernte Dorf Kalischt, wo Vater Bernard eine kleine Branntweinschenke betreibt. In späteren Jahren wird der inzwischen Arrivierte, mit der Bratschistin Natalie Bauer-Lechner im Böhmerland unterwegs, in dem nach wie vor unattraktiven Nest Station machen und seiner Seelenfreundin die Stätte seiner Herkunft zeigen:
»Siehst du, in einem so armseligen Häusel bin ich geboren; nicht einmal Scheiben waren in den Fenstern. Vor dem Haus breitete sich ein Wassertümpel aus.«
Heute, weitere 110 Jahre später, findet der Tourist die 1937 niedergebrannte Keusche nach den ursprünglichen Plänen wie-deraufgebaut: Mit dem Autohersteller Opel und dem tschechi-schen Filmregisseur Miloš Forman als Sponsoren ist während der Präsidentschaft Václav Havels aus dem Mahler-Geburtshaus ein vielfrequentiertes Musikzentrum geworden.

Gustav Mahlers Vater Bernard ist ein gutes Beispiel für den sowohl geschäftlichen wie sozialen Aufstieg der lange Zeit in ärmlichsten Verhältnissen lebenden jüdischen Minderheit. Seine Mutter, als Wanderhändlerin noch mit 80 Jahren zu Fuß unter-wegs, um, den Korb auf dem Rücken, von Haus zu Haus ihre Tücher und Bänder feilzubieten, wird wegen unbewilligter Geschäfte von der Behörde aufgegriffen. Daß es ihr gelingt, eine Audienz beim Kaiser zu erwirken, und tatsächlich Straferlaß erreicht, mag schon ein erstes Indiz für jene unbändige Energie und Durchsetzungskraft sein, die später – und auf gänzlich anderem Gebiet – ihr Enkel Gustav entwickeln wird, dem seine

*»Aufhören, das ist ja furchtbar!«*

Erfolge als Musiker, Dirigent, Theaterleiter und Komponist ja ebenfalls nicht in den Schoß fallen …

Auch Vater Bernard Mahler fängt klein an: Er nimmt Gelegenheitsarbeiten in dieser und jener Manufaktur an, ehe er sich als Fuhrmann selbständig macht, und da er auf seinen Ausfahrten stets Lesestoff mit sich führt, sich sogar in französische Bücher vertieft (was ihm den Spitznamen »Kutschbockgelehrter« einträgt), findet er fallweise auch als Hauslehrer Verwendung. Wirklich sanieren kann er sich allerdings erst mit Hilfe seiner Frau: Die zehn Jahre jüngere Marie Hermann, Tochter eines begüterten jüdischen Seifensieders aus dem nahen Ledetsch, tritt mit einer Mitgift von 3500 Gulden in den 1857 geschlossenen Ehebund ein. Zwar passen die sanftmütige, von Geburt an mit einem Gehfehler behaftete Marie und der zu Jähzorn und Gewalttätigkeit neigende Bernard wie Feuer und Wasser zueinander, doch den Brauteltern scheint das zielstrebige Naturell des Bräutigams zu imponieren, und dieser wiederum hat es auf das Geld seiner Zukünftigen abgesehen.

Das zweite der insgesamt 13 Kinder, die Marie Mahler, die fast ununterbrochen Schwangere, zur Welt bringt, ist Gustav. Isidor, der Erstgeborene, kommt, nur wenige Wochen alt, bei einem Unfall ums Leben. Mit Hilfe der Hermannschen Mitgift kann die dreiköpfige Jungfamilie 1860 den Sprung in die Stadt wagen: Am 22. Oktober – da ist Gustav dreieinhalb Monate alt – wird nach Iglau übersiedelt.

Die nach Brünn und Olmütz drittgrößte Stadt Mährens, einst für ihren Silberbergbau, nun für ihr Tuchmachergewerbe berühmt, ist Sitz der Bezirkshauptmannschaft, verfügt über eine große Garnison und wird bald auch – freilich mit einer weitab vom Zentrum gelegenen Station – ans Eisenbahnnetz angeschlossen werden. Wandernde Handwerkergesellen haben im ausgehenden 16. Jahrhundert eine Meistersingerschule in Iglau gegründet, und im Gymnasium wird während der Reformationszeit nach den Lehrplänen des Kirchenreformers Melanchthon unterrichtet. Das Drei-Sparten-Theater (für Schauspiel, Oper und Operette) hat über 1000 Plätze; in der Pfarrkirche zu St. Jakob werden Mozarts Requiem und Rossinis Stabat mater aufgeführt. Der langgestreckte, von stolzen Patrizierhäusern umstellte Marktplatz ist der größte des Landes; die zu vier Fünfteln vorherrschende Umgangssprache ist Deutsch.

Seitdem Kaiser Franz Joseph am 21. Oktober 1860 sein Manifest »An meine Völker« erlassen hat, das den habsburgischen Kronländern ein deutliches Mehr an Eigenständigkeit einräumt, ist auch die Niederlassungsfreiheit für die jüdische Minderheit gesichert; in einem eigenen Dekret wird ihnen das Recht zugestanden, Grundbesitz zu erwerben.

Einer der ersten, die davon Gebrauch machen, ist der siebenundzwanzigjährige Bernard Mahler: Mit Gattin Marie und Söhnchen Gustav richtet er sich in dem Haus Pirnitzergasse Nr. 264 ein. Die von der Behörde erteilte Konzession zur Herstellung von Spirituosen erlaubt ihm die Gründung eines Kleinbetriebes, dem er den etwas hochtrabenden Namen »Rum-, Punsch-, Rosoglio-, Liqueur- und Essenzenfabrik« gibt; im Parterre eröffnet er außerdem einen Ausschank für seine Produkte. Die Wohnräume befinden sich im ersten Stock: die für die Familie bestimmten straßenseitig, die fürs Gesinde nach hinten hinaus, Richtung Hof. Hat sich unser Jungunternehmer während der Jahre auf dem Lande noch mit der zu mancherlei Schikanen neigenden Obrigkeit herumschlagen müssen, die ihm unberechtigten Verkauf von Brot, Alkoholausschank an dafür nicht zugelassenen Orten sowie willkürliche Überschreitung der Sperrstunde vorhielt, so ist er im liberaleren Iglau sein eigener Herr, dem sehr bald auch das Bürgerrecht verliehen wird und der außerdem in der örtlichen Judengemeinde eine wichtige Funktion übernimmt.

*»Aufhören, das ist ja furchtbar!«*

**Achter**

# Wein - Puntfch

## von Bordeaux Wein,

deſſen Vortrefflichkeit bereits anerkannt,

ist zu haben

## in der Deſtillation des

## B. Mahler,

Pirniter Gaſſe Nro. 265 vis a vis der Handlung
des Hrn. Zdeborsky

### das Seidl à 30 kr.

Der Obige empfiehlt zugleich ſein wohlaſſortir-
tes Lager von beſten franzöſiſchen Liqueuren und allen
in dieſes Fach einſchlagenden Spirituoſen.

*Das väterliche Geschäft floriert, Gustav Mahler darf also mit
einer erstklassigen Ausbildung rechnen*

Seine Geschäfte – der Verbrauch von Kartoffeln, Gerste, Anis
und Kümmel für die Schnapsherstellung nimmt stetig zu –
entwickeln sich so prächtig, daß Bernard Mahler nach einigen
Jahren das Nachbarhaus hinzukaufen kann. Da stehen auch die
Chancen für Sohn Gustav gut, daß er, wenn es einmal so weit ist,
mit einer erstklassigen Ausbildung rechnen kann. Mit sechs tritt
er in die k.k. Hauptschule in der Brünnergasse ein; der Kontra-
bassist der Iglauer Stadtkapelle, Jakub Sladký, erteilt dem Vier-
jährigen den ersten Klavierunterricht.

Das musikalische Talent des Heranwachsenden meldet sich übrigens schon früher. Er hat noch kaum laufen gelernt, da kann er
jedes Lied, das er aufschnappt, jeden Gassenhauer, den die
Dienstboten vor sich hinträllern, fehlerlos nachsingen, und als er

*Südmähren*

mit drei Jahren sein erstes eigenes Instrument erhält, eine Zieh-harmonika, zeigen sich sowohl die Gäste in Vaters Branntwein-schenke wie die Marktfrauen an ihren Verkaufsständen entzückt, wenn sich der Kleine vor ihnen mit seinem »Maurerklavier« pro-duziert. Als er einmal vom Vater in die Synagoge mitgenommen wird, kommt es beinah zum Skandal: Mit den Worten »Aufhören, das ist ja furchtbar!« bringt er die singende Gemeinde zum Schweigen und stimmt seinerseits ein altes böhmisches Volkslied an. Gotteshäuser haben es ihm überhaupt angetan: Da er eine Zeit lang im Kirchenchor von St. Jakob mitsingt, ist er mit der Liturgie der Katholiken (zu deren Glauben er zur Zeit seines Wiener Dirigentendebüts 1897 übertreten wird) besser vertraut als mit den Ritualen des jüdischen Bethauses.

Zumindest, was die Weckung seiner musikalischen Talente betrifft, ist Iglau für den heranwachsenden Gustav Mahler ein wahres Paradies: Wenn früh morgens die Militärmusik am elter-lichen Haus in der Pirnitzergasse vorbeizieht, kann ihn nichts, auch wenn er noch im Nachthemd steckt, davon abhalten, aufs Trottoir zu stürzen und den Soldaten hinterherzulaufen. Auch das Fiedeln der Straßenmusikanten, die Melodien des Leier-kastenmannes und die Trompetenstöße beim Morgen- und Abendappell vor der Kaserne oder auf dem Exerzierplatz ziehen ihn magisch an – und zwar mit solcher Nachhaltigkeit, daß in spä-teren Jahren so manches davon in seine eigenen Kompositionen eingehen wird. Wenn musiziert wird, vergißt er alles andere, was rund um ihn vorgeht: Einmal macht er angesichts einer Militär-kapelle, deren Märschen er lauscht, sogar in die Hose, und eine Passantin, deren feine Nase den Vorfall registriert hat, stellt den »Missetäter« zur Rede und fordert ihn auf, eilends den Heimweg anzutreten.

Als ihn die Eltern mit sechs Jahren ins Photoatelier mitnehmen, wird als Requisit für Gustavs Konterfei ein Fauteuil gewählt, auf dessen Sitzfläche ein Notenblatt liegt. Tatsächlich datieren aus

*Eine Ziehharmonika ist Gustav Mahlers erstes Instrument (hier im Bild der Sechsjährige)*

dieser Zeit seine ersten eigenen Komponierversuche; es sind ein Trauermarsch, der in eine Polka übergeht, sowie ein Lied, für das ihm das Lessing-Gedicht »Die Türken haben schöne Töchter« als Textvorlage dient. Bei beidem handelt es sich um »Auftragsarbeiten«: Die Mutter hat ihm zwei Kreuzer versprochen, falls es ihm gelänge, das kostbare Notenpapier von Tintenklecksen freizuhalten. Wen kann es da wundern, daß der Dreikäsehoch, der gerade erst schulpflichtig geworden ist, selbst die ersten Klavierschüler um sich schart? Gustav ist ein strenger Lehrer: Bei jedem falschen Ton setzt es eine Ohrfeige, und wenn sich der Kandidat weiter als ungelehrig erweist, kann ihm auch eine zünftige Strafarbeit blühen: hundertmaliges Abschreiben des Satzes »Ich soll cis spielen und nicht c«.

Daß Gustav schon vor seinem Schuleintritt über ein eigenes Klavier verfügt, ist den Großeltern in Ledetsch zu verdanken. Bei

*Südmähren*

einem Besuch in deren Haus hat man auf dem Dachboden das lange unbenützt gebliebene Instrument aufgestöbert. Um die Tastatur zu erreichen und darauf klimpern zu können, muß der von Geburt Kleinwüchsige die Hände über den Kopf erheben. Noch am Tag darauf wird das »klingende Monstrum«, wie sich Mahler als erwachsener Mann erinnern wird, auf den Ochsenwagen geladen und nach Iglau transportiert. Bevor es dort in Betrieb genommen werden kann, müssen die Pedale mit Holzklötzen verlängert werden, die auf die kurzen Beine des Halbwüchsigen zugeschnitten sind.

Noten sind teuer, also bezieht man sie im Abonnement aus der Leihbibliothek. Kein Mangel besteht an Musiklehrern: Iglau hat ein florierendes Kulturleben. Eine Zeitlang nimmt sich der Kapellmeister des Stadttheaters des kleinen Gustav an, dann das eine oder andere Orchestermitglied, schließlich der mit der Familie Mahler befreundete Regens Chori von St. Jakob und Leiter des örtlichen Männergesangvereins, Heinrich Fischer.

Als unser Wunderknabe zehn ist, darf er sich zum ersten Mal vor Publikum produzieren: Die Lokalzeitung bescheinigt dem »künftigen Klaviervirtuosen« beachtlichen Erfolg und beanstandet nur die mangelnde Qualität des ihm zur Verfügung gestellten Instruments.

Seit kurzem besucht er das Deutsche Gymnasium in der Tiefen Gasse. Seine schulischen Leistungen lassen allerdings zu wünschen übrig: In den meisten Fächern bringt es der verträumte Knabe, der mit seinen Gedanken oft ganz woanders zu sein scheint als bei dem verordneten Lehrstoff, nur bis zum Mittelmaß, und auch in punkto Betragen muß er so manche Rüge einstecken. Als ihn einer der Professoren fragt, was er denn später einmal werden wolle, antwortet er: »Märtyrer.« Aus dem Munde eines Juden hört sich das für den bornierten Provinzpädagogen wie Blasphemie an. Die Folge: Der »Provokateur« wird abgestraft.

Vater Mahler, außer sich vor Enttäuschung über die mangelhaften schulischen Fortschritte seines Ältesten, versucht es mit einem »Gastjahr« in Prag. Doch das Experiment schlägt fehl: Von seinen dortigen Quartiergebern miserabel betreut, kehrt Gustav alsbald wieder ins Elternhaus zurück und schafft mit Ach und Krach – und erst nach zweimaligem Antreten – die Matura. Da er inzwischen einen weiteren Konzertauftritt absolviert hat, dessen Reinertrag er seiner Schule zum Ankauf von Lehrmitteln hat zukommen lassen, drücken die Professoren ein Auge zu und stellen ihm am 12. September 1877 trotz mehrerer »nicht genügend« das Reifezeugnis aus. Da zumindest Gustavs außerordentliche Musikalität außer Streit steht, will ihm niemand bei dem geplanten Wechsel ans Wiener Konservatorium im Weg stehen.

Auch aus familiären Gründen ist ihm Iglau seit einiger Zeit verleidet: Der Gerechtigkeitsfanatiker, der eines Tages eine reichgefüllte Geldbörse findet und bei der Polizei abliefert (was sogar in der Stadt ausgetrommelt wird) und der trotz seines knapp bemessenen Taschengeldes an keinem Bettler vorübergeht, mag nicht länger mitansehen, wie sein jähzorniger Vater Frau und Kinder schikaniert. Wenn die Mutter – wie so oft – mit Migräne daniederliegt, verweilt ihr Ältester stundenlang am Krankenbett und betet für ihre Genesung.

Worunter Gustav besonders leidet, ist der Verlust des Lieblingsbruders Ernst. Der zwei Jahre Jüngere (von den insgesamt zwölf Geschwistern eines der sechs, die überhaupt überleben) stirbt im April 1875 an einem Herzleiden. Gustav reagiert auf die Katastrophe mit den Mitteln der Musik und komponiert eine Oper, in der er das Schicksal der Titelfigur (»Ernst, der Herzog von Schwaben«) mit dem Gedenken an den geliebten Bruder verknüpft.

Die Weichen für seinen Weggang aus Iglau werden noch im selben Jahr während eines Ferienaufenthaltes auf dem acht Kilometer entfernten Landgut Rostov gestellt, wo der dortige Domä-

*Südmähren*

nenverwalter auf die außergewöhnliche Begabung seines jungen Gastes aufmerksam wird. Dieser Gustav Schwarz, selber hochmusikalisch, ist es, der Vater Bernard Mahler sowohl mit brieflichen Appellen wie in persönlicher Vorsprache die Zustimmung abringt, seinen Ältesten zum Musikstudium nach Wien gehen zu lassen. Zum Vorspielen bei dem renommierten Konzertpianisten, Herausgeber der Schubert-Klavier-Sonaten und Professor am Konservatorium der Gesellschaft der Musikfreunde, Julius Epstein, begleitet er ihn sogar persönlich in die Hauptstadt. Sein Einsatz lohnt sich: Spätestens, als der Kandidat nach dem Abspielen herkömmlicher Talentproben zum Intonieren eigener Kompositionen übergeht, erkennt Epstein, welches Genie er vor sich hat, und läßt Vater Mahler ausrichten: »Der wird Ihre Schnapsfabrik nicht übernehmen.«

Rasch ist ein Untermietzimmer für den angehenden Musikstudenten gefunden: Im 4. Stock des Hauses Margaretenstraße 7 hält der siebzehnjährige Gustav Mahler Einzug. Bei Franz Krenn belegt er die Fächer Komposition und Kontrapunkt, bei Robert Fuchs Harmonielehre, an der Universität besucht er die Vorlesungen von Anton Bruckner, und Julius Epstein, für die weitere Vervollkommnung am Klavier zuständig, ist und bleibt der große Gönner, der ihm auch zuredet, das wenig verlockend erscheinende Kapellmeisterengagement anzunehmen: beim Kurorchester in dem oberösterreichischen Thermalbad Hall. Kommentar des 28 Jahre Älteren: «Egal, wo Sie beginnen – Sie werden bald andere Stellungen finden.»

Gustav Mahler findet sie in Laibach, Olmütz, Prag und Leipzig. 1888 wird er Chef der Budapester Oper, 1891 erster Kapellmeister am Hamburger Stadttheater, 1897 Direktor der k.k. Hofoper in Wien.

In den ersten Jahren nach seinem Weggang aus Iglau kehrt er, so oft es ihm der Terminkalender erlaubt, besuchsweise ins Eltern-

*Als 1889 beide Eltern sterben, ist Gustav Mahler Direktor der Budapester Oper: Vorbildlich sorgt der Neunundzwanzigjährige für seine Geschwister (hier Vater Bernards und Mutter Maries Grab auf dem Jüdischen Friedhof von Iglau)*

haus zurück, verbringt daheim Feier- und Ferientage. Bei Konzertauftritten versucht er den Iglauern seine eigene Musik nahe zu bringen, ohne deswegen »Leichteres« zu verschmähen: Am 21. September 1882 dirigiert der Zweiundzwanzigjährige sogar eine Operette – es ist Franz von Suppés »Boccaccio«.
Auch seine erste Liebe absolviert er in Iglau: Der gleichaltrigen Josefa Poisl, Tochter des Vorstandes des örtlichen Telegraphenamtes, widmet der Achtzehnjährige gefühlvolle Briefe, Gedichte und Lieder. Eines davon, »Maitanz im Grünen«, erinnert daran, daß er von Kind an, als er noch an der Seite des Vaters die Wälder der Umgebung durchstreift, eine starke Liebe zur Natur empfindet. Auch davon, also von den Stimmen der Landschaft, der Bäume, der Vögel, des Himmels und der Erde wird in späteren Jahren so manches in sein Werk einfließen.
Als im Februar 1889 der Vater und acht Monate später die Mut-

*Südmähren*

ter stirbt, nimmt er die Errichtung eines repräsentativen Grabmals in die Hand, löst das Familieneigentum auf, begleicht die angefallenen Schulden, kümmert sich um die Geschwister. Von der gesamten Hinterlassenschaft nimmt er nur den alten, schon zerschlissenen Lehnstuhl des Vaters nach Wien mit – vielleicht, um damit seine Entschlossenheit zu signalisieren, fortan die verantwortungsvolle Rolle des Familienoberhauptes zu übernehmen. Den Schwestern Justine und Emma ist er ein vorbildlicher Vormund, den musikalisch talentierten Bruder Otto holt er nach Wien und verschafft ihm einen Ausbildungsplatz am Konservatorium. Das Wohnrecht, das ihm die Stadt Iglau einräumt, wird er niemals aufgeben, auch wenn er davon keinerlei Gebrauch macht.

Gustav Mahler ist keine 51 Jahre alt, als er am 18. Mai 1911 in Wien stirbt; die Beisetzung erfolgt auf dem Grinzinger Friedhof. Auch wenn die Stadt seiner Kindheit und Jugend in den folgenden Jahrzehnten keine Gelegenheit auslassen wird, ihres großen Sohnes zu gedenken und zu den runden Geburts- und Todestagen Mahler-Konzerte, Feierstunden und Denkmalsenthüllungen zu veranstalten – die Iglauer Ehrenbürgerschaft, zuerst von den Nazis und nachher auch von den Kommunisten im Stadtsenat abgelehnt, erhält er erst 88 Jahre nach seinem Tod. Von den Ubikationen, die seinen Namen tragen, sind nur das im ehemaligen Elternhaus installierte »Café Mahler« und das zum »Hotel Gustav Mahler« umgewandelte Dominikanerkloster ganzjährig zugänglich. Die vorzügliche Dauerausstellung »Der junge Gustav Mahler und Iglau« ist zwischen November und April geschlossen. Dr. Alena Jakubicková, die ebenso kundige wie freundliche Kustodin, macht bei mir eine Ausnahme und geleitet mich trotz »Wintersperre« durch die sehenswerte Sammlung. Ganzjährige Öffnung, so gibt sie mir zu verstehen, lohne den Aufwand nicht: Die Zahl der Besucher, die nach Iglau kommen, um auf Gustav Mahlers Spuren zu wandeln, halte sich in engen Grenzen.

# Konkordanz der Ortsnamen

| Deutsch | Tschechisch | Gebiet |
|---|---|---|
| Austerlitz | Slavkov u Brna | Südmähren |
| Beneschau | Benešov | Mittelböhmen |
| Böhmisch Leipa | Česká Lípa | Nordböhmen |
| Böhmisch Skalitz | Česká Skalice | Ostböhmen |
| Brünn | Brno | Südmähren |
| Budweis | České Budějovice | Südböhmen |
| Dux | Duchcov | Nordböhmen |
| Freiberg | Příbor | Nordmähren |
| Freiwaldau | Jeseník | Mährisch Schlesien |
| Friedberg | Frymburk | Südböhmen |
| Friedland | Frýdlant | Nordböhmen |
| Gräfenberg | Lázně Jesenik | Mährisch Schlesien |
| Gratzen | Nové Hrady | Südböhmen |
| Groß Ullersdorf | Velké Losiny | Nordmähren |
| Großpriesen | Velké Březno | Südböhmen |
| Heinzendorf | Hynčice | Nordmähren |
| Hodonitz | Hodonice | Südmähren |
| Hohenseibersdorf | Vysoké Žibřidovice | Nordmähren |
| Hotzenplotz | Osoblaha | Mährisch Schlesien |
| Hultschin | Hlučin | Mährisch Schlesien |
| Iglau | Jíhlava | Südmähren |
| Jägerndorf | Krnov | Mährisch Schlesien |
| Janowitz | Vrchotovy Janovice | Mittelböhmen |
| Jauernig | Javorník | Nordmähren |
| Jitschin | Jičín | Ostböhmen |
| Kalischt | Kaliště | Mittelböhmen |
| Karlsbad | Karlovy Vary | Westböhmen |
| Kladrub an der Elbe | Kladruby nad Labem | Nordböhmen |
| Klosterbruck | Louka | Südmähren |
| Kolin | Kolín | Mittelböhmen |
| Königgrätz | Hradec Králové | Ostböhmen |
| Konopischt | Konopiště | Mittelböhmen |
| Kozlau | Kozlov | Südmähren |
| Krumau | Český Krumlov | Südböhmen |

*Konkordanz der Ortsnamen*

| Deutsch | Tschechisch | Gebiet |
|---|---|---|
| Lautschin | Loučeň | Westböhmen |
| Ledetsch | Ledeč | Südmähren |
| Leipnik | Lipník na Bečvou | Nordmähren |
| Leitmeritz | Litoměřice | Nordböhmen |
| Lindewiese | Lipová-Lázně | Mährisch Schlesien |
| Lukow | Lukov | Südmähren |
| Mährisch Neudorf | Nová Ves | Nordmähren |
| Mährisch Ostrau | Ostrava | Nordmähren |
| Mährisch Schönberg | Šumperk | Nordmähren |
| Mährisch Weißkirchen | Hranice | Nordmähren |
| Marienbad | Mariánské Lázně | Westböhmen |
| Mühlfraun | Dyje | Südmähren |
| Münchengrätz | Mnichovo Hradiště | Mittelböhmen |
| Oberplan | Horní Planá | Südböhmen |
| Odrau | Odry | Nordmähren |
| Olmütz | Olomouc | Nordmähren |
| Pardubitz | Pardubice | Ostböhmen |
| Plöckenstein | Plechý | Südböhmen |
| Poschlag | Loučovice | Südböhmen |
| Prag | Praha | Mittelböhmen |
| Prelauc | Přelouč | Mittelböhmen |
| Ratiborschitz | Ratibořice | Ostböhmen |
| Raussnitz | Rousínov | Südmähren |
| Recan | Řecaný | Mittelböhmen |
| Reichenberg | Liberec | Nordböhmen |
| Reichstadt | Zákupy | Nordböhmen |
| Reihwiesen | Rejvíz | Nordmähren |
| Sankt Thomas | Tómaš Svatý | Südböhmen |
| Slawikowitz | Slavikovice | Südmähren |
| Taßwitz | Tasovice | Südmähren |
| Teplitz | Teplice | Nordböhmen |
| Theresienstadt | Terezín | Nordböhmen |
| Trebitsch | Třebíč | Südmähren |
| Trebnitz | Třebenice | Nordböhmen |
| Troppau | Opava | Mährisch Schlesien |
| Trziblitz | Třebívlice | Nordböhmen |
| Wischau | Vyškov | Südmähren |
| Wittinghausen | Vítkuv Hrádek | Südböhmen |
| Woitzdorf | Vojtíškov | Nordmähren |
| Znaim | Znojmo | Südmähren |
| Zuckmantel | Zlaté Hory | Nordmähren |

*Konkordanz der Ortsnamen*

| Tschechisch | Deutsch | Gebiet |
|---|---|---|
| Benešov | Beneschau | Mittelböhmen |
| Brno | Brünn | Südmähren |
| České Budějovice | Budweis | Südböhmen |
| Česká Lípa | Böhmisch Leipa | Nordböhmen |
| Česká Skalice | Böhmisch Skalitz | Ostböhmen |
| Český Krumlov | Krumau | Südböhmen |
| Duchcov | Dux | Nordböhmen |
| Dyje | Mühlfraun | Südmähren |
| Frýdlant | Friedland | Nordböhmen |
| Frymburk | Friedberg | Südböhmen |
| Hlučin | Hultschin | Mährisch Schlesien |
| Hodonice | Hodonitz | Südmähren |
| Horní Planá | Oberplan | Südböhmen |
| Hradec Králové | Königgrätz | Ostböhmen |
| Hranice | Mährisch Weißkirchen | Nordmähren |
| Hynčice | Heinzendorf | Nordmähren |
| Javorník | Jauernig | Nordmähren |
| Jeseník | Freiwaldau | Mährisch Schlesien |
| Jičín | Jitschin | Ostböhmen |
| Jíhlava | Iglau | Südmähren |
| Kaliště | Kalischt | Mittelböhmen |
| Karlovy Vary | Karlsbad | Westböhmen |
| Kladruby nad Labem | Kladrub an der Elbe | Nordböhmen |
| Kolín | Kolin | Mittelböhmen |
| Konopiště | Konopischt | Mittelböhmen |
| Kozlov | Kozlau | Südmähren |
| Krnov | Jägerndorf | Mährisch Schlesien |
| Lázně Jesenik | Gräfenberg | Mährisch Schlesien |
| Ledeč | Ledetsch | Südmähren |
| Liberec | Reichenberg | Nordböhmen |
| Lipník na Bečvou | Leipnik | Nordmähren |
| Lipová-Lázně | Lindewiese | Mährisch Schlesien |
| Litoměřice | Leitmeritz | Nordböhmen |
| Loučeň | Lautschin | Westböhmen |
| Loučovice | Poschlag | Südböhmen |
| Louka | Klosterbruck | Südmähren |
| Lukov | Lukow | Südmähren |
| Mariánské Lázně | Marienbad | Westböhmen |
| Mnichovo Hradiště | Münchengrätz | Mittelböhmen |
| Nová Ves | Mährisch Neudorf | Nordmähren |

*Konkordanz der Ortsnamen*

| Tschechisch | Deutsch | Gebiet |
|---|---|---|
| Nové Hrady | Gratzen | Südböhmen |
| Odry | Odrau | Nordmähren |
| Olomouc | Olmütz | Nordmähren |
| Opava | Troppau | Mährisch Schlesien |
| Osoblaha | Hotzenplotz | Mährisch Schlesien |
| Ostrava | Mährisch Ostrau | Nordmähren |
| Pardubice | Pardubitz | Ostböhmen |
| Plechý | Plöckenstein | Südböhmen |
| Praha | Prag | Mittelböhmen |
| Přelouč | Prelauc | Mittelböhmen |
| Příbor | Freiberg | Nordmähren |
| Ratibořice | Ratiborschitz | Ostböhmen |
| Řecaný | Recan | Mittelböhmen |
| Rejvíz | Reihwiesen | Nordmähren |
| Rousínov | Raussnitz | Südmähren |
| Slavkov u Brna | Austerlitz | Südmähren |
| Slavikovice | Slawikowitz | Südmähren |
| Šumperk | Mährisch Schönberg | Nordmähren |
| Tasovice | Taßwitz | Südmähren |
| Teplice | Teplitz | Nordböhmen |
| Terezín | Theresienstadt | Nordböhmen |
| Tómaš Svatý | Sankt Thomas | Südböhmen |
| Třebenice | Trebnitz | Nordböhmen |
| Třebíč | Trebitsch | Südmähren |
| Třebívlice | Trziblitz | Nordböhmen |
| Velké Březno | Großpriesen | Südböhmen |
| Velké Losiny | Groß Ullersdorf | Nordmähren |
| Vítkuv Hrádek | Wittinghausen | Südböhmen |
| Vojtíškov | Woitzdorf | Nordmähren |
| Vrchotovy Janovice | Janowitz | Mittelböhmen |
| Vyškov | Wischau | Südmähren |
| Vysoké Žibřidovice | Hohenseibersdorf | Nordmähren |
| Zákupy | Reichstadt | Nordböhmen |
| Zlaté Hory | Zuckmantel | Nordmähren |
| Znojmo | Znaim | Südmähren |